よいケア文化の
土壌をつくる

ドーン・ブルッカー
イザベル・レイサム 《著》
Dawn Brooker and Isabelle Latham

水野 裕 《監訳》

中川 経子
村田 康子 《訳》

VIPS
フレームワーク
付き

VIPSですすめる
パーソン・センタード・ケア

Person-Centred
Dementia Care
Second Edition 【第2版】

JN090874

クリエイツかもがわ
CREATES KAMOGAWA

＊本文中の施設名、人名は、著者の了解を得て、日本語名に変更しています。
＊✓マークのあるページは、個人的な非営利目的での使用に限り複写して使用することができます。
しかし、その他の使用は、いかなる目的のものであっても、出版社の許可がない限り複製を禁じます。

日本の読者の皆様へ

　2003年以来、幸運なことに、私は日本を訪れる多くの機会に恵まれてきました。そして、日本の同僚の皆様から、パーソン・センタードな認知症ケアの重要性について、多くのことを学んできました。いざ、認知症をもつ人たちへの優れたケアを実行する段になると、これに従って実行すればよいといったことが書かれているルールブックなど1つもないと、私は繰り返し言ってきました。優れたケアの実践に取り組むにあたって、最も重要なことは、パーソン・センタードという私たちの行動の基本となる価値基盤に立ち返って、直面する状況に最もふさわしい行動をとることです。このような行動の基本となる価値基盤に基づいたケアの文化を築き上げることができれば、すべての人たちが、自分たちの人生を楽しめるように支援をすることができるでしょう。

　英語版の原書は、新型コロナウイルスが世界中で猛威をふるう前に出版されました。その後、世界中で発出された様々な制限や禁止措置、さらに数々の悲惨な出来事が起きてきたことは、私たちの誰もが経験してきた通りです。この本の翻訳がされたのは、まさしくその最中だったのです。

　私は、英国で都市封鎖令（ロックダウン）が出された時に、あるケアホームで、そこの管理をしている女性の施設長が、この困難の中で、いかにしてパーソン・センタード・ケアを継続していくかについて語ってくれたことを、今でもよく覚えています。私は、それを聞いて言葉を失いました！

　彼女と会ったのは、認知症とともに生きる人々、そのご家族、友人、また、ヘルスケアやソーシャルケアに従事されているすべての人々にとって、まぎれもなく、まさに苦悩と恐怖の時でした。それにもかかわらず、彼女や彼女を取り巻く多くの人たちは、いまだ経験したことのないこの困難な状況にあって、パーソン・センタード・ケアの価値基盤を行動に移していたのです。彼女も他のスタッフたちも、新型コロナウイルスのもたらす脅威の前に屈しまいと必死に抗っていました。彼らは、パーソンフッドを大切にできるのは、感染症や災害が猛威をふるっていない、たまたま世の中が平安な時だけに限られることであってはならない、という断固とした決意を実践によって示していたのです。この施設に関わる人たちは、自分たちの意思を声に出して表明することができない人たちの人権を代弁し、擁護する道を模索しながら、互いにコミュニケーションをとり合い、常に励まし合いながら、困難を乗り越える方法を見出してきたのです。今、この非常時に重要とされることは、いついかなる時でも、変わらず重要なことなのです。人こそが、重要なのです。

最善のパーソン・センタード・ケアを実践し、提供することは、世界的な挑戦です。時には押しつぶされそうな気持ちになってしまうかもしれません。けれども、どんな文化的、社会的背景にあったとしても、また国籍がどこであったとしても、私たちは皆、お互いからたくさんのことを学び合うことはできるのです。

　　2021年4月

ドーン・ブルッカー教授
（英国ウースター大学認知症学部長）

監訳者の言葉

改革の相手は、「これが普通」という文化

　著者の1人である、ドーン・ブルッカー氏と出会ってから、20年になろうとしている。彼女を通して、パーソン・センタード・ケアを学び、何とか実践しようと現場に戻ったのは、それから間もなくのことである。その頃、国の施策に則って建設され、当時先進的とされた認知症病棟のことをふり返ってみると、「徘徊しています」「転倒の危険があります」と、先輩に言われるままに、睡眠剤や身体拘束の指示を求めるスタッフと、治療というよりは、単に体の動きを抑えるための睡眠剤を処方し、機械的に身体拘束の指示を書く医師たちがいた。それが普通だったのだ。その頃、どうして拘束が必要なのか、数人のスタッフと検討した時、驚いたことがある。実際のところ、いつから、どのような理由で始まったかも明確ではなく、今までしていたから、という理由での安易に行われていた身体拘束が最も多かったのである。その時、スタッフの能力や資質とは別次元に存在する、本当の恐ろしい相手を自覚した。それは、「これが普通」という刷り込みであり、文化である。

　この本は、邦訳『VIPSですすめるパーソン・センタード・ケア』の第2版にあたるものであり、初版と同様、VIPSの要素をいかに現場で推進していくかが書かれている。第2版の大きな特徴は、著者らが関わった調査研究の結果から、新たによいケアの文化の特徴を7つ示し、それがVIPSの要素を推進していく中で、いかに重要な意味をもっているかが描かれていることだろう。

　私は、研究者ではないから、ただ、認知症をもつ人たちが意味なく束縛されることがないように、そしてできるだけ、笑顔が増えるようにスタッフたちと、努力を重ねてきただけである。しかし、本を読み進めると、無意識にやってきたことが、この7つの要素に重なっていることに気づく。時々、どうやって、身体拘束を廃止したのか？と私に問う人たちがいるが、私はいつも「何もしていません。スタッフに任せただけです」と答えている。これは偽りのない気持ちであり、文中にある「スタッフに裁量権を与え、実践できるように支援すること」に相当しているかもしれない。そして、私にできたことといえば、「外圧からスタッフを守ること」だけだっただろう。何らかのトラブルが起きると、ここぞとばかりに、各部署から「なぜ縛っておかなかった」とスタッフを責める動きがあることを知った時、私にできることは、これらの理不尽な攻撃から、スタッフを守ることだけだったと思う。また、「危険が考えられる時は、身体拘束をします」という同意書の作成を命じられた時、それを拒否し、「身体拘束をしないので、転倒の

リスクがあります」という、意味するところは同じだが、表現が真反対の文書を作ることもした。これも、今思えば、一種の外圧だっただろうし、私が、同意書の作成を拒否したことは、「外圧からスタッフを守ること」につながったのかもしれない。管理者としてできることは限られている。現場については、スタッフが最も知っているので、彼らに起きうるすべてについて事細かく指示などできるわけはない。それでも、詳細な指示をしようとすれば、彼らが自ら考え、行動する意欲をそぐことになり、そもそも、信用されていない、という不信感を招くだけだろう。

　私は、基本的には、スタッフを信じている。スタッフが勝手に悪いことをするという考えはもっていない。もしも、認知症をもつ人たちによくない影響を与える行動、言動があったのなら、彼らが自らそうしているのではなく、誰かに、そのように教えられたはずである。改革の相手は、まるで、スタッフであるかのように言う管理者を時に目にするが、改革の相手は、決してスタッフではない。改革すべき相手は、「これが普通」という無意識に慣れてしまった文化であろう。スタッフは、この巨大な相手に立ち向かう仲間、同志であることを今一度意識すべきである。そして、これこそが、7つの要素のうち、最初に書かれている「すべての人たちが一致団結して取り組む」ということだろうと思う。

水　野　　裕

謝辞

　第2版を出版するにあたっては、第1版と同じように、多くの実践家や研究者、そして認知症によってその生活に直接重大な影響を受けている人たちから学んだ様々なことを源としてきました。第1版は、様々な言語に翻訳され、多くの人たちに読まれ、その数を正確には把握できないほどで、私たちの期待をはるかに上回る成功と言えるでしょう。パーソン・センタードな認知症ケアの最善の実践を提供することは、世界共通の挑戦であり、圧倒されてくじけそうになると感じることがあります。私たちは皆、背景や国籍にかかわらず、お互いから学ぶことが非常に多くあります。*Person-Centred Dementia Care―Making Services Better* 第1版（日本語版：『VIPSですすめるパーソン・センタード・ケア』クリエイツかもがわ、2010）に関して、読者がよいと思った点は、それが実際的で利用しやすい取り組み方法を提供し、役割が何であれ、ケアの提供者たちが活用しやすいことでした。人々はVIPSの枠組みをよいと思い、また、インターネットをベースにした情報・専門知識の供給源も、実際的な活用に役立ってきたと感じています。第2版でもこれらの基本方針を引き続き保持するよう努力してきました。

　第1版の出版後、著者のドーン・ブルッカーは、人々が認知症とともに豊かに生きることを支援するために、エビデンスに基づいた実際に役立つ方法の開発を目的とする研究センターの設立を切望し、ウースター大学（University of Worcester）認知症学部の立ち上げに専心しました。2009年にその望みは実現し、同大学認知症学部が創設されました。現在では、同認知症学部は、様々な教育および研究のプログラムを含む、有用で実効性のあるカリキュラムを用意し、何千という人々の人生に影響を与え、彼らの人生をより豊かなものに変革してきました。もう1人の著者である　イザベル・レイサムは、ケア実践のキャリアを経て、2011年に認知症学部の一員となりました。彼女が最初に取り組んだのは、CHOICE (Care Home Organisations Implementing Cultures of Excellence：卓越した文化を実現するケア施設の組織）の研究プロジェクトで、現在は上級講師として、広範囲の研究・教育プロジェクトを率いています。

　私たちがこの本を著すにあたっては、認知症学部のチーム全員から、絶えず支援と励まし、そしてインスピレーションを惜しみなく与えていただきました。

　しかし、以下にお名前を挙げる方たちには、特別に謝意を表したいと思います：Teresa Atkinson, Jen Bray, Mary Bruce, Helen Cain, Christine Carter, Bernie Coope, Kay De Vries, Carole Edwards, Debbie Fox, Michal Herz, Nicola Jacobson, Karan Jutlla, Jenny La Fontaine, Helen Malbon, David Moore, Guy Page, Wendy Perry, Liz Peel, Sue Pinfold-Brown, Hazel Ratcliffe, Kate Read, Zuleika Sankey, Mike Watts.

　また、これまで6年間、私たちの考えを形づくるために様々な示唆を与え、支援して
くださった、英国や海外の同僚と支援者の皆様のお名前を以下に記し、心から感謝の意
を表します。：Peter Ashley, Caroline Baker, Clive Ballard, Alistair Burns, Nick Bradbury,
Andy Bradley, Ian Bennett, Linda Claire, Sam Davis, Tom Dening, Murna Downs,
Rose-Marie Droes, David Edvardsson, Knut Engedal, Elena Fernandez Gamarra, Simon
Foster, Jane Fossy, Carol Fusek, Cathy Greenblat, Marylin Hartle, June Hunnell, LaDon-
na Jensen, Yun-Hee Jeon, David Jolley, John Killick, Bernie McCarthy, Hazel May, Yuta-
ka Mizuno, Virginia Moore, Esme Moniz-Cook, Wendy Moyle, Yasuko Murata, Michiko
Nakagawa, Yuko Nakamura, Keith Oliver, Martin Orrell, Patricia Paquette, Al Power,
Anne Marie Mork Rokstad, Janne Rosvik, Justine Schneider, Graham Stokes, Claire Surr,
Myrra Vernooiji-Dassen, Josep Vila Miravent, Steve Sabat, Philippa Shreeve, Yves
Smith-White, Jon Snaedal, Mizue Suzuki, Kate Swaffer, Tatsuji Uchida, Bob Woods. ま
た、Cathy Gleenblat の写真や、Christine Bryden の著書は、私たちの着想の源ともなり、
また、私たちが考えてきたことや取り組んできたことが間違ってはいなかったことを確
信させてくれるものでもありました。

　私たちがこの本を書くにあたっては、特に、私たちを駆り立てた2つの研究プロジェ
クトに取り組んだ時の様々な経験から得たものを参考にし、活用してきました。この2
つのプロジェクトの同僚や資金提供者の皆様に、心から感謝申し上げます。1つは、
CHOICE プロジェクト（2010-2012）です。このプロジェクトは、Anne Killet（University
of East Anglia）のリードによって、Dawn Brooker, Jenny La Fontaine, Isabelle Latham
（University of Worcester）、Alison Bowes, Fiona Kelly, Mike Wilson（University of Stir-
ling）、Martin O'Neil（Cardiff University）、Diane Burns（University of Sheffield）との
共同研究として、実施されました。また、この研究プロジェクトに貴重な支援を提供し
てくださった方々のお名前も以下に挙げ、深く感謝申し上げます。：Bridget Penhale,
Paula Hyde, Fiona Poland, Richard Gray, Nick Jenkins, Heather Strange. プロジェクト
への参加を快く申し出てくださった数々のケアホーム、その入居者、ご家族、訪問者や
スタッフの皆様に、深く感謝申し上げます。この研究は、英国保健省と Comic Relief（コ
ミック・リリーフ慈善財団）による PANICOA（the Prevention of Abuse and Neglect in
the Institutional Care of Older Adults：成人介護施設における虐待・ネグレクトの防止）
プログラムを通して、資金提供を得て実施されたものです。この著書の中で表明された
見解は著者たちのものであり、保健省や Comic Relief 慈善財団の見解を反映するもので
はありません。

　2つ目は、FITS into Practice Programme（the Focussed Intervention Training and Sup-
port into Practice：実践への焦点化した介入の研修と支援）で、これは、アルツハイマー

病協会による資金提供を得て、ウースター大学認知症学部のリードによって行われました。このプロジェクトでは、パーソン・センタードな取り組みと、特定の具体的な介入による、ケアホームに入居している認知症とともに生きる人たちの抗精神病薬の処方削減に関する調査・研究を行ってきました。このプロジェクトは、FITSの教育プログラムの最初の無作為化比較対照試験を継続したものです。このプログラムは、King's College London、University of Oxford、University of Newcastle、Oxford Health NHS Trust によって開発されたもので、抗精神病薬投与量の削減の点から見て、有意な結果を出しました。この研究に参加してくださったすべての方々に厚くお礼申し上げます。

特に、私たちの研究と教育プロジェクトに参加してくださった多くのケア施設に入居しておられる認知症とともに生きる人たち、そのご家族やスタッフ、訪問者の皆様に、深く感謝申し上げます。皆様の情熱と献身的なご協力こそが、私たちの研究に取り組む活力の源です。本当に、ありがとうございました。

ドーン・ブルッカー（*Dawn Brooker*）
イザベル・レイサム（*Isabelle Latham*）2015

CONTENTS

Part 1
パーソン・センタード・ケアが意味すること

Part 2
VIPS フレームワーク

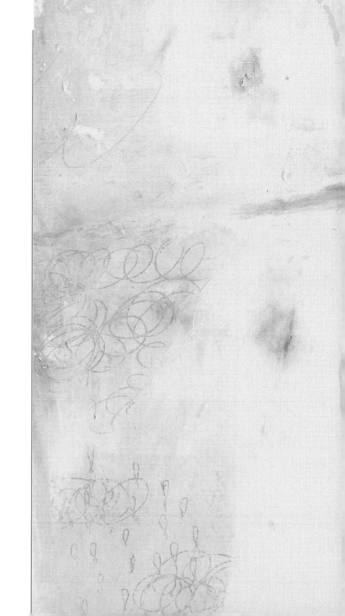

Part 1

パーソン・センタード・ケアが
意味すること

Chapter 1

パーソン・センタード・ケア とは何か？

　パーソン・センタード・ケアという言葉は、政策や方針を述べた文書、教科書や研修資料、施設の理念、ケアプラン作成の手引き、業務マニュアルや業務基準書など、認知症ケアに関するほとんどの文書に書かれています。認知症ケアに関わる構想はいかなるものでも、政策的に公正[注1]であるためには、その人を中心とした、すなわち、パーソン・センタードであることを主張しなければなりません。しかし、私たちの多くは、この言葉の響きのよさとは裏腹に、認知症とともに生きる人たち、とりわけ、長期ケアのために施設で暮らしている人たちが、日々実際に経験しているケアは、パーソン・センタードとは到底かけ離れたものであるということに気づきながら、どうしてよいかわからず困惑したまま過ごしているのです。よく使われる多くの言葉と同じように、パーソン・センタード・ケアという言葉も、いろいろな場面で、それぞれの人ごとに、違った意味合いをもつことがあります。ケアにたずさわる人たち、研究者、認知症をもつ人たちやその家族と話をすると、パーソン・センタード・ケアという考え方を理解し、わかりやすく人に伝えることがいかに難しいかということがすぐにわかります。ある人にとっては、それは、個別ケアを意味し、また別の人にとっては、価値観の基盤なのです。パーソン・センタード・ケアは認知症をもつ人たちに対して使う一連のテクニックであるという見方をする人もいれば、主観をはさまず、ありのままをとらえる現象学的観点やヒューマニスティックな観点を強調する人もいます。また、ユーザー第一主義や個別化アプローチと同じように用いられることも、非常に増えています。

▶ VIPSの定義によるパーソン・センタード・ケア

　VIPSの定義（Brooker 2004）は、もともとパーソン・センタード・ケアを、単なる個別化したケアとして解釈していた、当時の英国の政策の定義に対して生み出されたものでした。この定義は、1990年代に英国の学者、トム・キットウッドが成し遂げた革新的な研究成果とは相容れないものだったのです。トム・キットウッドは、パーソン・センタード・ケアという言葉を、認知症ケアという文脈の中で最初に使った人であり、パーソン・センタード・ケアとは、パーソンフッド*と誠実なコミュニケーションの重要性を強調した言葉です。VIPSの定義は、トム・キットウッドによる最初のビジョンの洗

練された考え方を保持しながら、パーソン・センタード・ケアの全体に流れる一貫した特徴を明確に説明しようとする試みです。それは、4つのきわめて重要な要素で構成されています（Brooker 2004）：

＊一人の人間として、周囲に受け入れられ、尊重されること。p.23参照

●**認知症をもつ人たちとケアにたずさわる人たちの価値を認めること：**年齢や認知障がいの有無にかかわらず、すべての人には人としてのあらゆる権利があることを認識し、それが行使されるように推し進めること。

●**それぞれの人の独自性を尊重し、関わること：**認知症をもつすべての人には、それぞれ独自の、生活歴、アイデンティティー、性格傾向、身体的・心理的な強みとニーズ、社会的・経済的資源があり、それらすべてが認知症によって引き起こされる一人ひとりの行動や状態に、影響を及ぼしていることを理解すること。

●**認知症をもつその人の視点から世界を見ること：**一人ひとりが経験している世界は、その人にとっては当然のものであり、認知症の人は、その人の視点から世界を見て行動している、と認めること。まず、その人の視点について共感をもって理解しようとすることに、その人がよりよい状態になる力を引き出す可能性があることを認識すること。

●**心理的ニーズを満たし、相互に支え合う社会的環境を提供すること：**認知症をもつ人たちを含め、私たちは皆、相互の関わりやつながりに基づいて生きていることを認識すること。また、認知機能の障がいを補い、かつ、一人の人として成長し続ける機会を創り出すような豊かな社会的環境を、認知症もつ人たちもまた、必要としていることを理解すること。

これらを簡単にまとめると、以下のようになります。

V：年齢や認知能力にかかわらず、すべての人の存在自体に絶対的な価値があると認めること（価値基盤）

I：すべての人が唯一無二の存在であることを認識し、それぞれの人の独自性を尊重して取り組むこと

P：支援を必要とするその人の視点から世界を理解すること

S：心理的ニーズを満たし、相互に支え合う社会的環境を提供すること

これらの4つの構成要素は、“パーソン・センタード・ケアの4つの要素”と呼ばれています。これらを要素と呼んでいるのは、それぞれが独立して存在することが可能であり、また実際に存在しているという認識からです。しかし、これら4つがそろうと、パーソンフッドを支持する強力なアプローチを定義することになるのです。トム・キットウッドは、複雑な考え方を表す時に等式を用いていましたが、その方法を引き継ぐと、パーソン・センタード・ケアは、次のように表すこともできます。

　PCC（パーソン・センタード・ケア）
　＝V（人々の価値を認める）
　＋I（それぞれの人の独自性が尊重された生活）
　＋P（その人の視点に立つ）
　＋S（相互に支え合う社会的環境を提供する）

　この等式では、どれかの要素が、他よりも優先されるということはありません。つまり、すべての要素には、それぞれに意味があるのです。もちろん、頭文字のVIPSは非常に重要な人たちの略でもあり、これは、認知症をもつ人たちのパーソン・センタード・ケアが目指す成果を定義する、より簡潔な方法でもあります。

　VIPSの定義は、the English NICE/SCIE Guideline on Dementia（認知症に関する英国NICE/SCIEガイドライン〈2007〉）[注2] にも採用され、以下のように、パーソン・センタード・ケアの行動指針が定義され、強調されています。
● 年齢や認知障がいの有無にかかわらず、認知症をもつ人たちと、彼らのケアにたずさわる人たちの、人としての価値
● 認知症によって引き起こされるそれぞれの反応に及ぼす影響だけではなく、それぞれ独自の性格傾向や生活歴をもつ人としての彼らの個別性
● 認知症をもつ人の視点の重要性
● 認知症をもつ人と他者との人間関係や相互作用の重要性と、それらがよい状態を促進する潜在力
(NICE/SCIE 2007.p.6)

　VIPSの要素は、医療・福祉サービスの実践家たちが、認知症をもつ人たちやその家族との関わりや相互作用について、自らふり返るための指針として使うことができます(Brooker 2012)。

　ふり返るための問いには次のようなことが含まれます：

- この人とのコミュニケーションにおいて、私の行動や態度は、相手を重んじ、その価値を認め、敬意を表しているでしょうか？
- 私は、独自の人生歴や幅広い強みやニーズをもった、唯一無二の人として、この人と接しているでしょうか？
- 支援しようとする時、相手の視点に立って行動するように、私は真摯な努力をしているでしょうか？　私の行動はこの人の目にどのように映り、どう受け止められているでしょうか？
- この人が人間関係の中で自信をもち、孤独でないと感じられるために、私の行動や関わりは役立っているでしょうか？

　これらの指針は、直接コミュニケーションが交わされるあらゆる状況、例えば、誰かに注射をしたり、排泄の介助をしたり、リビング・ウィルを完成させるために彼らを支援したり、回想法のグループ活動を行うなど、医療・福祉サービスに関わる、あらゆる介入支援を行っている時に適用されるのです。

> 　パーソン・センタードであるか否かは、何を行うかといった職務や仕事内容それ自体によってではなく、その職務なり仕事なりがどのように行われるか、そのやり方によって分かれるのです。

▶ パーソン・センタードなケアサービスを提供しようとする組織のためのVIPSのフレームワーク

　VIPSの定義は、本書の第1版においても枠組みとして使われ（Brooker 2007）、それによって、ケアサービス提供者が、自分たちの組織のサービスと比較評価するための、具体的な指標のリストを作ることができました。この指標は、世界中の50ものケア提供者たちとサービス利用者組織が試験的に用い、様々な検討を加えた結果、パーソン・センタードなケア提供者としての機能を果たすためには、どんなことを整え、備えているべきかについての詳細な説明を加えることができました。このようにして作られた25項目の指標のリストが、上述の定義の4つの要素によって分類され、VIPSのフレームワークとして知られるようになりました。

　この時以来、研究や実践においてこの考え方は発展し続けています。この考え方は、英語圏の多くのケア提供者たちによって取り上げられ、ドイツ語、日本語、スペイン語、ノルウェー語、ポルトガル語などに翻訳されてきました。また、VIPSのフレームワー

クの考え方に基づいてケア向上を支援するために、Care Fit for VIPS（www.carefitforvips.co.uk）(注3) という無料のウェブサイトも設けられています。このウェブサイトは、もともと、介護施設での向精神薬の投与を減らすことを意図して作られたものでしたが、在宅ケアやデイケア、介護付き高齢者住宅などの現場で利用可能な様々なバージョンも提供されています。さらに今では、病院や医療サービスのスタッフたちにも広く利用されるようになっています。

　私たちは、過去10年以上にわたって、世界中のサービス提供者たちからこれらを使った感想や意見をいただいてきました。そして、そのような経験があったので、私たちはこの本の第2版を書くことを決心したのです。VIPSのフレームワークは、当面の仕事の複雑さを認識する一方、パーソン・センタード・ケアの実践をより容易にし、可能にすると、人々が幾度となく、繰り返し私たちに伝えてくれています。これは、一時しのぎやうわべだけの解決策でもなく、また、あいまいなものでもなければ、夢想的なものでもありません。パーソン・センタード・ケアは、単一の介入ではなく、むしろ、私たちの取り組みの道標となる一連の指針（VIPS）です。そして、VIPSは、ケアを受ける人々のパーソンフッドだけではなく、ケアを実践する人々のパーソンフッドにも強い影響を与えるような、組織が取り組むことができる25の方法を提案し、奨励するものです。

　パーソン・センタード・ケアの実践について、いかなる期間であれ持続させるつもりであれば、事業所全体で、組織のすみずみまで、このような方法での取り組みに献身的に努力することが必要でしょう。VIPSの4つのそれぞれの要素ごとに、異なるレベルのリーダーシップを必要とします。以下に順に説明しましょう。
　まず、**人々の価値を認める**という要素（V）は、組織を率いる責任を担う管理者の人たちがまず理解して、リーダーシップを発揮しなければなりません。
　次に、**それぞれの人の独自性を尊重する**ケアの要素（I）は、組織内のケアの規準や手順を定める責任を担う人たちが特に、理解して、リーダーシップを発揮することが必要です。
　最後に、**その人の視点に立ったケア**（P）と**支持的な社会環境を提供する**（S）という要素については、日々現場でケアを担当し、直接利用者にケアを提供する責任を担う人たちによるリーダーシップを必要とします。

　このフレームワークの考え方を用いれば、パーソン・センタード・ケアの複雑な内容を、達成可能なステップに分けて実行できるようになります。私たちは、これまでに2000人以上の参加者に対して、認知症ケアに関わる専門職向けの実践能力開発を目的とした教育コースの一環として、このフレームワークを使ってきました。最初に、コース参加者は、彼らが提供しているサービスについて、フレームワークの25の指標の一つひとつについて、"優れている"、"よい"、"可"、"改善が必要"の4段階で評価するこ

とになります。それは、どのようなことはよくやれているか、どんなところに改善が必要かについての全体像を明らかにするためです。その後で、参加者たちに、可能な限り、彼らの組織の異なるレベルで働いている様々なスタッフたち、サービスの利用者やその介護者たちと、この段階評価について話し合っていただきます。これらの議論を通して、管理者やリーダーたちは、その組織がどの程度パーソン・センタードであるか、またはそうでないか、について、多くのことを認識するはずです。その後、パーソン・センタード・ケアを目指した質の改善に向かって取り組むために、すでにもっている能力と資源に関する領域を1つか2つ選んでいただくのです。

VIPSのフレームワークは、特に、多くのケアサービス施設、とりわけ入所施設での実践がどの程度パーソン・センタードであるかを内部的に評価する方法として採用されてきました。英国では、大規模入所施設を運営する事業者の組織内品質改善プログラム（PEARL）を体系化する柱として、VIPSフレームワークが活用されていますし（Baker 2014）、ノルウェーでは、入所施設の入居者たちのケアの質を改善する手段として、VIPS による実践モデルが開発されました（Rosvik *et al.* 2011, 2014）。ノルウェーの研究者たちは、認知症についての研修プログラムと比較して、VIPSによる実践モデルと認知症ケアマッピング（DCM）（巻末資料p.234参照）の影響を調査して、VIPSによる実践モデルを使ったチームにおいて、ケアを受けた老人ホームの入居者たちのうつ病の症状が、時とともに、有意に改善したことを示しています（Rokstad *et al.* 2013）。

アメリカでは、大規模長期ケア施設のケアワーカーたちのコミュニケーションスキル向上を目的とした一連のワークショップを開発するために、VIPSのフレームワークが活用され（Passalacqua and Harwood 2012）、その結果、コース参加者の態度やスキルが向上したことが、研修の前後の評価から、明らかにされました。

▶ VIPSの礎石：トム・キットウッドとパーソン・センタード・ケア

私たちがVIPSのフレームワークを考案したのは、1990年代に、認知症に対するパーソン・センタードな取り組みの理論的展開において重要な人物であった、英国人の故トム・キットウッド教授が成し遂げた偉大な業績を礎石として、パーソン・センタード・ケアをさらに発展させるためでした。"パーソン・センタード"という言葉は、人と人との真のふれ合いとコミュニケーションを重要視する、ロジャーズ派の精神療法（心理療法）の中で使われていましたが（Rogers 1961）、認知症をもつ人たちに関連して、"パーソン・センタード"という言葉を用いたのは、キットウッドが最初でした。彼が、"パーソン・センタード"という言葉を使ったのは、認知症をもつ人たちの生きた経験そのものに取り組むにあたって、コミュニケーションと人間関係を重視した考え方や方法をま

とめるためであったと、後年、彼は述懐しています。彼は、ロジャーズ派の功績に敬意を払って、"パーソン・センタード"という言葉をそのまま用いたのでした。

　キットウッドは、1998年に61歳で亡くなりました。それは、彼の最もよく知られている著書Dementia Reconsidered (Kitwood 1997a)：『認知症のパーソンセンタードケア―新しいケアの文化へ』（高橋誠一訳、クリエイツかもがわ、2017）が出版されたちょうど1年後のことで、まさに彼の理論がヨーロッパや北米やオーストラリアで、実際に注目を集め始めた頃のことでした。

　キットウッドがこの研究に取り組んだのは、1980年代から1990年代にかけて、認知症ケアへの社会的アプローチが高まってきた時代のことでした。そのいくつかを紹介すると、まず、ホールデンおよびウッズ (Holden and Woods 1988) によるリアリティ・オリエンテーションは、認知症をもつ人たちに安心感を与える対応の1つであり、見当識障がいを軽減する手法でもあります。フェイル (Feil 1993) によるバリデーション療法(注4)や、ストークスおよびグーディ (Stokes and Goudie 1990) によるレゾリューション療法(注5)は、認知症をもつ人の経験から出発することの重要性を強調しています。個別ケアプラン作成や社会的役割を重視した取り組みは、そもそも学習障がいの分野で始まりましたが、まもなく、高齢者ケアの分野にも取り入れられました。それは、高齢者ケアにたずさわる人たちも、ケアをする相手の高齢者をより深く理解し、価値ある人生を送るための機会を提供したいと考えていたからでした。

　障がい者の権利運動が高まり、施設ケアに対する人々の不満が募っていきました。これがきっかけとなって、認知症をもつ人たちがよりよく生きるための様々な権利を強調した各種の業務基準が、1980年代に、英国のキングズ基金から出されました。認知症をもつ人たちには、社会的環境が大きく影響するという考え方は、スティーブン・サバの著書 (Sabat 1994) をきっかけとして発展しました。1985年までさかのぼると、ジョーン・レイダーの研究グループは、認知症をもつ人の行動の多くが、何らかの目的を追求して起きていることに着目して、"アジェンダ行動"と呼びました (Rader, Doan and Schwab 1985)。米国の"パイオニア・ネットワーク"という組織は、何年もかけてナーシングホーム／長期ケア施設のケア文化の変革に取り組んできました (http://pioneer-network.net)。従来のやり方では、認知症のケアは管理すべき一連の問題として見なされてきましたが、これに対してビル・トーマスやエデン・オルタナティブのグループは、長期ケア施設で高齢者が実際に経験していることを重視する考え方を主張しました (Thomas 1996)。

　ケアに対するパーソン・センタードな取り組みを支持する考え方はかなり以前からありますが、そういった考え方が、最初に提唱された当時には、いかに革新的であったかを、私たちはつい忘れがちになります。トム・キットウッドは、パーソン・センタード

な認知症ケアの実践の基礎となる理論を創り上げました。彼は1980年代から1990年代にかけて、著名な雑誌に論文を続けて発表しました（Kitwood 1987a, 1987b, 1988, 1989, 1990a, 1990b, 1993a, 1993b, 1993c, 1995a, 1995b）。VIPSのフレームワークは、キットウッドによって創られた理論的な礎石にしっかりとその枠組みを据えています：パーソンフッドを維持することの重要性、認知症のパーソン・センタード・モデル、"悪性の社会心理"が及ぼす強い影響の認識、認知症とともに生きる人の視点に立とうと努力すること、そして、ケアのニューカルチャーについての解説など、よい機会なので、この最初の章でこれらのことを再考することにしましょう。

▶ パーソンフッド

キットウッドは、認知症をもつ人たちと関連して、"パーソンフッド"という言葉を最初に使った人ですが、彼はパーソンフッドを、以下のように定義しています。

> 「一人の人として、周囲に受け入れられ、尊重されること」
> ：一人の人として、周囲の人や社会との関わりをもち、受け入れられ、尊重され、それを実感している、その人のありさまを示す。人として、相手の気持ちを大事にし、尊敬し合うこと、互いに思いやり、寄り添い、信頼し合う、相互関係を含む概念である。
>
> （Kitwood 1997a, p.8、「パーソン・センタード・ケアと認知症ケアマッピング」第7版日本語版第4版、p.2）

パーソン・センタードな取り組みをしようとする時、最も大きな目標は、認知症が引き起こす、認知機能の低下や活動性の低下に直面する中で、認知症をもつ人たちのパーソンフッドを維持することです。パーソン・センタード・ケアでは、認知症をもつ人たちは、相対的によい状態（well-being）にも、よくない状態（ill-being）にもなりうる可能性を秘めているという考えを前提にしています。単純な生物学的モデルに従えば、よくない状態が見られると、仕方のない偶発的な出来事だとか、脳病理の進行の徴候だとか、と考えられるでしょう。パーソン・センタード・ケアにおいては、人のあらゆる行動には意味があるという前提があります。キットウッドによると、昔は、「問題行動」と称され、最近は、"BPSD（行動・心理症状）と呼ばれている状態"(注6)、すなわち、苦痛、無関心といった状態が多発したり悪化するような状況は、パーソンフッドが尊重されていないケア施設でよく見られます。一方、パーソンフッドが尊重されているケア環境では、認知症の人たちのよい状態と、相互の信頼関係がより多く見られるでしょう。

パーソン・センタード・ケアは、パーソンフッドを高め、維持するために努力することを目的としています。パーソンフッドこそが、本来、私たちを人間たらしめているものなのです。それは、人と人とがお互いの中に認識するものであり、また、年齢や能力のレベルがどんなものであっても、人々の間に、信頼感や安心感やよい状態を生み出すものです。認知症とともに生きる人たちが、あたかも"存在しない人たち"として扱われてしまう、非常に恐ろしい危険が、私たちの周りに存在しています。この危険は、認知障がいが、重度であるほど、大きくなります。"認知症は肉体を魂の抜け殻にした死"とかつて言われました。しかし、そんな恐ろしい表現に対して、過去20年以上にわたって、強力に異議が唱えられてきたにもかかわらず、多くの社会やコミュニティーではいまだに、それに似た表現をよく耳にします。重度の認知症とともに生きる人たちの中にパーソンフッドを認めることが難しいことが、時にあるかもしれませんが、誰でも有しているものであり、心を込めて、真剣に見つけようとすれば、必ず見出すことのできるものであるという、前提があるのです。

　このテーマは、一貫して本書で取り上げられていますが、特に、第3章と4章では、より詳細に検討されています。これらの章では、認知症とともに生きる人たちが、一般的には、どのように社会でその人としての価値を尊重されているのか、または、いないのか、について考察します。さらに、認知症ケアに従事する人たちが、パーソン・センタード・ケアの実践を真摯に考えているのであれば、生活の質の価値を重んじていることを、誰が見てもはっきりとわかるように、示さなければならないことについて、取り上げます。

▶ 認知症のパーソン・センタード・モデル

　トム・キットウッドは、認知症のパーソン・センタード・モデル[注7]について、次のように述べています。1980年代においては、認知症は単純に、大脳皮質の障がいや萎縮の程度によって理解されており、それが当時の"標準的なモデル"でした。しかし、パーソン・センタード・モデルは、そのような当時の支配的な前提に対して、挑戦するものであったのです。というのは、このパーソン・センタード・モデルは、生物・心理・社会モデルであり、脳の障がいだけでなく、身体的健康や、個人の生活歴、性格、その人を取り巻く社会的環境など、実に様々な要因が、認知症をもつ人の行動や感情に影響していると考えるからです。キットウッドが認知症のパーソン・センタード・モデルについて最初に記した当時は、認知症イコール脳の障がいと考えられていたので、脳の障がいが進めば、認知症も悪化することは仕方ないと考えられていました。しかし、パーソン・センタード・モデルは、その人の生活の質に影響を与える脳の障がい以外の側面

に着目することにより、認知症におけるよい状態を最大限に引き出す発想やアイデアを創り出したのです。すなわち、パーソン・センタードなアプローチでは、生物学的、心理学的、社会学的な観点から認知症を理解し、また、これらすべての観点が相互に作用し合って、認知症をもつ人の経験に影響を及ぼすことを認識する必要があると、とらえるのです。第4章で、認知症をもつ人が経験していることは、一人ひとり異なるという、このテーマを検討します。そして、認知症をもつ人たちがパーソン・センタードな支援を必要としているのであれば、それぞれに応じたケアを提供しなければならないことについて述べます。

▶ 悪性の社会心理 (MSP)

　個人のニーズや権利が周囲から考慮されない時、あるいは強い否定的な感情が起こっている時に無視、放置されたり、共感をもって理解されない時、人間関係を結ぶことができず、どんどん孤立してしまうような時に、パーソンフッドは傷つき、損なわれます。キットウッドは、どのようにしてパーソンフッドが損なわれるか、ケア施設の中でよく見られる様々な状況についてまとめ、"悪性の社会心理"（Malignant Social Psychology: MSP）と名づけました。例を挙げると、認知症をもつ人が脅かされたり、急がされる、答えや反応を求めているのに反応してもらえない、子ども扱いされる、区別される、侮辱される、責められる、欺かれる、わかってもらえない、できるのにさせてもらえない、強制される、中断される、人扱いされない、差別される、無視される、のけ者にされる、あざけりを受ける、などです。"悪性の社会心理"を、それと意識して行う人はほとんどいません。にもかかわらず、世界中の認知症ケアの現場では、驚くほど日常的に起きています。"悪性の社会心理"のリストを一つひとつ挙げてみれば、ケアにたずさわる人たちにとっては憂鬱になるほど、見覚えのあるものばかりです。そして、初めて目にした人の多くが落ち込んだ気持ちになります。

　キットウッドは"悪性の社会心理"の出来事は、悪意をもって行われることは非常にまれであり、むしろ、無意識のうちに、ケアの文化の中に織り込まれてしまっているのだと、ことさらに強調しています。ですから、新人のスタッフは、シーツのたたみ方を学ぶのと同じように、認知症をもつ人たちに対するこのような対応を学び取っていくのです。もし、あなたが老人ホームの新人スタッフだとすると、一緒に仕事をする他のスタッフから、認知症の人たちとどのようにコミュニケーションをとるかを学ぶはずです。他のスタッフが入居者に対して、子ども扱いをしたり、急がせたりするコミュニケーションをとっていれば、あなたもその通りにするでしょう。"悪性の社会心理"において、"悪性"という表現を使った理由は、ケアを受ける人たちのパーソンフッドを傷つけ、

損なわせてしまう、このような対応や、出来事は、悪性腫瘍（がん）のように、スタッフの1人から他のスタッフへと、素早く拡がり蔓延するからです。

"悪性の社会心理"の出来事が頻繁に起きると、パーソンフッドが傷つき、損なわれ、よい状態が少なくなり、よくない状態が増えていきます。キットウッドによれば、"悪性の社会心理"の結果として孤立が深まると、そのことで認知症の人がもつ様々な機能が失われていきます。そして、最悪の場合、認知症の人たちの主体性がすべて奪われることになり、結果として、私たちが引き起こしたにもかかわらず、認知症とともに生きる人たちには、愛情をもった対応やサポートなどは無意味で、必要としていないのだという、一般社会の誤った思い込みをさらに助長することにつながるのです。

"悪性の社会心理"の根源は、私たちの社会的な価値観に潜んでいます。若さや知的能力が最高の称賛を受けるような社会では、認知症をもつ人たちは価値を認められず、社会から無視され、最悪の場合には、彼らは差別を受けます。これは、認知症をもつ人たちに対する社会一般の反応であり、あまりにも多くの場合に、専門家でさえ、ケアを行う際の姿勢になっています。認知症をもつ人たちに対して、彼らの価値への認識が欠けていることが、ケア施設の中で、"悪性の社会心理"として、表面に浮き彫りとなるのです。"悪性の社会心理"の影響については、第6章で取り上げ、認知症とともに生きる人たちのためのケアサービスにおいて、人としての価値を高めるような社会心理的環境を積極的に提供することの重要性について、考察します。

▶ 認知症をもつ人の視点に立つこと

キットウッドが主に関心をもったことの1つは、認知症とともに生きる人の立場に立って、ケアの場面で実際に経験していることを理解しようとすることでした。キットウッドは、多くの時間をかけて、認知症をもつ人たちに話しかけたり、入居施設やデイセンターで認知症の人たちがどのような生活を経験しているかを観察することを通して、認知症について多くの理解と独自の認識に至りました。彼が開発した当初の認知症ケアマッピング（DCM）（巻末資料p.234参照）は、主に、認知症とともに生きる人の視点から、ケアの評価を試みようとするものでした（Kitwood and Bredin 1992a）。しかし、版を重ねるうちに、認知症をもつ人の視点からDCMを繰り返し行うことで、発展的評価の側面が強調され、パーソン・センタード・ケアの向上を推進するための評価システムとして位置づけられるようになりました。キットウッドは、DCMを、「認知症の人の内面をわかろうとする気持ちと観察の技能とを用いて、認知症の人の立場に立とうとする真摯な取り組みである」と述べています（Kitwood 1997a, p.4,「Dementia Care Mappingの臨床的有用性と今後の課題」水野裕訳、日本老年精神医学雑誌、第19

巻第16号、657-663、2008）。認知症とともに生きる人たちが経験していることに直接、取り組むことの重要性は、1990年代に注目を浴びるようになりました。このテーマは第5章で取り上げ、パーソン・センタード・ケアを提供する出発点として、認知症とともに生きる人の視点から世界を見ることが重要であることについて、考察します。

▶ ケアのニューカルチャー（新しい文化）

キットウッドは、認知症ケアに関わるオールドカルチャー（古い文化）から、ニューカルチャー（新しい文化）への移り変わりについても述べています（Kitwood and Benson 1995）。彼がニューカルチャーとして議論している多くのポイントは、パーソン・センタード・ケアにも含まれています。ケアのニューカルチャーでは、次のような考え方をします：

- 認知症ケアは、創造的でダイナミックな仕事であって、やりがいがあり、熟練を必要とする。
- 認知症は、管理すべき病気のプロセスというより、むしろ、共に生きるべき障がいである。
- 認知症をもつ人たちも、日々身近でケアをする人たちも、自らの経験に基づく知識をもっており、それは脳科学に劣らず重要なものである。
- すべての人たちは、認知能力の程度にかかわらず平等である。
- ケアの目標はパーソンフッドを維持することであり、診断名にかかわらず、すべての人たちの独自性と個別性は尊重されるべきである。
- 通常"BPSDと呼ばれている状態"は、本来コミュニケーションを試みている状態としてとらえるべきである。
- 最後に、ニューカルチャーでは、ケアは豊かな感性を求められる仕事として認識されている。認知症をもつ人たちのケアにたずさわるスタッフもまた、よいケアを実践するためには、彼ら自身のパーソンフッドが尊重されなければならない。

▶ ケアの文化が重要な鍵である

病院や入所施設におけるサービスの質に多大な影響を与えているものとして、ケアの文化が、近年、注目されてきています。バーンアウト（燃え尽き）は、スタッフが、入居者のケアに自信をもてなかったり、そのため、自ら積極的になれなかったりすることと関係があるのではないかとも言われています（Todd and Watts 2005）。スタッフの離職率の高さ、スタッフ不足と不十分な教育・研修が、施設の入居者たちが絶望感をつの

らせる要因の1つであったという調査報告もあります（Choi, Ransom and Wyllie 2008）。一方で、パーソン・センタード・ケアの実践についての教育・研修や、継続的な支援を受けてきたスタッフのグループでは、肯定的な成果を上げていることを示唆するエビデンスがあります（CSCI 2008; Chenoweth *et al.* 2009; Deudon *et al.* 2009; Fossey *et al.* 2006）。さらに、認知症をもつ人たちにはパーソンフッドが存在するはずだ、という信念をもつことが、スタッフの行動に強い影響を与えていたことを示唆するエビデンスもあります（Hunter *et al.* 2013）。また、パーソン・センタードな介入が仕事のストレスや緊張を減らしただけではなく、専門家として、また一人の人として自己達成感が増したという報告もあります（McKeown *et al.* 2010; Jeon *et al.* 2012）。ケアを受ける人たちと、ケアを実践する人たち、さらには、管理者、現場をリードする人たちとの相互関係の緊密さを見れば、その現場のケアの文化がわかり、同時に、その文化のどんな側面が、パーソン・センタードなケアの実践に影響を与えているかについても、おのずと見えてきます（Kirkley *et al.* 2011）。

　この第2版では、CHOICEという大規模な研究プロジェクトとそこから得られた成果を、しばしば引用しながら、進めます（Care Home Organizations Implementing Cultures of Excellence. Killett *et al.* 2014）。この研究では、重度の認知症や、様々に絡み合った複雑なニーズをもつ入所施設の人たちのパーソンフッドを支えるようなケアの文化の重要な肯定的特徴について分析されています。この研究チームは、調査に取り組み、ケアチームや認知症とともに生きる人たちから、パーソンフッドを維持するために真に助けとなるものは何であるかについて、非常に多くのことを学ぶ機会を与えられたことを名誉に思っていると述べています。この研究によって明らかになった特徴については、第2章で詳細に説明しています。

▶ 認知症は世界的に取り組むべき緊急課題

　本書の第1版が2007年に出版されて以来、認知症とともに生きる人たちのニーズについての認識には、ある意味、当時では私たちが考えることもできなかったような、大きな変化が起きています。今では、認知症に関する国家戦略をもっている国が非常に増えています。こうした国家戦略は、現場のケアに対して、実に強力な影響力をもつというエビデンスがあります（Edvardsson, Sandman and Borell 2014）。世界は、認知症とともに生きる人々の数が、認知症を重大な公衆衛生課題にするという事実に、ようやく目覚めつつあるようです。2013年には、世界中で認知症とともに生きる人たちの数は4,435万人になると推定されていました。これが、2030年には、7,562万人となり、2050年には、1億3,546万人までに増加すると予測されています。国際アルツハイマー病協会（Alzheimer's Disease International 2010）は、2050年までには、世界中の認知症とともに生きる人たちの71％が、低所得国、あるいは中所得国に生活しているだろうと、推定しています。

　世界的なレベルでは、2015年に初めて、国連世界保健機関（WHO）主催による認知症を克服するための、世界規模の行動要請に関する関係閣僚会議が開かれ、認知症とともに生きる人たちの生活の質を改善するための行動計画書に80か国が署名しました。そうした世界的な取り組みの中には、認知症の治療法を発見する試みと、認知症に罹患する人数を減らすための生活スタイルを奨励することに焦点を当てたものがあります。しかしながら、ますます増加している認知症とともに生きる人たちが、パーソン・センタードなケアと支援を必要としていることこそが、解決すべき重大な課題なのです。そのためには、診断以前から人生の最期/終末期（エンド・オブ・ライフ）まで、人々を支援するサービスの開発について、経済開発協力機構の提案書を役立てることができます（OECD: Organisation for Economic Co-operation and Development 2015）。この提案書には、認知症にやさしい地域社会（コミュニティー）、早期診断、診断後の支援プログラム、終末期/エンド・オブ・ライフのケア、心理・社会的介入や、公衆衛生上の介入などが含まれています。

　昨今、認知症により、その人生や生活に何らかの影響を被っている人々のニーズについて、社会が認識するようになってきたことは、とてもすばらしいことです。これは、自分たちの人権は、きちんと擁護されるべきだと主張する、大変多くの認知症とともに生きる人たちによって、より一層、推し進められてきています。当事者が、直接診断の説明を聞いたり、治療法を選んだりする権利をいかに保障するかが、国内だけでなく、国際的政策の最も重要な課題になっています。サービスを形づくり発展させるためには、認知症とともに生きる人たちの生の声を直接、聞くべきであるという認識がますます広がってきています。そして、これが、実践現場では必ずしも容易に実行できないとしても、広く認められた取り組み方となってきました。今では、認知症とともに生きていくことが、どんなことであるかについて当事者自身が語る姿を、ソーシャルメディアや本、テレビ、映画などで見たり聞いたりすることが、ますますできるようになってきています。

　このような社会の流れが始まった頃に出された本人自身による発信の一例が、オーストラリアのクリスティーン・ブライデンの『私は私になっていく—認知症とダンスを』（Christine Bryden: *Dancing with Dementia*, 2005）という本の中に書かれています。彼女のことは、本書の第1版で特別に取り上げています。クリスティーンは、かつては重要な地位にある政府高官でしたが、46歳の時に認知症と診断されました。10年後、彼女は、自身の認知症との旅をダンスにたとえています。旅を続けながら、夫のポールとともに、ステップを変えて、自分たち独自のダンスの仕方を創り出さなければならな

かったことについて語っています。

　彼女の最初の診断から20年たった今も、クリスティーン・ブライデンは世界中の認知症とともに生きる人たちを代表して執筆し、自分たちの権利を主張し続けています。現在では、他にも多くの人たちが彼女の活動に参加しています。10年前の彼女の洞察は、今日でも色あせることなく、的を射たものです。ですので、『私は私になっていく―認知症とダンスを』（Christine Bryden: *Dancing with Dementia* 2005）から彼女の文章を引用しながら、パーソン・センタード・ケアで重要と考えられている点を明らかにしたいと思います。

　　　認知症の人は、それぞれひとりひとりが、自分の魂の核に向かって深く進んでいく旅の途上にいる。かつて自分を定義した複雑な認知の表層や、人生を経験する中で作られた感情のもつれやごたごたから離れて、自分の存在の中心へ、人生に真の意味を与えるものに向かっていく。認知症と生きる私たちの多くは、この「現在」という感覚、「今」という感覚を切実に求め、一瞬一瞬を唯一の見つめるべき、感嘆すべき経験として大切にしている。そしてそれが、過去も未来もなく現在に生きるという、認知症の経験なのである。

　　　『私は私になっていく―認知症とダンスを』改訂新版、クリスティーン・ブライデン著、
　　　馬籠久美子・桧垣洋子訳、pp.5-6

　パーソン・センタード・ケアとそれに影響を与える考え方は発展し続けています。多くの点でこれらの考え方は、もはや過度で、行きすぎたもののようには思えません。しかしながら、こういった考え方を、どう日々の実践に取り入れるかが、解決すべき問題として依然残されています。新しい政策構想や、ガイドライン、さらにパーソン・センタードな取り組みを支持する研究のエビデンスは増えていますが、その一方で、多くの場合、お題目のような美辞麗句と現実の間には大きな隔たり（ギャップ）が残っています。世界の多くの国々では、よい実践を行っているにもかかわらず、それぞれが孤立した島のように、他の国々と隔たりがあります。そして、この問題をどのようにうまく対処するかについての大規模な解決策を、一国のみで見出した国はいまだにありません。これは、世界的な規模の解決策を要する問題であり、認知症の治療法を見つけることと同じく、世界規模の取り組みが必要なのです。

▶ パーソン・センタード・ケアの提供者

　パーソン・センタード・ケアという言葉は、認知症ケアの世界で、専門の用語として

普通に使われています。この言葉の背景にある考え方は、もはや革新的とは思えませんが、その実践についての定義は、しばしばあいまいであり、エビデンスによって明示するのは困難です。卓越した技能に基づくケアから導き出される介入の仕方やそれらの背景などは、国によって異なるでしょうから、それぞれに多様なものになることでしょう。しかしながら、劣悪な質のケアや不十分な支援によって、認知症とともに生きる人たちのパーソンフッドがおとしめられている状況は、国を越えて世界共通であり、それに対する挑戦にも国による差はないと、私たちは確信しています。私たちは、認知症をもつ人が、常に周囲の人々や環境と関わりをもち続けることができ、そのパーソンフッドが確実に維持されるように支援する必要があります。そのことによって、認知症をもつ人たちは、独立性、自律性、人としての成長、楽しみ、喜び、本人にとって意義のある活動、人生の満足感や達成感、そして、今、この時をよい状態で過ごしているという意識をもち続けることができるのです。

　この最初の章で、トム・キットウッドの足跡や、彼が切り開いた道を引き継ぎ、さらに推し進めてきた人たちによって定義されたパーソン・センタード・ケアの起源を考察してきました。この第2版には、ケアの文化の課題に焦点を当てた、新しい章も含めました。パーソン・センタード・ケアのVIPSの定義は、4つの要素で構成されています。この基本原理については、Part1の残りの各章で議論しようと思います。Part2では、VIPSのフレームワークについて説明しましょう。フレームワークはVIPSの要素それぞれに関して、6つの重要な指標（第2版では、Sについては7つ）で構成されています。これを用いれば、様々な種類のケア提供者たちが、自分たちの実践が今どのような段階にあるかを明らかにすることができるでしょう。VIPSは、ケア提供者がパーソン・センタード・ケアの提供における解決すべき課題を、体系的な方法で徹底的に考えるための助けとなるように考案されています。質の高いパーソン・センタード・ケアを提供することは、容易に達成できる事業ではありません。けれども、私たちのサービスがパーソン・センタードであることを確実にするために、認知症ケア提供者として、実際に私たちがどのようなことを行っているかを明確にわかるように表現したり、説明したりすることができれば、そうした実践をより一層推進しやすくなるのではないでしょうか。

注

1 ：政策的に公正であることを、Politically Correct という。その頭文字PCは、パーソン・センタード・ケアの頭文字（Person-Centred）と同じである。

2 ：NICE は、The National Institute for Health and Care Excellence の略。SCIE は、Social Care Institute for Excellence の略。

3 ：Care Fit for VIPS: VIPSにふさわしいケアという意味。ウースター大学認知症学部が管理、提供しており、VIPSフレームワークを用いて、ケアの現状をふり返り、ケア向上に有用な情報を

提供して、実践の向上を支援するウェブサイトである。

4 ：バリデーション療法（Validation therapy）とは、米国のソーシャルワーカー、ナオミ・フェイルによって開発された、アルツハイマー型認知症および類似高齢者に対して、尊敬と共感をもって関わることを基本とし、高齢者の尊厳を回復し、引きこもりに陥らないように援助する。

5 ：レゾリューション療法（Resolution therapy）とは、StokesとGoudieによって開発された、ロジャーズのカウンセリング技法を認知症をもつ人に応用したものである。認知症の人が、認知機能の低下や混乱によって伝えきれない意図や感情といったものに対して、ケアスタッフが的確と思われる反応や承認を、注意深く、忍耐強く提供することによって、その人に対する共感を深める。

6 ：原著では、challenging behaviourという言葉が用いられている。これは、単に認知症の症状や障がいとして見なすのでもなく、また介護者から見て介護負担となる問題ととらえるのでもなく、いかなる行動もその人なりのコミュニケーションとしてとらえ、そのような状況の改善に取り組む責任が周囲にこそあるとする筆者の立場を示すものと言えよう。第2版では、逐語的な挑戦的行動という訳語や、第1版で用いた"問題行動"は用いず、近年一般的に使用されるようになった、BPSD（Behavioral and Psychological Symptoms of Dementia：行動・心理症状）を用いた。しかし、本人のニーズを探ろうとする努力なしに、安易に用いられている現状もあり、そのため、"BPSDと呼ばれている状態"とすることで、筆者の意図を表現するように試みた。

7 ：原書では、Enriched Modelという言葉が用いられている。このモデルが、脳の障がいだけでなく、様々な要因から認知症をもつ人の全体を理解しようとし、そこからより豊かな生活を支えるケアを創り出していくためのモデルである。そのような意味合いがパーソン・センタードという言葉に含まれているため、本書ではパーソン・センタード・モデルと訳した。

Chapter 2
組織の文化とパーソン・センタードな認知症ケア

　ケアの文化というものは、それを語る言葉より、その文化によってもたらされている結果や、それが及ぼしている影響力を目の当たりにすることによって、認識するものです。それは、どういう時かというと、介護入居施設や、病棟、家庭医の診療所に足を踏み入れた時、または、評価の一環としての面談で、在宅のケアマネジャーや相談員と顔を合わせた時などに、それらの背景にあるケアの文化に気づくのです。そして、それは、どこかの場所や何らかの場面で、漠然と、そこのケアがよいとかよくないなどと感じても、その理由がどこにあるか、"はっきりと指摘できない"ような時に、しばしば、その根底に流れる文化というものにその原因を見出そうと考えるのでしょう。よいケアの文化とは、どういうものかと、定義し、言い表すことは難しいかもしれませんが、一般的には、それは見れば大体、誰にもわかるものです。もっと突き詰めて言えば、よいケアの文化は、実は今、その場面を**目の当たりにしなくても**、感じることができるものです。

　入居施設でも、病院でも、自宅でも、相も変わらず起きている、痛ましく劣悪なケアの実態を暴くような記事を見ることがあります。そのような場合、その組織や職員たちに浸透しているある種の"文化"が、痛ましい出来事の原因として、取り上げられますが、一方、同時にまた、その文化が、解決策として言及されています。良きにつけ、悪しきにつけ、現場の様々な出来事の背景には文化が強い影響を及ぼしていることなど、誰もが理解している、当たり前の考えのように語られています。しかしながら、そのような劣悪な質のケアという結果に至った背景、すなわち、具体的な行動を生み出し、強化することもあるし、逆にそれらを、阻止していることもある日々の詳細なケアの手順や、もっと根本的なその根底に流れる人間関係・パワーバランスについては、まったく焦点が当てられていないのです。病院の医療事故に詳しい英国の弁護士は、痛ましく劣悪なケアの実態が明らかになった時、その原因を、ただ単に"文化"のせいにするのは、原因を見出せない時によくある反応だ、と述べています (Francis 2011) [注1]。ケアの文化が、現場に与える影響力の重大性を確信している人々が増えているにもかかわらず、それがあまりにも、漠然としていてつかみようがなく、具体的にそのうちのどれが影響を与えているものなのか、"それ"が一体何を意味しているのかを突きとめるのに、依然として苦しんでいるように見えます。

　ケアに関わる分野の指導者や管理者たちは、よりよいケアを実践するために、現場を

変革しようとする自分たちの努力の結果が、目に見えて現れるものと、努力しても、現われないものがあることに気づくと、まず例外なく、困惑してしまいます。これは、おそらく、現場で変革が可能なもの、あるいは、不可能なものに対するケア文化の影響を考慮していなかったからかもしれません。指導者や管理者たちが、認知症とともに生きる人たちのためのパーソン・センタードな取り組みを達成したいと真に望むならば、ケアの実践にあたっての行動や態度に与える文化の特徴やその影響について、十分認識しなければなりません。そして、それぞれの現場ごとのケアの文化をよりよいものにするために、様々な方法を考え、見出す必要があるのです。そうした文化についての理解なしには、ケアの質を向上させるためにいかに努力したとしても、最大限の効果をもたらすことができず、一時的な熱意を引き出しただけで終わってしまい、長期的で、継続的な変革をもたらすことはできないでしょう。

▶ 文化とは何か？

　英語の "culture"（文化、土壌）という単語を、権威のある英語辞典であるオックスフォード英語辞典（日本で言えば、広辞苑のようなもの）で、引いてみると、土壌、培養、養殖、社風など、多くの意味があり、そのため、様々な背景や状況の中で、それぞれの意味に使われています。例を挙げれば、同じ "culture" でも、庭師や農業にたずさわる人にとっては、土壌を意味しているでしょうし、企業幹部にとっては、企業文化を表す、なじみのある言葉でしょう。さらに、歴史学の教授にとっては、文字通り、文化という、ありふれて使い慣れた言葉だと思います。しかし、様々な職種によって、様々な場面で使われている、この言葉に共通する1つの概念があります：それは、"culture" とは広く、全体的に浸透するものであり、その中で私たちが成長していく、という概念です。私たちはそこに根を下ろし、そこから栄養を吸収しているのです。それが、私たちの職場であっても、地域であっても、組織であっても、社会であっても、その良し悪しにかかわらず、私たちは私たちの文化の土壌から得られるものを吸い上げて、利用しています。重要なことは、それを吸収しないわけにはいかないということです。意識していないことも多いでしょうが、必ず、それらを吸収することになります。さらに、どんな人も、その土壌から離れることはできないのです。外部から受ける剪定や手入れとは関係なく、私たちがどれだけ健康に成長できるかに影響を与えているのは、実は、この土壌の中に存在しているものなのです。ですから、もし私たちが成長したいのであれば、また、人々が認知症とともに豊かに生きられるよう支援したいのであれば、私たちが文化という土壌から吸収しているあらゆるものに注意を払う必要があります。

　認知症とともに生きる人たちのためにサービスを提供している人たちや組織といえど

も、社会的な背景の影響を受け、社会の中で生きています。私たちが住むこの社会に、高齢や健康の問題で介護が必要となった人たちに対する差別や偏見があるために、認知症とともに生きる人たちは、社会という巨大なものに挑み、克服しようとして、立ち向かわざるを得ないのです。この差別や偏見のために、認知症とともに生きる人たちや彼らの家族、ケアやサービスを提供する人たちは、とてつもなく強い影響を受けています。認知症ケアという仕事が、いかに評価され、重視されるか、逆に、まったく評価されず、軽視されてしまうか、といったとらえ方にまで、この差別や偏見が強い影響を及ぼすのです。第3章で、VIPSの枠組みの第一の重要な要素である"V：人々の価値を認める"について考察する時に、このことについて改めて検討しましょう。

　世界を変えることは、私たち大多数の人にとっては、能力の範囲を越えているでしょう。しかし、私たちが働く組織の文化と、そうした文化がパーソン・センタード・ケアの実践に及ぼす影響について、私たちが時間をかけて理解していけば、組織の文化は変えることができるのです。

▶ 組織の文化

　"組織の文化"が組織の発展や、人材管理、リーダーシップ、経営にどのように、影響を及ぼすか、また、それぞれがどのように相互に関係し合っているか、についての研究は、1970年代以降、絶え間なく発展し続けてきた分野です。しかしながら、こうした研究やその識見が、長らく、医療・介護施設に関連づけて考察されることはありませんでした。これは、非常に注目すべきことです。これはおそらく、ケアの分野で働く人たちの善意さえあれば、現場の文化をよりよいものにすることができ、ケアの専門職や彼らのケアを受ける人たちが必要とする適切なケアの土壌をもたらすのに十分である、といった思い込みに基づくものでしょう。ネグレクト（介護放棄）や虐待が生じると、まず注目されるのは、多くの場合、ケアの現場にいて、そのケアに強く関わっていた個人であり、そのような事態を引き起こした責任者だとされるのです。ここから組織が腐り出したと言わんばかりに「腐ったリンゴだ！」と、ある特定の個人を糾弾する声や、「まさか、私は絶対にそんなことはしない」とそれらを否定する強い言葉が、マル秘の内部文書や行政監査員による聴取への回答にあふれています。しかしながら、たまたま、1人の心がけの悪いスタッフがいたにすぎない、という理解や説明は、どんなに好意的に解釈しても、楽観的にすぎるものであり、実は、気づいていたのに、みんなで見ないふりをしていたにすぎない、ということが、長年、ケア現場で働いている人たちには、その経験から、薄々わかるものです。どんなに健やかに育ち、実り豊かな植物であっても、不毛の土に植えられれば、枯れてしまうのです。

ビジネス論から始まった組織文化における知見を、ケアの分野にもち込むことを必ずしも良しとしないのは、おそらく、"ケア"の世界と"ビジネス"の世界を同一視することへの抵抗からきているのかもしれません。しかし、このような抵抗感は見当違いなものです。そして、そう思う理由は、これからお話しますが、近年、ケアがビジネスとして提供されてきているからだけではないことを理解していただきたいと思います。一見、ケアの世界から遠く離れているかのような企業経営に関する研究から学ぶべきことがあるということを認識するのは重要なことです。もし、皆さんが、コンピューター・ソフトウェアの企業の経営者が、自社の組織の人材管理・パワーバランスや数々の管理手法、作業の各工程などがその製品の質などの生産性に与える影響を調査し、明らかにすることは当然、理解できることであると、考えるのであれば、私たちも、ケアの現場での人材育成・管理や、現場での幾重にも重なったプロセスが、どのようにケアの質に影響するかについて探求すべきではないかと思います。コンピューター・ソフトウェア会社の組織の文化の質が悪ければ、結局は、生産されたソフトウェアに不具合があるという結果を招き、最終的には会社が倒産することになります。同じように、ケア組織の文化の質も劣悪であれば、最も傷つきやすい、認知症とともに生きる人々に深刻な苦悩をもたらし、介護放棄や、彼らのよくない状態を引き起こすでしょう。しかし、最初は、認知症とともに生きる人々の苦悩、悲惨からかもしれませんが、それは、連鎖的に広がり、私たちの身に降りかかってくるでしょう。そして、突き詰めていけばいつか、私たちが生きている社会全体が、機能不全に陥り、崩壊してしまうのではないか、と思います。

　ここに、ある有名な社会心理学者の研究があります。それは、悪意のない、まったく普通の人々が、なぜ、こんなにもたやすく悪を実行してしまうのか、という研究です（Phillip Zimbardo）。彼が強調しているのは、このような状況を招く主な要因は、大多数の質のよいりんごの中の、たまたまあった1つの"腐ったリンゴ"のせいではなく、地中深く隅々まで、根を張った、組織的、構造的、社会的な影響力にこそ、おおもとの重大な責任があるのだ、ということです。そして、"劣悪な品質の樽"の根本的な原因は、それを作った個々の職人ではなく、製造事業者の体制にあると指摘しています（Zimbardo 2007）。キットウッドは、随分以前から、すでに文化の影響について認識していたからこそ、認知症ケアにおける文化を"オールドカルチャー（古い文化）"から"ニューカルチャー（新しい文化）"に変容させようと呼びかけたのです。彼が、認知症とともに生きる人たちを、介護施設の中で観察し、彼らのあるべきよい状態を損なう私たちの行動を描写する時に、キットウッドが強調したのは、ほとんどの場合、これらの行動は、故意にあるいは悪意をもって行われているのではなく、何気なく習慣的に行われているという点です。それは、1人の職員からもう1人の職員へと伝えられ、日々のケアの業務をこなす中で、当たり前のことになってしまっているのです（Kitwood 1997a）。これ

について、キットウッドは、あらゆる職場やサービス提供者、組織が行っているケアの結果に及ぼす、そこの組織文化の下で慣習化された手順やそれがもたらす影響について、その特徴を描写し始めました。キットウッドは、単に認知症とともに生きる人たちが、よい状態になったきっかけとなった職員の関わりを"よい結果"として記録したり、リーダーが、個々の職員に対してどんな指示をしていたかを記述したりすることにとどまることなく、これらの手順やそれらがもたらす影響を考える必要があるということを、強調したのです。人々の善意と一定の知識があれば、よい文化は、自然に生まれるはずと期待するのではなく、よい文化を創るためには、積極的に働きかけ、取り組むことが必要であると、彼が認識していたことは、今更ながら、重要で特筆すべきことです。

　組織の文化に関しては、今まで、多くのことが語られてきており、特に様々な分野における多様な側面やその影響に焦点が当てられています。これらについて、今まで述べられてきたことや、実践に適用させようとする試みの数々をふり返ってみれば、組織の文化というものは、例えば、その目標や目的、採用されている経営方法や、個々の職員のスキルや動機づけのどれか1つに集約されるといった単純な課題ではないということが、明らかにわかります。どれか1つに問題があるということではなく、組織の文化とは、これらの要因すべてを含み、さらには、日々相互に影響を及ぼし、日常の仕事に関する意思決定や問題解決に影響を与え、至るところで相互に強化し合ったり、あるいは、阻止し合ったりしている、すべての要因が含まれた産物なのです。

　組織の文化の複雑さを探究しようとする中で、ある研究者は、組織の文化とは、組織のメンバーたちに共有されている、ある種の前提のことであると述べています（Schein 1990）。すなわち、その前提とは、日々の実践の中で当然のこととして行われているやり方であって、それは、毎日の業務をこなす過程で、直面する困難に対処し、その時々うまくしのいできたことから、やっぱりこの方法で間違っていないと思い込みがちな、前提なのです。とりわけ、きわめて重大な点は、これらの前提を、組織に新しく入ってくるスタッフたちに、同僚たちが、これが、自分たちの仕事に対する"正しい"考え方であり"正しい"やり方ですよ、と引き継いでいき、それによって、そのような前提が連綿と続き、その組織に深く根付いていってしまうものであるということです。このような事態は、初めて聞くと、複雑な話のように聞こえますが、介護サービスを提供する組織で働いたり、訪問したりしたことのある人たちや、また、そこで生活をしたことのある方たちなら誰でも、そのような経験があるはずです。例えば、そこの組織の紹介や、皆さんを勧誘しようとしたりする一場面、同僚たちと議論を交わす最中、あるいは、何も知らない新人や外部の人たちが、何でこんなふうにしているんですか？　と何気なく尋ねた時、なぜか、「とにかく、ここでは、こうなっているんです」という一言で終わってしまったという覚えがあるでしょう。そして、ある日、このような現状に疑問いっぱ

いの好奇心旺盛な新人が、自分たちと同じく、「とにかく、ここでは、こうなっているんです」と、次の新人に対して、無意識の間に、押し付ける古株スタッフに変わっていくのに気づく、気まずい瞬間を、私たちの多くが経験しています。それこそが、まさに組織文化が継承されていく瞬間そのものなのです。

　このように、好奇心旺盛な新人を、何の疑問もなく毎日の業務を行う古株に変えてしまう場面が、ほとんど無意識に繰り広げられているのです。このことによって、いかに組織の文化が様々な側面をもっているか、そして、それを理解して、変革しようという努力がいかに重要かが、わかっていただけるでしょう。習慣が習慣となるのは、習慣的に行っている、その決まったやり方で、とりあえず、問題を終わらせることができ、何がどう変わろうが、安易な方法で、やりこなせてしまえるという点において、役に立つと思うからです。古い習慣を断ち切ることが難しいのは、まさに、人々が習慣を習慣として認識していないからなのです。習慣というものは何も考えずに行われており、それについて疑問が投げかけられると、別のやり方を考えることなど不可能に思えたり、強迫感を覚えたりするものです。「そもそも、これが最善のやり方でないとしたら、何で私は最初からずっとこのやり方でやってきたの？」と、思ってしまうのです。

　真にパーソン・センタードなケアを目指して、新しい変革を起こし、維持していくためには、パーソン・センタード・ケアを実践するという日々の仕事のやり方に影響を及ぼす可能性がある、ありとあらゆる要素を漏らさず、検討課題にして、取り組むことが重要です。すなわち、認知症をもつ人にとってのよりよいケアのためには、日々、直面する困難な課題や、めまぐるしい変化を当然のこととして受け止めて取り組む必要があります。変化や、困難に対し、すべての要素を検討課題にして、取り組むようなパーソン・センタードなアプローチを推し進めて、それを受け入れたり、逆に、抵抗したりするような、現場で相互に影響し合う様々な人間関係やパワーバランスについて、十分考慮することが大切なのです。これらは、ケアが実践される物理的、社会的な環境や、仕事についての各自の考え方や感じ方に深く根ざしている価値観、組織における仕事の典型的なやり方や、日頃、どんな行動が、評価を受けたり、受けなかったり、どんなことは許され、推奨されているか、などから生じてくるものです。今、述べてきたようなすべての事柄が、日々の実践に定着するようになる前提や習慣に影響を及ぼすことによって、私たちが成し遂げたいと思っていることが、受け入れられ、推し進める助けとなる可能性もあれば、拒否される可能性もあるのです。

組織の文化を考慮しないと、
どんなことが起きるのでしょうか？
実際の例

理事会の見解

　最近、"最高のケア"社は、パーソン・センタード・ケアの実践の推進を目指して、求人活動やスタッフの研修、ケアプランの改善のために、多額の投資を行ってきました。この投資には、組織の、多額な資金の投入やそれに割いた時間、上級職員の努力が含まれています。しかしながら、当社が期待していたほどの目立った成果はありませんでした。理事会としては、非常に落胆し、一部の役員には、この失敗を現場の職員や管理職たちの責任であると非難する者もいます。そもそも、私たちは、多大な努力を払って、彼らを支援しようとしたのに！

介護現場の見解

　"最高のケア"社が経営するケアホームの1つで働く介護職員として、私が仕事をする時、そのやり方に影響を与えているいろいろな要因があります。例えば、日々の仕事で、もっと、改善の余地があるはずなのに、「このくらいでいいんだよ」と放置されたり、また、このホームで働く他の職員たちや訪問者たちに、こうすればいい、と言われたり、逆にしないほうがよいと忠告されることなどがあります。こういったことが変わらないのであれば、会社の上層部の努力は水泡に帰してしまいます。私が個人的に望んでいることの1つは、入居者たちが、幸せに過ごすことができることと、よりよい状態になることです。研修でもこのことを教えてくれるかもしれません。しかし、もし、その研修が、実際には、私が時間内に、利用者に昼食を食べさせ終えたことをほめられたり、入居者たちがどこかに移動したいと思っている時でも、物理的環境のせいで、1つの部屋に留めておかなければならなかったり、さらに、私がどなたか、入居者の方に、たまにゆっくり朝寝坊してもらっていたことを、訪問診療の医師に非難されてしまうなら、私が、本当のパーソン・センタードなケアとは矛盾する前提や習慣を身につけるまでに、そう長くはかからないでしょう。このような、私が常に経験していることを、どんな人にでも要求するというのは、ひどすぎる話です。言うまでもなく、そんな矛盾だらけのプレッシャーなんて、とんでもないことです。私にとっては、"最高のケア"社は、仕事をする中で、私がどんな思いをしているのかを理解していないんじゃないですか。私は評価されていないと思ってしまいます。そもそも会社が私を理解したり、評価したりしていたのなら、私を支援してくれただろうし、でも、いろいろなことをますます難しくしてしまって、とんでもないところです！

　もし、介護施設、病院、一般医、在宅サービスのような医療・福祉の組織によって提供される、認知症とともに生きる人たちのためのケアや支援の質を向上させたいのであれば、私たちは、それぞれのサービスや組織に関して"ここで今までやってきたやり方"

に関係し、影響を及ぼしているあらゆることに取り組まなければなりません。それには、私たちが何を行い、どのように行うか、そして、なぜそうするのかということについて、隠し立てや偏見なく、誠実に、批判的な目でふり返ることが必要です。それは、単に、私たちの到達したいレベルを宣言したり、現場のスタッフや管理者に、それがどんな感じになるはずなのかを伝えたりするだけでは十分ではなく、それ以上のことが必要です。私たちは、ここで、何が行われているかの現状を探り、なぜそうなっているかについては、ケア現場の最前線にいる人たち、すなわちケアを実践する人たちだけではなく、そのケアを受ける人たちの両者の声に耳を傾ける必要があります。その上で、組織で行われているあらゆることが、確実に正しい前提や習慣を推し進め、一方で、間違った前提や習慣が絶対に継承されていかないように保証するために、一致団結して取り組まなければなりません。私たちは、監査官や来訪者、政府の担当大臣、実業家、あるいは大学教授、その他いかなる役割を担う者であっても、その立場、職種にかかわらず、認知症とともに生きる人たちのケアや支援を向上させたいのであれば、パーソン・センタードなケアの文化を達成するために、自分は貢献しているのか、貢献していないのかということを、深く見つめ直さなければなりません。この理由は、現場の最前線のケアを実践する人は当然のこと、監査官は監査の視点、来訪者ならその視点からの気づきがあるでしょうし、政府の担当大臣なら予算や国家指針作成、実業家なら経済活動を通しての社会への影響力、あるいは大学教授であれば、調査・研究や教育において強い影響力をもっているからです。

　組織の中にパーソン・センタードなケアの文化を創り上げるためには、勇気と努力を要し、それを持続させるためには、より一層の勇気と努力を必要とします。個人としてもグループとしても、組織の中で"当たり前"のことや容認されていることに絶えず挑戦すること、また、多少リスクがあっても、ケアの実践では、新しいやり方を試しにやってみる覚悟が必要とされます。このような場合に、本書で概要を述べるVIPSの枠組みは、読者にとって助けや励ましとなり、また、読者が自信をもって取り組めるように考案されています。次の節では、パーソン・センタード・ケアが根付き、成長するために重要な、組織の文化の具体的な要素について明らかにします。

▶ ケアのニューカルチャー（新しい文化）を再考察する

　第1章では、認知症ケアのニューカルチャー（新しい文化）についてのキットウッドのビジョンを述べ、これが、パーソン・センタード・ケアを根付かせるためには、非常に重要であると、彼が認識していたことについて説明してきました。このキットウッドの考えを土台にして、その上に私たちがたずさわった最近の研究プロジェクトの結果か

ら明らかになったことを積み上げていきたいと思います。CHOICE は、Care Home Organisations Implementing Cultures of Excellence（卓越した文化を実現するケア施設の組織）の略ですが、このプロジェクトは、認知症をもつ人々を含む高齢者の組織的な虐待に関連する特徴、原因、予防についての調査研究から生まれたものです（Lupton and Croft-White 2013）。これは私たちにとって、ほとんど未知の分野であるという認識をもって、CHOICE プロジェクトでは、よい文化を創り出す要因を明らかにすることに特に焦点を当てました（Killet et al. 2014）。劣悪で虐待としか考えられないケアが起きた時には、それがどんなものであるかを明らかにすることと同様に、よいケアの文化とはどんなものであるか、また、どのようにしたら達成できるかを明らかに説明できることが、非常に重要です。もし、私たちがこうした、よい文化とよくない文化をあいまいな連続体にせず、どちらの両端にも強い光を当てて、何がよくて、何が悪いか、はっきりとわかるようにしなければ、劣悪で有害な文化を根絶するために法律違反や虐待だけを取り上げてしまい、そうした法律違反や虐待がない、"まあまあ"のレベルであれば、良しとしてしまう危険性があります。

> 認知症ケアを優・良・可と、もし区分できるのなら、"可"と"優"の間には、天と地ほどの差があります。認知能力の低下によって招かれる様々な困難を克服するためには、継続的で熟練した支援が必要なのです。そうした人々について私たちが語る時、単に基準さえ、クリアしていればいいといったケアでは不十分です。ふさわしいのは、卓越して優れたケアなのです。これが VIPS、すなわち非常に大切な人々（Very Important Persons）にふさわしいケアであり、一人ひとりの独自性をふまえてあつらえたケアなのです。そして、そうしたケアこそが認知症とともに生きる人々のパーソンフッドを支えるのです。優秀なケアなくしては、認知症とともに生きる人々を、ただ単に、生かしているだけです。

　私たちは、英国の 3 つの大学の研究者たちと共同で CHOICE（Care Home Organisations Implementing Cultures of Excellence）［Killett et al. 2014］という研究に取り組みました。私たちは、イングランド、ウェールズ、スコットランド地方の 11 箇所のケア施設で、3 か月以上、長期にわたって調査をしましたが、その対象としては、規模、立地、所有する組織、登録サービス種別など、まったく異なる特徴をもつ施設が選ばれました。それぞれの施設で、利用者がどんなケアを経験しているかを観察し、入居者、スタッフ、管理者、訪問者にインタビューし、徹底した事例研究に着手しました。より深部に存在する組織の文化を理解するために、施設の外面を見ただけではわからない、根底に潜んでいるものを実質的に把握しようと試みたのです。
　ケア施設を調べて、内容を理解しようとする時に、研究者や監査を行う者がよくやる手段に、管理者や所有者との面接調査があります。しかし、私たちの研究では、ちょっ

と変わった、通常用いない方法をとりました。研究での最初の作業は、ある種の観察ツール（*PIECE-dem,* Brooker *et al.* 2013）を使って、重度の認知症に加えて、さらに複合的なニーズをもつ入居者たちが、どんな経験をしているかを明らかにすることでした。これは、今回の調査で、本人が施設で提供されているケアを通してどのような経験をしているかを調べる時、最初に行った調査が、認知症に加えて、ほとんどコミュニケーションをとれず、感覚面あるいは身体面でも困難な問題を抱えている人たちの目を通して行われたということを意味します。その後、さらに観察や対面による聞き取りを行い、施設の中で最も傷つきやすく、依存度の高い人たちの経験に影響を与えていたケア施設の文化を理解しようと試みました。

　私たちは、アイゼンハートおよびグレイブナーによる比較事例研究のデザイン（Eisenhardt & Graebner 2007）を使い、シャイン（Schein 1990）の説明する体系を手引きにして、人々がケアをどのように体験しているかに重大な影響を与えるよいケア文化の、7つの重要な要素を明らかにしました。これらの要素はすべて、相互に関連しており、この章の最後で、細かく説明します。この本の中で私たちが説明しているCHOICEの結果や事例は、確かに、入居施設での研究に基づいているものです。しかし、これらの経験によって示唆されることは、病院、在宅や初期の介入時においても、認知症に加え複合的なニーズとともに生きる人たちに強い影響を及ぼすケア文化の特徴については、よく熟考することが重要であると思います。これらの特徴を説明するために、私たちはより広範囲のサービス提供の現場からの事例も、使うことにしました。

　CHOICEはきわめて本格的な研究事業でしたので、正確に、研究結果を記述しようとすると、そのために用いられる言葉が、研究論文を読み慣れていない一般の方々にとっては、あまりにも専門的すぎると思われるかもしれません。しかし、これらの調査研究の結果から明らかになったよいケア文化で見られる要素は、決して複雑でわかりにくいものではありません。これらの結果は、よいケアとは何かということをはっきりと理解している、私たちの誰もが共鳴できるものです。結果をそのまま書くと専門的すぎるので、そこから得た知見から、私たちが学んだものを、簡略にまとめると以下のようになります。

1：卓越したケアを実践するために、すべての人たちが、皆、一致団結して取り組んでいる。

2：組織に関わる人全員が、お互いにとって重要な存在になっている。

3：認知症とともに生きる人たちの能力を引き出し、よいケアを実践できるように、管理者たちは、現場のスタッフたちが自分たちの責任で判断できるよう一定の裁量権を与え、実践できるよう支援している。

4：管理者たちは、ケアの実践を最重要なものとして、現場のケアに影響を与える外的要因から守っている。

5：変化する日々の生活において、スタッフたちが、ケアを受ける人々の人生がよりよいものになるように目指し、取り組んでいる。

6：人々が日々過ごす場所を楽しめるように、スタッフたちが支援している。

7：人々が日々周囲の人や生活に関わり、充実感を得られるように、スタッフたちが支援している。

調査研究で明らかになった、よいケア文化で見られる7つの要素を、図2-1に表します。

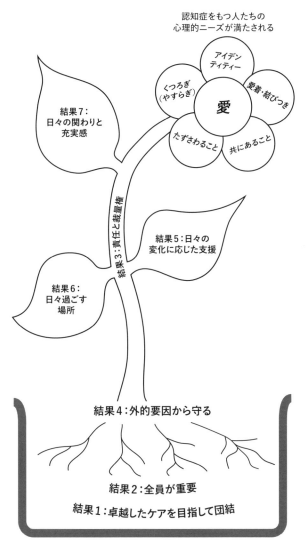

図2-1　調査研究で明らかになった、よいケア文化で見られる7つの要素

心理的ニーズ（Kitwood 1997a）が満たされるようなケアの実現のためには、よいケアの文化が不可欠である——この図は、ケア施設の認知症とともに生きる人たちの情緒的、心理的なよい状態を、よいケア文化の要素がどのように支えることができるかを表現している。

では、今、述べた研究から明らかになった要素を一つひとつ挙げながら、よいケア文化の重要な特徴について、解説を加えていきます。

よいケア文化の特徴●その1：
パーソン・センタード・ケアを提供するために、実際的な目的を理解し、共有する

この特徴は、研究結果1「卓越したケアを実践するために、すべての人たちが、皆、一致団結して取り組んでいる。」から、導き出されたものです。

この本の他の箇所でも述べているように、パーソン・センタード・ケアという言葉は非常に多くのところで取り上げられています。入所施設や病院の標語、政府の指針で、"パーソン・センタード"なケアを目指す意図が示されていないところは、ほとんどないほどです。しかしながら、パーソン・センタード・ケアをしているというだけでは、十分ではありません。体裁をいかに立派に見せても、その表面的な体裁が、かえって、現場の生活経験の現実から目をそらし、疑念や矛盾をしばしば覆い隠してしまうことすらあり得るのです。パーソン・センタード・ケアを提供する上で共有される目的とは、語るだけではまったく不十分であり、組織に関わるすべての人たちによって、以下の2つの重要な方法で、明らかに示されるべきものです。

第一には、目的が共有されているかどうかということです。これは、"よいケア"が実践されると、現場でどのような場面が展開されたり、感じられたりするものなのか、組織の上層部、管理者から、訪問者、現場のスタッフに至るまで、すべての人たちの理解が一致しているということを意味します。ここで言う理解とは、特に、ケアを受ける人たちが、日々どんな経験を実際にしているのかについての理解ということであり、"よいケア"とはこんなふうだ、とか、こうあるべき、といった包括的な定義や目的によるものではありません。この実際的な理解に基づく土台がなければ、組織の中の個人やグループが、それぞれに自分たちが"適切な"とか、"最善の"などと判断できていると信じ込み、相矛盾する、異なった目標をつくり出してしまう恐れがあります。目的について、このように実際にどんな経験をしているのか、についての理解を共有することが、組織のよい文化にとってなぜそれほど重要かという理由は、もちろん、魔法のようにたやすく、パーソン・センタード・ケアを実現させるからではありません。むしろ、認知症をもつ人々とともに現場のケアに取り組む時に、そうした実際的な目的についての理解があれば、取り組む時の基本的な骨格ともいえる枠組みを設定し、共有することができるからなのです。このように実際的な土台としての枠組みが共有されれば、常に変化する日々の実践の場で起きる、困難だけれど克服すべき課題や問題、また何かを行うよ

い機会について考えたり、解決したり、学んだりするために使うことができるでしょう。

共有される目的についての実際的な例：
太郎さんにとってのよい一日

　太郎さんの入所施設を想像してみてください。太郎さんの暮らしている施設はパーソン・センタード・ケアを提供しようと懸命に努力しており、パーソン・センタード・ケアが、彼の日々の生活の中で、実際どういうことを意味するのかについて、施設と関わりのあるすべての人に説明がなされてきました。太郎さんにとってのよい一日とは、特に、サッカーを観戦したり、サッカーについて話したり、実際にプレイする機会があること、と理解されています。このことが、施設での生活に影響を与えるすべての人によって、それに向けて取り組むべき、パーソン・センタード・ケアの実際的な定義として共有されていれば、その達成の成功を推し進めたり、失敗についてふり返ったりすることが非常に容易になります。もし太郎さんが昨日サッカーのことを話題にしなかったとしたら、なぜ話題にしなかったのか？彼が話したければ、必ずそうできるようにするために、明日は何を変える必要があるのか？試合観戦をして彼がとてもすばらしい時間を過ごしたとしたら、そういう時間を過ごせたのはなぜか、どうしたら、また彼にそういう時間を過ごしてもらえるのか？　太郎さんにとってのよい一日の定義は、日々の実践や組織の決定に際して、それに照らして判断することのできる明確な枠組みを提供することです。例えば、日々の実践と組織の決定は、太郎さんと周囲の一人ひとりがよい一日を過ごすために役に立ったのか、それとも、役に立たなかったのか？　どうしたら私たちにわかるのでしょうか？　もし役に立たなかったとしたら、どうして役に立たなかったのか、そして、何が変わらなければならないのでしょうか？

　このような実際的な説明なしには、克服すべき難題や問題を解決することも、先例や経験から学ぶことも、より一層困難になります。それは問題の正しい本質を正確に特定することができないからです。私たちが具体的に何を目指しているのかを知らなければ、目標からずれてしまったかどうか、また、では、どうしてずれてしまったのかを、どうして知ることができるでしょうか？　太郎さんがサッカーの試合を観戦しそこなったのは、スタッフが面倒がり、太郎さんが観戦できるようにしなかったからなのか、あるいは、忙しく、同時に2つの場所にいることが無理だったからなのでしょうか？　決まった手順では、太郎さんやスタッフは、サッカーの試合を観戦することと、夕食をとることを一緒にできず、どちらか1つを選択しなければならなかったからでしょうか？　サッカーを観戦すれば夕食はとれず、夕食をとればサッカーを観戦できないことになっていたからなのでしょうか？　この施設でのアクティビティーは前もって準備されているスケジュールによって行われ、その中に試合観戦が含まれていなかったからなのでしょうか？　それは、太郎さんの近くにいるサッカー嫌いの人たちを苛立たせることなく、彼がテレビで試合観戦をすることができない周りの環境のせいだったのでしょうか？　"太郎さんにとってのよい一日とはサッカーに関われること"という共有されている枠組みが、これらの質問に答えを出す助けとなります。このよう

な枠組みの共有ができていない場合には、何がうまくいったのか、あるいは、うまくいかなかったのか、本当のことを明らかにするために非常に苦労する可能性があることを意味しています。その上、そのような実際的で共有されている目的の理解がないと、**見かけの体裁**（例えば、きちんとした部屋、アクティビティーのスケジュール、すべての身体的ケアが提供されていること、食事が定刻に出されること）が、その人本人にとってのよい一日の**経験**として、混同されてしまう恐れがあります。もし、そうなってしまうと私たちは、いったい太郎さんが、本人にとって本当によい一日を過ごしたのかどうかを、決して知ることはできないかもしれないのです。

　第二は、よいケア文化が根付いている組織が、上述したようなパーソン・センタード・ケアを実行するために必須な、実際的な目標を共有するために、実践している方法です。この方法が、どんなものかは、上層部、現場スタッフ、スタッフ同士との相互関係を通して明らかになっています。最前線で働くスタッフたちにとってよい日をもたらすものは何か、彼らの技能がどのようで、どんな点に苦労しているのかを、もし管理者が知っていれば、彼らを励まし、もてる技能を発揮し、さらに能力を伸ばすように支援することもできます。一方、スタッフにとって困難なことが重なるようなよくない日には、励ましたり、力を貸したりすることができるでしょう。そのためには、管理者がスタッフの声に耳を傾け、スタッフを知り、その価値を認めることが必要とされます。ケアをするという相互作用の中でパーソン・センタード・ケアを実行し、その継続を推し進めていくためには、組織のすみずみまで、お互いのパーソン・センタード・ケアの実際的な経験を鏡のように映し合い、学び合うことが、不可欠です。1人のスタッフが、自分の思いを聞いてもらえず、自分の価値が認められていない、支えられていないと感じたならば、認知症とともに生きる人たちのニーズに親身になって耳を傾け、心の底から価値を認め、喜びをもって支えることなど、どうして期待することができるでしょうか？誰に対しても、特に、認知症がもたらす可能性のある数々の解決すべき困難な課題を抱えて生きる人たちに対して、必要な時に必ずそばにいて、誠実な配慮をもつということは、感情面でも、身体面でも、また知的にも、多くを求められる仕事です。それゆえ、パーソン・センタード・ケアを実現するためには、私たちを取り巻く組織の構造や相互作用が、スタッフを十分認め、共感をもち、積極的に支援するものでなければなりません。

よいケア文化の特徴●その2：
組織に関わるすべての人たちが連帯し、1つのコミュニティーとして協力し合っている

この特徴は、研究結果2「組織に関わる人全員が、お互いにとって重要な存在になっている。」から導き出されたものです。

　この特徴は、組織に関わるすべての人たちが、組織内の出来事について、どの程度自分たちが関わっていると感じているか、また、組織の外にあるコミュニティーとどの程度つながっていると感じているかに関するものです。あなたが職員であれ、ボランティアであれ、訪問者であれ、近所の一般の人であれ、認知症とともに生きる人であれ、よいケアの文化をもつ組織というものは、皆さんが、組織に関わっていただけることを歓迎し、皆さんができる貢献を、その大小にかかわらず、価値あるものとして評価しています。この特徴は、職員であれ、訪問者、ケアや支援を受ける人であれ、組織と関わりをもつ人たちが、一致団結し、みんなが仲間としての連帯感をもち、よりよい雰囲気にしようと努力する人を、励ますことに関するものです。

　組織に関わる人たちの連帯感は、ケアを受ける人たちのためのよいケア文化を創り出すために重要なものですが、それにはいくつかの理由があります。組織内の様々な"役割"を担う人たちの間に連帯感が存在していれば、前に述べたように共有されている目標を、組織が絶えず継続的に高め、持続する助けとなります。逆に、そのような連帯感がない場合には、組織的な方針決定や、日々の実践、人々の経験はお互いの間で一貫性のないばらばらなものになったり、あるいは、苦情申し立ての手続きや、管理会議や、検討会議のような、たまに開かれる形式化された手段を介してのみのつながりになったりします。連帯感は、その組織や人々に対しての時間や努力、エネルギーの傾注を確かなものとし、その組織で起きていることに対する責任感や自分たちのものであるという感覚を確かなものにします。その結果、組織への積極的な関わりや貢献がもたらされ、問題や困難なことが起きた時も建設的な取り組みが生まれることとなります。連帯感が存在していないと、人は、自分の技能や能力が見えず、どうすれば貢献できるかがわからなかったり、貢献するという意識をもてなかったり、さらに言えば、コミュニティー全体に対する配慮がなく、おそらく、自分たち自身のニーズを達成する必要がある場合のみ、関与することになってしまうという可能性があります。

一致団結し、連帯感を高めた実際的な例：
小山さんの在宅ケア

　ちょっと、想像してみてください。小山さんは毎日身体ケアを受けるために、訪問介護サービスを利用しています。事業主やマネジャー、スタッフたちは、組織に関わるすべての人が、一致団結し、連帯感をもつことや、みんなが、どうすれば、もてる力を最大限に発揮して、ケアに関わることができるかを理解していることの重要性を認識しています。そのため、彼らのアセスメントやケアの手配が、小山さんの視点に立ったパーソン・センタードで、ニーズに見合ったものであるかどうかを確認するだけでなく、小山さんの家族介護者である娘さんの経験も詳しく知り、理解しようとしています。組織は、特に予定のない晩に、家族や友人で介護をしている人々を招いて、地域の中で他に利用できる支援に関する情報を共有しています。この機会に、このような介護者たちは、同じような状況にある他の介護者たちと出会い、何人かのケアスタッフとも知り合うことができます。小山さんの娘さんとケアスタッフは、小山さんを励まし、それによって、再び、編み物をするようになって、本当にうれしいと喜び合いました。それがきっかけで、認知症をもつ人にとっては、孤独や退屈がどんなに難しい問題であるかを話し合いました。このことから、コーヒーを飲みながら“編み物とおしゃべり”の朝の会合を開いてみようというアイデアがもち上がりました。すると、ケアスタッフの1人が、気軽に行ける居心地のよい町のカフェでするのはどうか、と提案しました。その話がうまくいくと、今度は、どうすれば家族も、たまにちょっとした特別の“休み時間”をとって、家族同士で楽しい仲間を見つけることができるかという話が提案されました。もし彼らが専門的な支援を必要とした場合には、まずその訪問介護事業所に助言を求めます。なぜなら、スタッフチームが熱意やスキルをもって、うまく対応できるように支援してくれることを知っているからです。

　このようなシナリオは、絵に描いた餅のような感じがするかもしれません。しかし、特に“役割”に関係なく、相互の交流と理解、参加を奨励するためにあらゆる機会が使われ、連帯感でつながっている組織では、このようなことが可能です。一方、連帯感のない組織であれば、小山さんの娘さんは、自分の役割は、単にケアスタッフが自宅訪問介護を適切に完了したかどうかをチェックするだけであると感じてしまいます。ケアスタッフは、自分の責任が小山さん本人のみに関係していると考え、小山さんの娘さんからは信頼されておらず、正当に評価されていないと感じてしまいます。そうすると、管理者が小山さんの娘さんからの電話に対応し、ケアスタッフとの問題のすべてを直接に処理する責任をとらなければなりません。こうした食い違いが見られる、みんなで手をたずさえてやっていこうという連帯感などない文化の中では、困難な課題が明らかにされても、その課題が解決されることはないでしょうし、いかに問題が悪化し、欲求不満が生じるかは容易に想像ができます。最も重要なことは、誰もが彼女のケアをするつもりがあるのに、小山さん本人が置き去りにされていることでしょう。このような文化のもとでは、彼女のケアは適切で許容範囲内だと理解されているかもしれません。しかし、彼女が新しい友だちと一緒にコーヒーショップで、毎週一杯

のコーヒーを楽しむなどということは決して起きないでしょう。

よいケア文化の特徴●その3：
スタッフは、ケアを受ける人々のよい状態を維持、促進するために、自分たちの責任で判断できるよう、一定の裁量権を与えられ、積極的な管理の手順を通して、実践できるよう支援されている。

この特徴は、研究結果3「管理者たちは、現場のスタッフたちが自分たちの責任で判断できるよう一定の裁量権を与え、実践できるよう支援している。」から導き出されたものです。

　この特徴は、最前線のスタッフが、人々を支援する日々の仕事に、どのように取り組んでいるかということに関するものです。そして、重要なのは、この特徴は、現場スタッフをどう励まし、彼らがさらに高い能力を身につけ発揮できるように支援するために、その職場内の管理者やリーダーたちがどのように取り組み、どのように実行しているかという、やり方に関するものであるという点です。よいケア文化が存在している組織にいる現場スタッフは、自分たちの能力を発揮して仕事を実践することができるように支援されています。そして、そのためには、相互に関連している2つの重要な要素があります。第一に、スタッフたちは自分たちが行うことについて、一定の責任を担うということです。すなわち、スタッフが支援している人々に対して関心をもって関わり、気遣い、自分たちの職務や仕事に関する説明責任についても理解しています。第二に、スタッフたちは自分の裁量で判断して自分の仕事を行うということです：彼らには、必要な技能や支援があり、また、その特定の役割の範囲内で行動する裁量権が与えられているので、支援している人々の幸福のために彼ら自身が、工夫し、判断して、行動に移すことができるのです。重要なことは、責任の範囲を理解し、その範囲内の裁量権を実行し支援をする、という、*2つが同時に*、そろって実行されることに意義があるのです。

　どのようにスタッフたちの能力を高め、その能力に応じて、どの程度の裁量権を与えるかについて深く検討もせずに、新人を募集採用して"責任をとれる"スタッフに教育するだけでは十分ではありません。職場のスタッフが責任感をもっているだけでは、自分たちが支援する人々のために配慮はするかもしれませんが、その人たちにとってなすべき重要なことがわかっていても、実行はできません。なぜなら、組織が、往々にして意図せずに、その実行を阻んでしまうからです。スタッフたちは、その人に、何が必要であるかを見極めることはできるのですが、彼らにはそれを実現するための権限が与えられていないのです。それが、ケアを受ける人々にどう影響するかにおかまいなく、根本的な相談もなしに、意思決定がどこか他のところで行われ、それらの方針を実行に移

すことがスタッフの責任になってしまっているのです。このような状況にいるスタッフ
たちは、燃え尽きてしまい、挫折し、支援する認知症の人たちに代わって、自分たちが
達成できることへの、彼ら自身の期待や要求水準まで、引き下げなければならなくなる
のです。その一方で、責任をもたず、自分の裁量で判断するスタッフがいたとすれば、
日々、意思決定や行動に影響を及ぼす大きな自由をもつことになりますが、それは必ず
しも支援を受ける人々の幸福のためには使われないでしょう。なぜなら、根本的なケア
の感性や配慮、職務についての理解に欠けるからです。このような状況にいるスタッフ
たちは、自分たち自身にとって最善であることを行い、自分たちが支援する人々にとっ
てよいこととは何であるかについて十分理解できないまま、実行に移してしまう恐れが
あります。

　責任と自律性の両方をもてるように、スタッフたちの仕事の能力を高めるためには、
管理者やリーダーたちの実際的な手腕や経験が必須のものとなります。そして、そのよ
うな実際的な経験やその強い影響力について常にふり返り、省みることが必要です。そ
うでなければ、特定の職場の文化によっては、スタッフが責任と自律性を両方もつこと
ができなかったり、あるいは、軽率にも、どちらか一方だけをもつようにスタッフが仕
向けられたりするような状況をつくり出しかねません。こうした状況は、結果として、
ケアや支援を受けている人々によい経験をもたらすことはありません。スタッフが責任
と自律性の両方を身につけられるように励まし、促す上で重要な実践や取り組み、行動
は以下の通りです。

管理者やリーダーたちは：
- 実際面と情緒面の両方で、スタッフのニーズに対して、指導するのではなく、支持的である。
- スタッフの考えや要望に、常に気を配り、励ましを与える。
- ケアと支援が行われるその時、その現場に、いつでも存在している。
- スタッフたちや訪問者や支援を受ける人々とのコミュニケーションや関わり合いを自らやって見せ、模範によって導く。
- 施設の中のそれぞれの職務と範囲を明確に理解していて、その中で一定の裁量権を与え、必要に応じて支援、調整する。
- 意思決定し行動する時には、しっかりと結束し、協力し合う。

　読者の皆さんの中にもし管理者の方がおられたら、このリストを見ると、圧倒されて
しまうことでしょう！　しかし、"管理者やリーダー"とは、組織の中の1つの職種や職
位を意味するものではないことを、肝に銘じておくことが重要です。それは、組織の種
類や目的、それに関わる人々の技能によっても異なる、様々な人たちとその仕事内容や、
役割に関係しているものです。1人の管理者が、同時に多くの場所にいることは不可能

ですが、様々な技能をもつ、様々な職位や職務をもつ人たちがいるチームであれば、様々な管理者やリーダーが、同時に様々な現場に存在することは可能です。ここでは、"管理とリーダーシップ"について言及していますが、その管理者としての職務の一部は組織内で正式に規定されているかもしれません。しかし、その他の役割については、明確に規定されていなくても、様々な職位の人たちとの関係や、スタッフの模範となることによって、管理やリーダーシップというものが、現場に大きな影響を及ぼすということを強調したいと思います。指導者としてのリーダーシップと管理とは異なるものです。これらが異なるがゆえに、組織のよい文化を創り上げ、スタッフの正しい姿勢や行動を奨励し、能力を高める責任は、たった1人の人に課すべきものではなく、また、課してはならないものです。

自分たちの責任で判断できるよう、一定の裁量権を与えられ、実践できるよう支援されているスタッフの実際的な例：須田さんがデイサービスで楽しく過ごす時間

　須田さんはデイサービスに行っています。そこのスタッフたちは正規職員であり、ケアを受けている認知症とともに生きる人たちに対して、情熱と細やかな注意や配慮を払うよう励まされ、それぞれに責任を担っています。また、スタッフたちは、業務を実行している中で起きることについては、自分たちの裁量で意思決定し、自ら行動するための能力を身につけることができるよう支援されていて、そのための技能ももっています。須田さんが定期的にデイサービスに行っているので、そのおかげで、奥さんは仕事を続けることができています。しかし、日によっては、須田さんは非常に落ち着かなく不安になったり、大きな声を出したりして、デイサービスから出て行こうとすることもあります。

　彼の担当スタッフの前田さんは、このような状態になるのはいろいろな理由があることを認識しているので、それが何なのか、その原因を探ろうとしています。須田さんが、玄関のほうに向かおうとするとすぐに、一緒に散歩に行きましょうと誘います。前田さんのチームリーダーは、何か困ったことが起きたら電話で連絡してね、と伝え、その後、いつもなら前田さんがしている昼食を出す手伝いを代わりに引き受けます。調理師は須田さんが昼食時にそこにいないことに気づいて、後で彼が食べられるように食事をとっておきます。

　須田さんと前田さんが戻ってくると、チームリーダーは前田さんに「ありがとう」と伝え、須田さんに遅めの昼食を出している間に、休憩をとるよう伝えます。勤務時間の終わりに、デイサービスの管理者は、前田さんと会話を交わしながらどんなことがあったかを確認します。須田さんは外ではとてもくつろいでいて、散歩道に沿ってたくさんある花壇のことをずっと気にかけていたので、センターに戻ろうと促すことが難しかったと、前田さんは管理者に報告します。前田さんは、デイサービスに通っている他の人たちの多くが女性なので、須田さんは趣味が合わず、退屈しているのではないかと思っているのです。

前田さんと管理者は、須田さんの奥さんから話を聞けば、何かの参考になるかもしれないと考え、そうすることに決め、管理者は翌日にその話し合いをすることにしました。管理者は、前田さんとチームリーダーに、須田さんが、かつて市民農園で長い時間を過ごしていたことがあるらしいと、奥さんと話した時に聞いた話を報告します。チームリーダーは、前田さんに、須田さんが、何かしら、園芸にたずさわることができるように考えてみたらどうかと提案し、市民農園を持っている職員がいることを教えます。

　２、３週間のうちに、前田さんは中古の平鉢を準備し、デイサービスの玄関に広告を出すことを交換条件に、地域のガーデンセンターと交渉して、無料で苗木や種を入手することに成功しました。須田さんは毎日、農作業用の手袋と移植ごてを持ってやってきます。調理師は魔法瓶にスープを入れてランチ用に持たせてあげるので、須田さんは、庭仕事の合間に、庭に面した出入口のそばで、休憩をとりながら、スープを飲みます。管理者とチームリーダーは、デイサービスに適当な農園を設置するための資金をいくらか集めるためのイベントを計画しています。

　この例は、その役割に関係なくセンターで働くスタッフの全員にとって、責任とその責任を実行するための自律性の両方をもつことが、どれほど重要であるかを示しています。

　責任がなければ、誰も須田さんの苦悩に気づくこともなく、それによって彼が被るかもしれない問題（デイサービスを出てどこかへ行ってしまって、昼食を食べそこなう、あるいは、他の人たちを不安にするなど）を少しでも解決するための責任も引き受けないことになります。行動する自由裁量を許されていなければ、個々のスタッフたちが助けたいと強く望んでも、許されていないので、できないことになります。彼らは、いろいろなリスクやスタッフ数に関する懸念があるので、その場を離れることを制限されており、どうすればうまく解決できるかについて意見を尋ねられることもなく、よい考えがあったとしても、それを実行するように背中を押されることもないのです。ひょっとして、こうすればうまくいくかもしれないと考え、それを確かめるために、何か工夫をしてやろうとしても、批判されたり、禁止されたりするのです。また、権限のある人たちから助言や許可を受けたり、他の立場から相反するような情報を得たりするにも時間がかかってしまいます。いずれにしても、須田さんのよい状態は損なわれることになり、その結果、スタッフの仕事は、よりストレスの多いものとなり、挫折を感じたり、不満を抱くことになったりする可能性があります。

よいケア文化の特徴●その４：
　管理者は、現場のケア実践に強い影響を及ぼす外的要因からの仲介・調整役となる

　この特徴は、研究結果４「管理者たちは、ケアの実践を最重要なものとして、現場のケアに影響を与える外的要因から守っている。」から導き出されたものです。

　この特徴は、外的要因の重大さと、それが組織によって内部でどのように管理される

かを強調するものです。外的要因とは、組織や特定の職場を縛る外部からの要因のすべてを指し、日々のスタッフの実践に強い影響を与え、それによって認知症とともに生きる人々への支援に影響を及ぼしています。これには以下のようなものが含まれます。

- 業務監査／制定法上の要件や措置
- 組織内部での方針変更、事務処理あるいは品質保証監査など
- 経営や人的・物的資源に関する判断や決定
- サービス提供施設への訪問者たちからの期待や要求

　外的要因はそれ自体に問題があるわけではなく、その多くは、実際、サービスの質によい影響を与えることを意図したものです。ここで言うところの特徴は、むしろ、これらの外的要因が、支援を受ける人々が経験するケアに、よい影響を与えるのか、あるいは、有害な影響を及ぼすのかを決定づける、組織による管理の仕方を明らかにするものです。これは、外的要因（例えば、規制監督官）と、組織内でこれらの要因に取り組む責任を負う人々（例えば、上層部の管理者）との双方が、ケアを受ける人々の経験に及ぼす影響を深く考え、その影響が確実に望ましい肯定的なものになるようにしなければならないということを意味しています。単に、その規則や監査などが、本来よい意図をもって考案されたというだけでは、必ずしも、肯定的な影響をもたらすことを保証するものではないのです。それがどのように提示され、実施されるかという方法も重要です。よいケアの文化の中では、組織の管理者たちは、最前線のスタッフたちと彼らが支援する人々の視点から、この手段や方法のもたらす影響について、真剣に考えます。管理者たちは、外的要因とケアの最前線にいるスタッフや本人たちの間を仲介する役として行動します。管理者自身の役割の中には、外的要因による圧力を、最前線にいる人たちに成り代わって引き受けたり、あるいは、外的要因が自分たちに要求することを、ケアを受ける人々と彼らのよい状態に関係づけて、スタッフが理解できるようにわかりやすい言葉に言い換えて説明することがあり、それによって、外的要因と最前線にいる人たちとの間の橋渡し役を務めるのです。

外圧に対しての管理者による仲介の実際的な例：
かなえさんの入院

　かなえさんは認知症とともに生きている人で、股関節骨折後のリハビリのためにA棟から、B棟に移動しました。前に入院していたA棟からの申し送りのメモには、いくつかの困難な課題が強調されていました。そのメモには、かなえさんは、股関節骨折後にもかかわらず、どうしても起き上がって歩きたがり、ベッドから2度落ちたこと、また、夫に会いたがって絶えず大声で叫び続け、他の患者たちに迷惑をかけていたこと、そのため、夫は、面会時

間の終わりがけに、そろそろ帰るように言われると、非常に困り果てていた様子だったことなどが、書かれていました。

　B棟の看護師長は、かなえさんをどうやってケアしたらよいか、夫と会って、話し合おうと決め、早速、動き出しました。看護師長は、病院の決められた手順を一部変更することが効果的かもしれないと考え、通常は、いざという時の隔離のために使われる個室を利用できるように調整し、かなえさんの夫が望めば、いつでも彼女と一緒にいられるように手はずを整えます。看護師長は、スタッフたちとこの件を話し合い、かなえさんの看護記録に、なぜこの措置が必要であるかについて概略を記入します。B棟が、決められた面会時間と病室の本来目的利用に反していることをしているため、院内監査のチェックがあった場合には"不合格"として、不備を指摘される可能性があることを見越して、彼女は監査のための報告書にも概略を記載しました。また、院内の巡回チェックが行われた時のために、スタッフが監査員に見せたり、渡したりするためのコピーも一部用意しました。

　看護師長は、スタッフがかなえさんたちを支援するために過ごしている時間や、彼女の苦痛とその変化を記録しておくための簡単な記録用紙を用意します。このように変化を記録することで、スタッフが支援している時間や、そのことがかなえさんのよい状態にどういう影響を与えているか、に気づくことができるので、その必要性をスタッフたちに理解してもらえるよう、看護師長は説明し、支援します。その結果、かなえさんの夫は、いつも彼女に寄り添い、リラックスさせることができ、その上、食事をする手伝いや、転倒にも気を配ってくれるので、B棟に入院している間、かなえさんは、身体的にも、情緒的にも非常によい状態で過ごすことができるのです。これらの関わりによって、彼女は、当初の予定よりもずっと早く退院することになります。彼女の夫は、非常に喜んで、病棟のスタッフや病院の理事会や地域の新聞あてに手紙を書き、B棟で提供されたケアをたたえました。

　ここでの行動は、B棟の看護師長が、本来よい意図をもってつくられたとはいえ、病院の方針や規則に起因する外的な圧力の影響を考慮したことで、かなえさんのよい状態を高め、その回復を早め、病院という資源をより有効に活用したことを明らかにしています。看護師長は、院内の巡回チェックによって、指摘される事態を事前に予測し、前もって対策を練ることによって、これらの外圧のいくらかを上手にやり過ごしました。さらにスタッフに対しては、これらの対策によって、どのようにかなえさんのケアが改善できるかということを具体的に説明し、院内の規定・規則という外圧に対処することができるよう、スタッフを支援しました。このような看護師長の実行力がなければ、最前線のスタッフたちは、決められた方針や規則といった外からの圧力を押し付けられ、院内の巡回チェックに問題なく通ることを余儀なくされていると感じたかもしれません。さらには、かなえさんの治療や回復に支障が出たり、遅れたりする可能性が、どんなに大きなものになったかは、容易にわかることです。これは、まさにA棟で起きていたことなのです。A棟では、方針や規則の順守、面会時間など訪問者に関する規定や院内の巡回チェックというプレッシャーを、直接スタッフたちが受けてしまい、また、病棟看護師長による仲裁もなかったので、結局、当のかなえさんが苦痛を被ることになってしまったのです。

　また、この例は、よいケアの文化を創造するために必要である、もう1つの重要な特徴を

浮き彫りにしています：要するに、外的要因に関する責任を負う上層管理者の人たちは、現場の管理者たちに、この仲介役としての行動をとることを認め、また、そうできるように権限を与えたり、能力を引き出したりしなければなりません。その上で、最前線のケアの実践に影響を与えるものはどんなものであっても、それを考慮する取り組みならば、支援すべきです。私たちは、サービス提供施設の業務監査委員であっても、安全対策管理責任者であっても、院内監査官であっても、品質保証管理者であっても、単なる訪問者であっても、善意の意図や、よかれという気持ちから始まった、というだけでは十分ではないということを理解しなければなりません。たとえ、善意の意図だったとしても、それが現場に及ぼす可能性がある影響を考慮し、善意の意図がよくない影響ではなく、よい影響を及ぼすことを確認するために、組織の管理者やスタッフたちと一致協力して取り組まなければなりません。そのためには、私たち自身の実践を批判的にふり返り、最前線で働く人たちや、ケアや支援を受ける人たちからの意見に耳を傾けなければなりません。もしB棟の看護師長が、院内監査で"不合格"と言われることを見越して、準備をした報告書に対して、その直属の上司がその行動を理解しない人だったらどうなるでしょうか？　もし、かなえさんのような、わずか1人の入院患者のために、方針や規則を柔軟に運用することを容認しないような理事会だったとしたら、どうなったでしょうか？　みんなの善意による"サービスの質の改善"の意図にもかかわらず、かなえさんや、彼女のような人たちは、相変わらず見捨てられてしまうでしょう。

▶ こうした価値観の相乗効果によって、ケアの発展的なよい循環を創り上げる

　これまでに述べてきた4つの特徴は、組織の中によいケア文化を創り、持続させていくために不可欠なものであり、認知症や他の複合的ニーズを抱えて生きる人々のために、豊かなケアの経験を推進する活動を現場で発展させ、維持する助けとなります。これらの特徴は相互に影響を及ぼし合い、それゆえ、すべてが重要なものです。組織の文化を改善するための対策は、どれか1つの側面に焦点を絞るのではなく、4つの側面すべてを考慮に入れる必要があります。なぜならば、それらの4つの特徴が、よい循環か、悪い循環か、いずれかを創り出す可能性があるからです。文化を変革するための努力は、4つの側面すべてが同時に考慮される場合により強化され、逆に、どれか1つでも軽視される場合には徐々に蝕まれ、実を結ばない可能性があるのです。

　例えば、ある組織では、共有する目的を確立して、その患者、入居者、サービス利用者にとってパーソン・センタード・ケアとはどんな意味があるかについて、実際的な理解を推し進めるために努力しているかもしれません。これは、スタッフの研修、認知症とともに生きる人々と一緒に行うライフ・ストーリー・ワーク（本人が残しておきたい

思い出を一緒に書き留める作業)(注2)の制作、事務文書、管理方法、人材採用などの変更など、いろいろなやり方で取り組むことができます。しかしながら、もし、スタッフたちが責任をもって自分たちの理解に基づく行動をとれるように、彼らにいかに権限を与えるかについて考慮もされないようであれば、その実際的な理解を現場で実行に移すことはできないかもしれません。また、外的圧力に対しても、どうすればその影響を仲介・調整できるかについて、もし考慮もされなければ、規則順守を証明する責任や、資源に起因する様々な圧力に屈し、実際的なパーソン・センタード・ケアのビジョンは、投げ出されてしまう可能性があります。また、もし組織というコミュニティーに関わるすべての人々の間に連帯感を生み出すことが考慮されなければ、パーソン・センタード・ケアの実際的なビジョンは崩壊してしまいます。なぜなら、コミュニティーの中の人々がバラバラな意図をもって取り組む可能性があるからです。これに対して、4つの特徴すべてを考慮するということは、実際的なパーソン・センタード・ケアのビジョンが連帯感のあるコミュニティーによって強化されることを意味します。なぜなら、そのコミュニティーの人たちは、そうしたビジョンを実現することや、それを達成する中で生じた問題を明らかにし、解決することに、積極的に関わるからです。自主的に判断する権限と能力をそなえたスタッフは、日々の活動の中で、ビジョンをさらに高め、そのコミュニティーを豊かにすることができ、その時、外的要因は、現場での行動と矛盾するものではなく、むしろ強化するものとして用いられる可能性があります。

▶ ケアの典型的行動様式

よい組織のケア文化の特徴はさらに3つあり、いずれも非常に重要なものです。それらの特徴は、先に強調した4つの特徴によって、さらに促進され、ケアの現場でそうした文化が浸透しているような場合には、肯定的な価値観を高めたり、継続したりする助けとなります。それらの特徴を有する最前線のケア現場では、数ある"ケアの典型的行動様式"の中で、奨励されるべきものが多く見られます。"典型的行動様式"とは、"当たり前のこととして"起きる行動や活動のことです。それらは、最も例外的な状況を除くすべての場合に、私たちが当然目にすることとして想定するものです。実際、真にパーソン・センタードな文化の中では、それらはごく自然で、当たり前のことなので、意識的に考えることなく行われるものです。それらが**行なわれないこと**は、非常にまれで奇妙であると見なされ、目立ってしまい、説明を要求されたり、疑問視されたりして、周囲の注意を引くことになるでしょう。ここで言うケアの典型的行動様式は、最前線のケアスタッフと彼らが支援している人々の行動や相互の関わり合いの中で、最も頻繁に見られるものですが、上述の要素はそういったことの実践を可能にしたり、奨励したりす

る上で不可欠であるということを、肝に銘じておくことが重要なのです。

よいケア文化の特徴●その5：
ケアを受ける人々のためになるような継続的でゆるやかな変化

> この特徴は、研究結果5「変化する日々の生活において、スタッフたちが、ケアを受ける人々の人生がよりよいものになるように目指し、取り組んでいる。」から導き出されたものです。

　人生にとって変化することは必然であり、どんな変化も柔軟に受け入れ、対応することは、よいケアの文化を創る上で不可欠なことです。これは、当然、人々のニーズや、望み、目標が、人生を通して、日々刻々と変化するからです。誰かが認知症になって他者からの支援を必要とするようになっても、それは何ら変わりがなく、実際には、むしろ、より一層重要になります。なぜなら、認知症それ自体が及ぼす影響によって、認知症のある人にとっては、より複雑で、強い変化として感じられる可能性があるからです。このことは、もし私たちが真にパーソン・センタードなケアの提供を望むのであれば、変化に気づき、受け入れ、積極的に対応する姿勢が実践によって示されなければなりません。そのためには、現場のスタッフがそれを実践できるように、支援が必要であることを意味しています。変化する日々の生活において、認知症をもつ人のために、私たちの支援を変えることは、不可欠であり、当然のこととして実行される必要があります。そして、実際、よいケアの経験を創り出すことに成功した文化の下では、変化の必要性を認識すると同時に、その変化を実行する理由や方法についても思慮深く取り組んでいることが明らかにされています。業務重視ではなく、本人の視点を重視して目標を立て、変える時も、急に変えるのではなく、ゆっくりと、しかし、着実な変化となるように、変化についても管理することはきわめて重要なことなのです。このような配慮の行き届いた取り組みなしには、変化はよい文化の存続を危うくし、問題をはらむものとなるでしょう。

　よいケア文化の下では、支援する相手の一人ひとりについて、日常の手順に、頻繁に手が加えられ、それらが変わることは、十分予測されるものとして、受け入れられます。現場のスタッフたちは、その変化を想定し、スムーズに変化させることができるように、彼ら自身も、支援されます。毎日起きたり、起きなかったりする変化は、そのような臨機応変な支援を受ける人々に表れるよい影響（すぐに表れるものや、ゆっくり表れるものがありますが）を通して理解され、皆が支持するものとなっていきます。もし変化が起きていない場合、あるいは、その人にとってよくない影響が起きている場合には、疑問を投げかけ、ふり返り、必要であれば、再び変更しなければなりません。日々の小さな変化であっても、組織の大規模な変化であっても、あらゆる変化は、組織の文化に確

実によい影響を及ぼすものとなるように、同じように緩やかに、かつ、その人を重視したやり方で、取り組まれなければなりません。

よいケア文化の特徴●その6：
ケアを受ける人々のためになるように環境を活用する

この特徴は、研究結果6「人々が日々過ごす場所を楽しめるように、スタッフたちが支援している。」から導き出されたものです。

組織のよいケア文化の下では、それがケア施設や病棟、一般診療所であっても、その人の自宅であっても、ケアと支援が行われる現場の環境が、確実に、認知症とともに生きる人々にとって可能な限り助けとなるように、最前線のスタッフたちによるふり返りが、常に行われています。これには、現場のスタッフが、その環境の見た目や、騒音、温度、におい、通常の手順について絶えず気を配り、考え、行動を起こすことが不可欠なのです。認知症にやさしい、よいデザインは、この特徴に関して役に立つ一方で、その建物は、本来の目的に合うように建てられているかどうか、という環境についてのふり返りに留意することも重要です。現場のスタッフがすべきことは、支援を受ける人たちに、非常に重大な影響を及ぼす環境について、常にふり返りを行うことなのです。それぞれの環境が、それ自体の有利な点と限界をもっていますが、よい文化の下では、その環境の中での、創造性や柔軟性が奨励され、そのような努力が支援されています。

よいケアの文化の下では、環境は、認知症とともに生きる人たちにとって可能な限り助けとなるべきものであり、あるいは、可能な限り助けとなるように環境はつくられなければならないと、当然のこととして期待され、受け入れられています。ですから、そのような文化が浸透しているケアの現場では、人々のニーズに応じて、物理的環境を変えたり、環境の利用目的を変えたりすることが、積極的に行なわれています。よいケアの文化の下では、最前線のスタッフたちが環境を調整するのを目にするのは当たり前のことなのです：例えば、椅子の位置を変えたり、その人とコミュニケーションをとったりする時も、最も効果的な方法が工夫され、使われますし、照明はより明るくしたり暗くしたり、その人が、暑すぎないか寒すぎないか、周囲の騒音に動揺していないかなどが、常に配慮されています。一時的な出来事であれ、組織の長期的な意思決定であれ、環境のあらゆる側面が、その中で暮らし、その環境を使用している人たち、彼らとともに働いている人たちに与える影響について、配慮ある取り組みが行われなければなりません。

よいケア文化の特徴●その7：
意味のある関わりと活動は、ケアと支援の提供には不可欠である

この特徴は、研究結果7「人々が日々周囲の人や生活に関わり、充実感を得られるように、スタッフたちが支援している。」から導き出されたものです。

　よいケアの文化があるかどうかは、一人ひとりとの意味のある関わり合いや、活動や、たずさわることのできる何かを提供するための努力が、施設の日常のケアや支援、業務の中に、価値観や規範としてどの程度浸透しているかによって、よくわかります。このためには、会話を交わすことや、一緒にそばにいること、あるいは、スキンシップによって、人々にとって意味のある関わり合いが、必要な身体的介助と同等に重要視されなければなりません。また、退屈することなく、意味のある何かにたずさわることのニーズが満たされることが、その人のよい状態にとって不可欠であると認識され、身体的なよい状態と等しく、重視される必要があります。

　よいケア文化の下では、意味のある関わり合いや活動が、身体的なケアや支援の側面と同じぐらい多く観察されることが期待され、受け入れられています。現場のスタッフたちが人々と一緒に座っておしゃべりをする光景を目にするのは普通のことであり、また、これらの相互の関わり合いは、特定の業務をうまくこなしたり、何かの成果を上げようとしたりしている時だけに限定されるものではないはずです。声を大きくしたり小さくしたりするにしても、あるいは、受付のデスクから移動して、誰かを待合室の椅子まで案内するにしても、スタッフたちが、自分たちのコミュニケーションや取り組み方を、一人ひとりに合わせているのを目にすることが、普通のことでなければなりません。その人が関わりをもてるように好みの物が渡されたり、その人にとって意味のある音楽が演奏されたり、スタッフたちが仕事に従事する間、その人が一緒に行動したり、あるいは、誰かが、その身体的、認知的能力に適したやり方で作業や趣味の活動に参加するのを目にすることは、当たり前のことなのです。

　もし、認知症をもつ人が、他の誰からも話しかけられず、笑顔を向けられず、あるいは、何にもたずさわっていない時には、なぜそうなのかを問う必要があるのです。さらに言えば、それらが日々の活動の中で観察されるだけではなく、人員配置や、職務内容記述書、利用可能な物的または人的資源について、組織が意思決定する際には、このような特徴を考慮し、そうした実践を可能にするものでなければなりません。

共働するケアの典型的行動様式

　他の4つの特徴がそうであるように、これら3つの特徴もそれぞれに、他と等しく重

要なものです。たった1つの特徴のみを追求しても、何も得られません。他の特徴についても考慮しなければ、1つの特徴に絞ってどんなに努力しても、その成果は実を結ぶことはないでしょう。

3つのケアの典型的行動様式の実際的な例：
幸子さんにとってのよい日

　幸子さんが暮らす入所施設を想像してみてください。施設のスタッフたちは、入居者にとってよいことだと思えば、自分たちが行っていることを、その時々変えていて、そうやって変えることが、いかに重要であるかということを理解しています。ですから、常に、何か改善の余地がないかと気をつけています。ある日、幸子さんがいつもよりずっと落ち着きがないことに気づいた彼らは、少し時間をつくってその理由を考えます。幸子さんは談話室に座っていましたが、他の入居者が数人でおしゃべりしており、おまけにラジオがついているので、周囲が非常に騒々しいことに気がつきます。

　スタッフたちは何か他にも幸子さんにとって苦痛に感じていることがないかを確認するために、彼女と話し、もっと静かなところに座ったほうがくつろげるかどうか、確かめることにします。しかし、スタッフたちは、彼女がみんなから離れて1人でいるのは嫌なことも知っています。談話室よりロビーのほうが静かで、そこには受付係もいます。そこで、幸子さんが誰かと一緒にいられるように、ロビーに来て、一緒に座っていてもいいかどうかを、受付係に尋ねます。受付係は自分の椅子を移動して、デスクの後ろに幸子さんと一緒に座れるようにし、幸子さんに雑誌を渡し、雑誌に載っている何枚かの写真について話しかけながら、同時に、できる限り自分の仕事もするようにします。正面のドアは、数人の人が出たり入ったりするたびに冷たい空気が入ってくるので、受付係は幸子さんのためにひざ掛けをもう一枚持ってきます。副支配人は、お茶を入れるためにロビーを通りがかり、受付係と幸子さんが一緒に座っておしゃべりを続けられるように、「あなたたちにも、お茶を入れてくるわね」と言って、お茶を持ってきてくれます。

　この例では、今ある環境を絶えずふり返り、変更することや、どうすれば幸子さんに最善の関わりやたずさわることを経験してもらえるかについて、深く思いやることすべてが、必要不可欠です。もし、これらすべてに対する配慮がなければ、変更が困難になったり、抵抗にあったり（特徴・その5）、スタッフたちが、幸子さんに与える環境の影響に気づかなかったり（特徴・その6）、幸子さんにとって意味があるやり方で関わり合うニーズについて考慮しなかったり（特徴・その7）するので、おそらく幸子さんはよくない状態を経験することになるでしょう。

　さらに、前述の4つの特徴がここでも重要であることがよくわかることでしょう。施設のスタッフは、自分たちが最善だと考えるやり方で、責任をもって幸子さんを支援し、自主的な裁量に基づいて行動することができ（特徴・その3）、その上、その時の幸子さんにとってパーソン・センタードであるとはどんな意味があるかについての理解が、すべてのスタッ

フに共有されています（特徴・その１）。入所施設というコミュニティーの中に連帯感があるということの意味は、スタッフだけでなく、受付係も幸子さんをどう支援するかについて理解しており（特徴・その２）、また副支配人は、受付係は幸子さんとのおしゃべりについ夢中になってしまい、メールの返信が遅れるかもしれないということまでも、理解しているのです（特徴・その４）。

▶ まとめ

　申し分なく健康で、元気な植物を、もし荒れ果てた土壌に植えたとしたら、それでも、その植物は何とか成長しようとして苦闘することでしょう。しかし、その植物が、また元のように元気になって成長し続けるためには、可能な限り、豊かな土壌を必要とします。また、栄養に富んだ、豊かな土壌を創れば、そこに育つ植物の質と多様性に驚くことになるでしょう。これは、ケアの文化について考えるためのよい比喩です。あなたが、認知症とともに生きる人であれ、そのパートナーであれ、家族であれ、ケアワーカーであれ、管理者や専門職であれ、あなたの感情や行動は、そこのケア文化の影響を受けるはずです。しかも、認知症とともに生きる本人、および周囲との人間関係にとって、認知症は、あらゆる変化や不測の事態、不快な出来事と同じように、ある意味で、挑まなければならないものとなる可能性があります。これらの日々生じる不測の事態を支えていくためには、ケアの文化は堅固なものでなければなりません。これは、植物が悪天候に耐え、生存するためには、よく根付いていなければならないのとまったく同じです。

　本書は、パーソン・センタード・ケアを実行するために重要なことすべてについて考える助けとなるよう考案され、書かれたものです。文化の様々な側面とその影響が、社会におけるものであっても、特定の組織の精神力動を介するものであっても、個々の人々や私たちが認知症とともに生きる人たちとどう取り組むか、そして、コミュニティーの中で彼らとともにどのように生きるかに与える強力な影響が、この本の至るところで強調されています。文化を変革することは難攻不落の山に挑戦するような気がするかもしれません。しかし、どんなに高い山であっても、登るために、私たちのそれぞれが小さな一歩を重ねていくことはできますし、また、他の人たちが小さな一歩を踏み出すために手を差し伸べることはできるのです。

注

1 ：勅撰弁護士ロバート・フランシス（Robert Francis）の弁。彼は、ミッド・スタッフォードシャー
　　NHS基金トラスト（Mid Staffordshire NHS Foundation Trust）（病院）の医療事故/背任に関する
　　公的調査会の議長を務めた。

2 ：ライフ・ストーリー・ワークとは、本人が残しておきたい思い出を、一緒に書き留めたり、その人の人生の物語をともに様々な形でまとめる取り組み。その成果物を用いて、本人と対話したり、何らかの活動を通して、思い出をともに分かち合う取り組み。ライフ・ストーリー・ブックの他、ライフ・ストーリー・アルバム、コラージュ、メモリー・ボックス（ライフ・ボックス）、DVDに音声や動画を編集するなど、様々な方法がある。

Chapter 3

人々の価値を認める

> パーソン・センタード・ケアの第1の要素は、人々の価値を認めることです。
> 　人々の価値を認めるとは、認知症とともに生きる人たち、そして、そのケアにたずさわる人たちに対して、年齢や認知障がいの有無に関係なく、あらゆる権利を擁護し、差別的な行為を根絶することです。

▶ ケア提供者のための重要な指標：人々の価値を認める

● **ビジョン**：どんな理念をもってケアに従事しているのか、自分たちのビジョンを、ケアに関わる人全員が共有していますか？

● **人的資源/人材**：スタッフがかけがえのない人材として、経営者から価値を認められていると、確かに感じられるシステムが機能していますか？

● **運営・管理をめぐる組織の気風/文化**：パーソン・センタードなケアが確実に実践されるようにするために、現場のスタッフたちが自分たちの責任で判断できるよう一定の裁量権を与えられ、実践できるよう支援されているような運営・管理が実際に行われていますか？

● **研修とスタッフの能力開発**：パーソン・センタードな認知症ケアを実践できるように、優れたスキルを身につけたスタッフの成長や能力開発を支援するシステムが機能していますか？　認知症とともに生きる人たちを支援することが、熟練したスキルを要する重要な仕事として周囲から認められていることを、スタッフは理解していますか？

● **サービス環境**：認知障がいとともに生きる人たちの手助けとなり、誰でも利用できる物理的、社会的環境がありますか？　私たちの施設の環境は人々のために役立っていますか？

● **質の保証**：認知症をもつ人たちや彼らの支援者たちのニーズや関心を把握し、それに基づいて継続的にケアの質を向上させるための仕組みが機能していますか？　私たちは、さらなる向上を追求し、絶えず努力していますか？

　認知症をもつ人たちは、どこか遠く離れた場所に隔離されているわけではなく、私たちの身近に、あらゆるところにいます。しかし、認知症を取り巻く差別があるために、

認知症とともに生きる人たちや、彼らのケアにたずさわっている人たちであれば、誰もが直面する問題が、話題にされることはほとんどありません。認知症とともに生きる人たちや、彼らのケアにたずさわる人たちは、特に障がいが進行するにつれて、孤立を一層深めていきます。しかし、認知症をもつ人も、もたない人も、市民であれば誰もが有しているあらゆる権利をもっています。そしてまた、無条件に受け入れられ尊重されることを必要とし、お互いに頼り合っている人間でもあります。認知症とともに生きる人たちは、人権をもっている点でも、無条件に受け入れられることを必要としている点でも、周囲からの愛情を必要としている点でも、私たちとまったく同じなのです。

▶ 社会がケアに与える影響

　社会を支配している規範や価値観、姿勢は、第2章で議論したようなよく似た方法で、ケア施設や病院の組織の文化に影響を及ぼしています。これらの社会の価値観が文化に与える影響は非常に大きく、認知症とともに生きる人たちやその支援者たちに関連して、何かを言ったり、行ったり、考えたりすることで、どんなことが容認できるか、容認できないかをも、左右してしまいます。重大な点は、これらが、目に見えず、気づかないうちに、私たちに影響を与えていることです。すなわち、私たちが偶然に出会う、日々の状況や事情に潜在する、前提や思い込み、思考、感情をつくり出すのです。

　このように、何の疑問ももたれず、無意識のうちに受け入れられている社会文化の影響こそが、まさにその威力なのです。それらに対し疑問を向ける人たちは、変人扱いされるのが関の山で、最悪の場合は、もめごとを起こす人とみなされるのです。しかし、変革というものは、見たところでは突拍子もないと思える疑問をぶつけることから始まるのであって、それなしでは、達成されないものです。もし物事が、なぜ、こんな方法で行われているのかを、私たちが問うことがなければ、変革は何も起きず、現場は永遠に変わらないでしょう。

　認知症をもつ人たちのためのサービスは、社会の中で提供されているので、これらのサービスを提供している人たちも、社会の他の人々と同様に偏見に左右されやすいのです。高齢者や精神的な問題を抱えている人たちのためのケアサービスの中で、認知症をもつ人たちは、多くの場合、より一層強い偏見に苦しんでいるように見えます。この差別は、サービス提供、社会資源の分配、研究費の確保、マスコミの報道の仕方、政策の優先順位、ケアワーカーの職業訓練や地位、報酬に表れています。

　認知症は、老化の中で最も恐れられている一面です（アルツハイマー病協会、2007）。多くのケア専門職も含む、様々な人々によって、認知症は誤解されているのです。生き物を“人”と定義するのは何であるかという問題は、西欧哲学の中でずっと注目されて

きました。一部の哲学者たちは人の定義について、思考の意識化（考えている自分を意識することができる）と、記憶の連続（連続した人生歴を認識できる）の上に成り立っていると考えました。この定義を用いると、認知症をもつ人は、認知症が進行するにつれて、以前と同じ"人"として見なされなくなってしまうことになるでしょう。なぜなら、自分自身について連続した記憶を維持することが難しくなるからです。さらに、この考え方によれば、認知症の最重度の段階、つまり、考えている自分を認識しているのかどうかはっきりわからなくなると、"人"として存在しなくなってしまうことになるのでしょう。この定義によるならば、認知症が脳を侵す時に、"人"をも崩壊させることになるでしょう。それは身体だけが残された生きる屍（しかばね）として、マスコミで報道されてきた認知症のイメージとぴったりです。

　認知症を差別する私たちの社会は、進歩しつつあるとはいうものの、いまだに認知症とともに生きる人たちを理解せず、配慮ある支援をしていないということを、事あるごとにあらわにしています。多くの場合、理解を深めようとか、その人の視点に立って支援をしようとか、試みることさえしていないのです。認知症をもつ人たちは、排除や差別的な態度、孤立感を経験し続けています。なぜなら、周囲の人たちが、認知症とともに生きる人たちも自分と同様に尊敬や理解に値する一人の人であり、地域社会の一員であるということを受け入れようとせず、むしろ、認知症という病気やレッテル、見慣れない行動に目を向けてしまうからです。私たちの社会が、認知症以外の身体的、あるいは知的障がいとともに生きる人たちへの差別を完全に撤廃しきれず、共に活動にたずさわるようになるまでにはまだ遠い道のりがあること、いまだ歴然とした高齢者差別があること、また、多種多様な人種、信仰・信念、性的志向をもつ人々を受け入れ、彼らに対する差別を撤廃しようとして闘っていることを、今も多くの人たちが論議していることを考えれば、これは、もしかすると驚くべきことではないのかもしれません。確かに、認知症とともに生きる人たちへの差別や過度の不利益をもたらす一因でもある文化的な価値観を転換することは、困難な問題を伴っています。しかし、だからと言って、価値観を変えようとする私たちの試みを思いとどまらせてはなりません！　それどころか、認知症とともに生きる人たちの数が急増していること、さらに、私たちが認知症に影響される可能性が高くなっていることは、そのような価値観を転換する試みを、私たちが継続するように、より一層求められていることを意味しています。

　認知症にやさしいコミュニティー計画を展開してきている国がいくつかあります。認知症とともに生きる人たちは、認知症のあらゆる段階を通して、できるだけ長い間、他の人たちに頼ることなく、自分の意志で、自分の希望に沿った自らの生活を続けていくことを望んでいます。認知症にやさしいコミュニティー計画は、認知症とともに生きる人々が、小売店に行ったり、

友人や家族たちと時間を過ごしたり、銀行や証券会社を利用したりするなど、他の誰もが利用するのと同じ便宜を享受し続けることができるように、社会の意識や理解を高めるものです。コミュニティーのレベルでのこの取り組みとともに、銀行業、小売業、輸送／交通機関、さらには、消防署や警察署などの様々な分野の組織が、認知症についての意識の向上、スタッフの教育・研修、業務の手順変更などの活動を介して、自分たちの分野を一層認知症にやさしいものにするために役立つように、一致協力して取り組んでいます。

価値観を変えるということは、非常に時間がかかる過程なのですが、組織の一番トップからと、最前線の現場からと、両方からの圧力があってこそ、なし得ることです。政策、政治家、地域のリーダーたちは重要であり、積極的な変化を促進することができます。しかし、日々の小さな行動も同じように重要であり、変化を推し進めることができます。実際、それらの日々の行動が、しばしば、困難なことに目を向けさせ、異なるやり方でも物事は達成できるという、その別の方法を明らかにするために役立つものなのです。それは、私たちがサービスを開始する時、趣味の活動に参加する時、仕事に従事する時、事業を経営する時、あるいは、コミュニティーの中で毎日の生活に精を出している時に、私たち一人ひとりが必ず認知症とともに生きる人たちのニーズを考えるということに関わるものなのです。

私たちがスーパーのレジの列に並んでいる時に、自分のすぐ前に並んでいる人が、セルフサービスの精算レジで苦労しているのを目にして、寛容な態度をとることができるでしょうか？　銀行は、誰かが暗証番号を思い出せない場合でも、その人が引き続き自由にお金を引き出すことができるような方法を提供しているでしょうか？　地域のウォーキングのグループやフィットネスのグループ、パブや映画館は、認知症とともに生きる人たちに、積極的に、参加や来店を勧め、彼らが歓迎され、受け入れられていると感じられるように対応しているでしょうか？　地域の警察署のコミュニティー支援担当の警察官たちは、認知症が本人やその支援をしている人たちに、自分たちがどんな影響を及ぼしているか知っているでしょうか？　学校は、子どもたちや若い人たちが認知症について理解し、また、彼らの家族が認知症になった時には支援を受けることができるように手助けする体制ができているでしょうか？　これらの質問すべてに対し、私たちは答える必要がありますし、同じように、他の人たちにも答えるよう、働きかけなければなりません。

変わりつつある社会状況

多くの脱工業社会では、急速に家族がそれぞれ離れて暮らすようになり、家族の構造も複雑になっています。そういった国々は、ますます、移住先の第2の母国で年老いて

いく大勢の高齢者を抱える多文化国家になってきています。さらには、男女平等や性的志向のような論点についての社会的な見解や文化的価値観が、世代間で、時には、同世代の中でも劇的に変化してきました。世代間の境界を越え、なおかつ、異文化間の壁を越え、あらゆる文化を真に包容したよいケアを提供することは容易なことではないのです。気づけば、最近では、認知症とともに生きる人たちが、異なる文化的背景をもつ専門家やケアワーカーたちによってケアを受けることが、以前よりもずっと多くなっています。これらの専門家やケアワーカーたちは、ケアを受けている高齢者たちとは違う、それぞれの文化と関連する価値観や、そこで当然となっているケアの典型的行動様式、何かに出会った時に物事をどうとらえるかや、それに対する、それぞれの判断基準のもとでケアをしているのです。近年の人口統計の推移が意味するものは、まさに、社会における若者の減少と超高齢者の増加です。

▶ 私たちが使う言葉の力

言葉は、特に重要なものです。なぜならば、多くの場合、意識しないで使っているにもかかわらず、非常に強い影響力をもっているからです。言葉は、他の人たちに、単に事実に関する情報を伝えるだけでなく、暗に、裏に隠された別の**意味**も伝えるのです。私たちの使っている言葉が、伝えてしまうかもしれない隠れた意味をふり返ってみることをしなければ、固定観念を覆すどころか、逆に強化し、誤解を温存させ、あるいは、その人をもの扱いしたり、その人が置かれた状況についてレッテルを貼って区別することによって、不適切な意味や価値観を発信し続ける恐れがあるのです。言葉は、誰でも、どこでも、どのような立場にあっても、影響を及ぼす可能性があるので、言葉が与える非常に強い影響力についても熟考することが重要です。それは、個人としての私たちが選択する言葉について、深く考えたり変えたりすることに関わるものです。よくも悪くも、私たちは言葉を使う力をもっており、それは、同様に、他の人たちに対して、意図することなく、影響を与える可能性があるということなのです。

私たちが、認知症について普通に耳にする典型的な言葉について考えてみましょう："いつか社会を崩壊させる元凶"(注1)、"疫病（社会負担を増大させるもののたとえ）"、"過重な負担を招く厄介者"。ところで、あなたやあなたの親しい人が、認知症の診断を下されたばかりだとしたらと、想像してみてください。あなたは、これらの言葉から、どんなイメージやその根底に潜むメッセージを受け取りますか？　これらの言葉は、あなたをまだ大丈夫、と気を楽にさせたり、トンネルの向こうには光が見えるかもしれないと、希望をもたせたりするものですか？　それとも、あなたを意気消沈させ、やる気を失わせ、打ちのめされた気持ちにさせるも

　今、言葉について考えていることは、耳障りのよい言葉を使って、問題を隠し、まるで万事うまくいっているかのように、ごまかしてしまおうということではありません。そうではなくて、同僚や近所の人との会話の中であっても、新聞やテレビの報道を介してであっても、言葉がもつ影響力を意識することが重要であるということを言いたいのです。例えば、佐藤さんという女性が、**認知症をもっているために受けている社会的な非難や侮蔑など**、彼女の経験は、他の誰のものでもなく、彼女にしか説明できないと思うのは、もっともなことです。しかし、私たちの立場がどうであれ、もし佐藤さんと話し合ったり、認知症があっても、もし彼女のよい状態を最大限に高めたいのであれば、私たちがどのような言葉を選ぶかが大事です。また、もし、私たちが、彼女を病気の症状という側面だけではなく、一人の人として見ているということを、彼女の夫に知ってもらいたいのであれば、さらには、もし、近所の人たちにも、彼女を一人の人として見てもらいたいのであれば、私たちが選ぶ言葉が重大なのです。私たちにとって、佐藤さんは“認知症という病の犠牲者”なのですか？　それとも、“認知症とともに生きる人”なのですか？

　私たちが、佐藤さんを、“認知症という病の犠牲者”ではなく、“認知症とともに生きている人”ととらえるならば、佐藤さんが彼女の認知症とともに**生きること**を助けること、つまり、認知症がもたらす可能性がある様々な困難を克服できるように支援することが自分たちの責任であると、私たちは感じることでしょう。

　しかし、私たちが、佐藤さんを“認知症という病に苦しむ患者”ととらえてしまえば、私たちにとって重荷になるだろう、せいぜいよくても、彼女の認知症にじっと耐えるほかないだろうと思い込んでしまうことでしょう。こうした表現を使っているうちに、佐藤さん本人は、いつの間にか、どこかに忘れさられてしまうのです。私たちが佐藤さんの看護師であれ、近所の人であれ、地域のスーパーマーケットのレジ係であれ、これが実際に起きていることなのです。

▶ パーソンフッドを尊重する

　言葉全般について考えたり、また、特に認知症についてよく使う言葉について考えたりしてみることは、私たち皆がその中で成長するその土壌を形成する文化のもう1つの側面に焦点を当てる助けとなります。社会の中で、どんなことが、普通のことで、容認できることであるか、あるいは、奨励されることとして認められることであるかは、価

値観によって決定されていて、その価値観に基づいて、私たちは行動をしているのです。要するに、価値観とは、私たちにとって**価値がある**のは何であるかを示しており、それによって、私たちが、何を価値あるものとして扱うべきかを表しているのです。認知症をもつ人たちや、その家族や友人、専門職など彼らを支援している人たちと、今までに体験してきたことについて話してみると、私たちがいまだに認知症を差別している社会に暮らしていることは明らかです。

　歴史的に見ても、また今日でも、認知症とともに生きる人たちは、存在を無視された、あたかも実在しない人として扱われてきました。いったん、人々が認知症のレッテルを貼られてしまうと、もはや自分たち自身のために発言はできないと決めつけられてしまうのです。近年は、これに対して、断固として異議が唱えられてきました。しかし、認知症の進行により、依存度が増していくにつれて、認知症のレッテルに隠れて、パーソンフッドを認めることもますます困難になっていく恐れがあるのです。

　"考えている自分を意識することができる"という人の定義に対して、ヒューズは、哲学的な議論を経て、人とは"ある状況の中で、主体をもって存在している"と定義しました（Hughes, 2001, 2011）。人の概念をこのように定義するということは、あらゆる段階の障がいをもちながら存在する認知症の人たちに対して、私たち万人がそうでありたいと望むように、行為の主体者として認め、対応することを常に目指すべきであるということを気づかせてくれます。同様に、キットウッドは、認知症をもつ人を以下のように表現しています。

　　　"認知症をもつ人は、認知症をもたない人と何ら変わりがない一人の人である。何もできないわけではなく、意志をもって、周囲に何らかの影響を与え、変化をもたらすことができる人である。感情をもち、人と関わり合い、それぞれ独自の人生歴をもつ存在なのである"（Kitwood 1993a, p541）。

　　　キットウッドは著書の中で、認知症をもつ人たちの倫理的な立場を、パーソンフッドという表現を用いて論じました。

　　　"パーソンフッドは、…（中略）…本質的に倫理的な意味を内包している。人であることとは、何らかの地位をもち、尊敬に値するものである"（Kitwood and Bredin 1992b, p.275）。

　さらに、ジョン・ボンドによれば、パーソンフッドについて、"すべての個人は唯一無二の存在であり、絶対的な価値をもっている…（中略）…個人は孤立していては機能

せず、すべての人は他者と関係をもっている。すべての人の命は相互につながり、相互に頼り合っている"（Bond,J. 2001, p47）と述べられています。

　認知症という病気になったというだけで、非常に低い地位や評価が与えられがちですが、それは認知症をもつ人を介護したいと望む家族や、ケアの仕事についている人たちにも及んでいます。認知症をもつ年老いた親を世話するために仕事を辞めることは、末期の病にある子どもの世話をするために家にいるのと同じようには、社会では価値を認められていません。同様に、高齢者介護施設に勤める看護師は、小児専門治療病棟で働いている看護師よりも、ずっと低い地位に置かれています。

▶ 最も弱い立場の人たちの価値を認める

　パーソン・センタード・ケアという言葉を初めて見たり聞いたりすると、パーソン・センタード・ケアのための道徳や倫理の基盤は、あまりにも当然のことのように思えます。今日、認知症と苦闘しながら生きる人たちを人として扱うことが、正しく倫理性の高い対応の仕方であるということについて、異論を唱える人がいるでしょうか？　しかし、認知症ケアの現場を少しでも見たり、あるいは、認知症の人や家族と話をすれば、認知症をもつ人たちが社会から価値を認められず、実際に受けるケアが、必ずしも信頼や敬意、あるいは尊厳に基づいていないことがわかるでしょう。献身的なケアワーカーたちとの会話の中で、典型的に使われる次のような言い方は、それを明らかにしています："私は、ただのケアワーカーなんです…。"これは、あまりにも多く見せつけられたり聞かされたりしてきた、彼らの役割に対する不当なさげすみやあしらいが内面化されていることを反映しているのです。

　パーソン・センタード・ケアは、一般にニュースの見出しになることはありません。選挙の票集めにもならないでしょう。時々メディアに取り上げられても、それは通常、身体的な虐待や栄養失調の話題に限られています。これらのエピソードは悲惨であっても、日常的な出来事ではありません。むしろ、認知症の人たちが往々にして経験している質の低いケアや介護放棄（ネグレクト）は、身体的というよりは心理的な問題として起こっています。例えば、ケアについてのアセスメントが不十分である、何の連絡もなしに約束が破られる、騙されている感じをもつ、必要な情報が与えられない、必要でない薬が過剰に投与される、あるいは、必要な薬が十分に投与されない、プライバシーが守られない、無神経で無礼な扱いを受ける、差別される、能力を発揮する機会が奪われる、退屈を強いられるなど、すべて、認知症をもつサービス利用者とその家族にとっては、日常茶飯事なのです。人権や法的な権利の侵害、個人の人間性が何一つ尊ばれず、打ちのめされるような感じを、いまだに認知症をもつ人たちとその家族は日常的に経験

しています。

個人の権利の実現には、政治的な取り組みが不可欠である

　パーソン・センタード・ケアを実践しなければならないという強い意志はどこから生まれるのでしょうか？　擁護者たちやリーダーたちをそのような決意に導いたものは何でしょうか？　第1章で述べたように、政府が主導することはまずありません。しかし、その状況は明らかに変わりつつあるのです。確かに、5年前と比べても、認知症をもつ人たちの権利は、ずっと認められるようになりました。

　認知症をもつ人たちが、自らの意見をはっきりと述べるようになったことが、その背景の1つにあります。アルツハイマー病協会や他の認知症関連団体（Alzheimer's Society and Alzheimer's Associations）は、認知症をもつ人たち自身を、組織に含めるという取り組みや、国内および国際的な会議において、本人に直接話をしてもらう取り組みを行ってきました。こういった実践が、重要な施策を決める上で、認知症をもつ人たちの価値について非常に強力なメッセージを社会に発してきました。しかし、長期にわたってケアを受けている人たちは、政治的な活動に関わることは、実際にはできません。それは、往々にして認知症による障がいが進行しただけではなく、自信も奪われてしまっているからです。家族のケアを経験した非常に優れたリーダーが認知症ケアの分野には多くいます。

　次のような問いが残されています。認知症をもつ人たちの長期ケアを、今のままのケアからパーソン・センタード・ケアへと、確実に変容させていくにはどうしたらいいのでしょうか？　そのリーダーシップは誰がとるのでしょうか？

　それは、この本を読んでくださっているあなたです！　あなたにかかっているのです。

　多くのサービス提供者が、認知症をもつ人たちの価値を認めながら、どうにか精一杯サービスを提供しようと努力していることは、いろいろな意味で驚くべきことです。パーソン・センタード・ケアの文献などが紹介される以前にも、幸いなことに、思いやりと基本的な常識をもって、認知症の人たちと人間関係を築きながら、ケアを実践してきた多くの人たちが常に存在したのです。一人ひとりの人生を全うできるような保健・医療・福祉サービスを提供してほしいという強い願いを、個人レベルでは多くの人たちがもっています。この願いは、時に、家族の介護経験を通しても起こってきます。多くの場合、それは、公平性などの社会正義や、ともに生きる社会の実現を、人々が強く求

めることからも起こってきています。

　けれども、医療・介護サービスにおけるこうした優れたケアの経験は、何に起因しているのかをたどっていくと、社会的なものであれ、組織的なものであれ、何らかの体系化された源ではなく、非常に多くの場合、個々の人たちの献身と資源にさかのぼることができます。こういった個々の人たちは、個人の時間や資産、身体的、情緒的なエネルギーを投入して、自分たちが支援する人々にとって、正しいと思うことを遂行している人たちです。このような人たちは、しばしば自分たちが無関心という潮流に逆らって泳いでいることに気づくのですが、この無関心という潮流は、時が経過すると、例外的な個人以外のすべての人の熱意や意欲をむしばむことになるのです。

　率先して認知症とともに生きる人たちの権利を擁護し、行使できるようにすることは、パーソン・センタード・ケアの定義に含まれていなければなりません。認知症をもつ人々の価値が認められる社会を目指して、私たちが彼らに代わって擁護し、彼らが平等な市民としてその権利を行使できるよう、広く社会に積極的な働きかけをしない限り、私たちは、認知症をもつ人たちの人生の価値を重要視していないというメッセージを発している人たちに同調していることになるのです。様々な病気をあわせもつ重度の認知症の人たちのケアをすることは、何の訓練も受けていないスタッフや、安い経費でうまくいくほど生やさしい仕事ではないということを、ケアの実践者たちは、はっきりと認識する必要があります。そう認識しない限り、私たちがケアをする人たちの人生の価値を認めていないことになります。そして、私たちが、その人の価値を認めないならば、これはパーソン・センタード・ケアではないのです。

人々の価値を認める組織

　私たちがパーソン・センタードなアプローチを、現場でケアにたずさわる人たちに奨励したとしても、組織全体に対する働きかけや取り組みを行わなければ、現場の人たちをみすみす失敗に導くようなものです。少ない人員配置で、大人数の非常に無防備な認知症をもつ人たちをケアする現場では、パーソン・センタード・ケアを提供しようとすると、ケアワーカーはどこから手をつけていいのかわからず、耐えがたい状態に陥ってしまうことでしょう。訴えが多く、注意を引く人もいれば、同じようにニーズがあってもそれをことさらに求めない人もいて、両者のバランスをどのようにとればよいのかは、認知症ケアの現場の人たちが、日々直面している課題なのです。これまでの章では、認知症とともに生きる人たちが、どのような経験をしているかの質を決定づける要因として、組織の文化がいかに重要であるかを詳細に説明してきました。人々の価値を認める組織を創るということは、どのようなことに価値があって、また、誰の価値が認めら

れるかに影響を与えている、その文化の側面に取り組み、その価値を達成できるような様々な方法を考えるということなのです。

　組織の文化がいかに重要か、そして、継続的な品質管理や、現場のケアスタッフのための教育や日々の支援などの要素を介して、その文化に影響を与えるための不断の努力がいかに重要であるかを認識しなければなりません。それを怠れば、やさしく思いやりのあるケアワーカーでさえ、怠慢でいい加減な実践をしていてもなんとかなると思い始め、ひいては、劣悪なケアの水準を当たり前のものにしてしまうのです。その上、弱い立場にあり、自分たちの生活費のために雇い主に依存せざるを得ない低賃金のスタッフたちは、頭や心の中では、劣悪な質のケアを提供していることが、虐待に近いものだとわかっている場合でさえ、それに従事し続ける以外に他の選択肢はほとんどないように見えます。もしスタッフが疑問に思うことを発信しようとする試みが放置されたままになれば、この無力感はさらに悪化し、離職できる人たちはそうすることができますが、今、やっていることが、虐待やネグレクト（介護放棄）であることに気がつかない人たちや、それに対して立ち上がることのできない人たちだけが残ってしまうでしょう。

　これは、さらに劣悪なケアの文化を根付かせることになります。劣悪な文化の環境が生じると、ケア施設のよくない評判が明るみに出て、職員の補充を困難にし、その状況は瞬く間に悪化する可能性があります。これが、スタッフと入居者の両方にとって、非常に不安定な、非常にストレスの高い環境という結果をもたらすのです。こうなってくると、不安定さやストレスが致命的となる非常に弱い立場にある人々を、このような不安定でストレスの高い環境が、さらに追い打ちをかけることになってしまうのです。

　もし組織が、名ばかりではなく、本気でパーソン・センタード・ケアを実現しようとしているのであれば、年齢や認知能力を問わず、すべての人々の権利を認めることを、組織のあらゆる方向から追求し、また、組織のトップレベルの指導者たちがそれを率先して実践しなければなりません。パーソン・センタードなアプローチは、組織の中のあらゆる人間関係のあり方に及ぶ倫理的な行動規範です。これは、認知症をもつ人たちだけではなく、この分野に働く私たちや介護する家族も含んでいます。唯一無二の存在である個人として、すべての人の価値を認め、本物の人間関係を築きあげ、その人の立場からものを見ようとし、私たちみんなが相互に頼り合っていることを認める行動規範なのです。パーソン・センタード・ケアに取り組む組織は、スタッフに対しても同じ行動基準によって接することの必要性も認識していなければなりません。

　認知症をもつ人たちは問題のある人たち、ケアする人たちは問題がない人たちと考えるのではなく、認知症ケアの場面で経験する多くの問題は、その人と人との関係にあると、キットウッドは述べています。それはコミュニケーションの中で起きています。

キットウッドは、"ケアをする側"と"ケアを受ける側"の間の関係を、心理療法での人間関係と同じであると見なす必要があり、そういう意味で、ケアをする人たちは、他者にケアを行うことにまつわる自分の側の問題に気づく必要があると示唆しています。パーソン・センタード・ケアにおいては、ケア環境の中にいるすべての人たちが尊重され、相互の人間関係を育み合うことが求められます。

> 認知症の人は、認知から、感情、そして魂へと続いていく大切な旅をしているのだと思う。私はこの旅を通して、本当に大切なものは残ること、そして消えゆくものは大切ではないことに、ようやく気づき始めたところだ。このことを社会が理解できれば、認知症の人は尊重され、大切にされるようになるだろう。
>
> 『私は私になっていく―認知症とダンスを』改訂新版、クリスティーン・ブライデン著、馬籠久美子・桧垣洋子訳、p.213

人々の価値を認めることは、パーソン・センタード・ケアの真髄です。この本質的な要素が、施設の価値基準、職員の研修方針、スタッフの採用基準、ケアに関わる基準、方針、手順において表明されていないならば、そして、その本質的な要素と全体的な文化との関係が重要であると考えられていないならば、サービスを提供する組織が、パーソン・センタードな取り組みを長く維持することはできないでしょう。

▶ 人々の価値を認めることを実践する

VIPSの中の"人々の価値を認める"という要素の指標を率先して行うのは、何よりも医療・福祉に関わる組織を管理する人たちでなければなりません。これらの指標は、組織のビジョンとリーダーシップに関わることであり、これらが実践現場でどう運用されるかに関わるものです。重要なことは、これらの指標は、ふり返り、改善するという継続的なプロセスの一部として考える必要があるという点です。このプロセスの中で、パーソン・センタード・ケアの個々の要素が、既存の文化と相互に作用し合って、現場での実際の経験をよりよいものにしたり、あるいは、損なったりするのです。VIPSのフレームワークは、方針を掲げたり、あるいは、研修を開催したりする時のように、たった一度だけ記載欄にチェックの印をつければよいといったものではありません。そうではなく、それは支援を受ける人たちや実践する人たちの経験を探り、これらの指標の一つひとつがどのように、肯定的あるいは否定的に、それらの経験に影響を与えるかという可能性について熟考することです。さらに、最も重要なことは、その影響を維持、あるいは修正するためにどう行動するかに関わるものなのです。

これは果てしない闘いのように感じられるかもしれません！　ケアや支援を提供する組織の管理者やリーダーとして、私たちは社会資源を何とかして見つけ、最低限必要な身体ケアの規準を満たすことで精一杯であると感じることがあります。管理者たちは限られた財源やスタッフ不足という課題に対処し、一方では、皆の不満と罪悪感のはけ口にされており、そういうことが長く続けば疲れ切ってしまいます。そのことで、管理者やリーダーたちのパーソンフッドは傷つけられていきます。つまり、組織の価値基盤を設定する責任を担っている人たち自身も、しばしば価値をおとしめられたと感じることになるのです。

すべての人々を尊重するパーソン・センタード・ケアを実践することは、それ自体が一歩ずつ前進する旅路と言えます。あなたがこの本を読んでいるということは、すでにこの旅路を歩み始めたことになります。以下に挙げる一連の問いは、パーソン・センタード・ケアの要素である“人々の価値を認める”に関して、組織がどれぐらいまで達成できているか、ふり返る助けとなり、また、この要素に関して、よいケアの文化を促進し持続させるために何が必要であるかについて考える助けとなるでしょう。

パーソン・センタード・ケアを提供する上で、なぜ一つひとつの問いが重要なのかについて述べ、組織やケア提供者が、これらの問いに答えるには何を根拠とすればよいか、また、パーソン・センタード・ケアのこの要素を向上させようと志すのであれば、よいケア文化のどの特徴がいかに重要であり、熟考する必要があるのかについて議論します。

1. ビジョン：どんな理念をもってケアに従事しているのか、自分たちのビジョンを、ケアに関わる人全員が共有していますか?

組織としての目標や使命を表明することは、その組織の存在意義と目的を明確にするものです。人々の価値を認めることは、組織の上の者から始めなければなりません。また、断固とした意志をもって始めなければなりません。年齢や認知障がいの有無にかかわらず、すべての人々を平等に尊重することは容易ではありませんが、やり遂げなければならない課題です。組織の最高意思決定機関である役員会や理事会が、すべての決定の重要な基盤として、パーソン・センタード・ケアを受け入れることが重要であり、それがない限り、パーソン・センタード・ケアを徹底的に達成することは不可能です。施設のビジョンや理念にこのことを盛り込み、明確に表現することで、組織は、認知症をもつ人たちの権利を促進するという方針を公にしていることになるのです。

ビジョンは組織の文化にとって重要なものです。その理由は、ビジョンこそが、組織が実行するありとあらゆることの基調や方向性を定めるからです。大事なことは、ビ

ジョンや組織の使命が文化に肯定的に影響を与えることを、本当の意味で確かなものとするためには、そのビジョンが、どのように実際には理解され、現場の実践に実現されるのかについて考えなければなりません。よいケア文化の特徴その1（p.42、p.43図2-1）には、**卓越したケアを実践するために、すべての人たちが、皆、一致団結して取り組んでいる**とありましたが、これが強調しているのは、ビジョンを実践の現場に適用することの重要性です。組織としての目標や使命を表明している文章の意味は、実際のXさんという人にとって、具体的にどんなことを意味するか、わかりやすく説明することができるでしょうか？　スタッフのYさんは、ビジョンを実現するために、自身の仕事の役割の中で、実際にどんなことができるのかを理解していますか？　ビジョンを実践に移すということは、実際、どんなことを意味するかについての理解を共有していますか、それとも、スタッフは、それぞれ勝手な解釈をしているのでしょうか？

　施設に関わっている誰とでもビジョンについて話し合い、共に創り上げ、見直すことは、**組織に関わる人全員が、お互いにとって重要な存在になっている**ことを確実に実現するための助けとなります。この連帯感は、ひいては、ビジョンを実現させるために、誰もがその役割を果たす助けとなるのです。**ケアの実践を最重要なものとして、現場のケアに影響を与える外的要因から守っている**というリーダーシップは、言葉ではなく行動によって、人々のために確実にビジョンの実現を推し進めます。外的な要因と現場でのビジョンの達成との間に、潜在的に両立しないものがある場合には、最前線のスタッフたちに成り行き任せにするのではなく、組織は、所有者や、理事、上級管理者たちを介して、そのジレンマに挑戦し、解決する責任を引き受けなければなりません。

　施設の理念を打ち立てることは、組織の価値基盤を定めることです。責任をもって、施設の理念を実践するためには、施設の理念を創る作業に、重要な関係者全員が関わらなければなりません。経営管理学の教科書では、かなりのページを割いて、理念を創り上げるための助言を行っています。

　事業所とそのサービスについて書かれた資料は、すべてのサービス利用者が入手しやすい方法で提供されなければなりません。この中には、年齢や認知能力のレベルを問わず、サービスを受けている人たちについてのビジョンと、どのようにこれを達成するかが、書かれていなければなりません。また、口頭でも聞くことができ、その人に応じたやり方で、そういった情報を入手できるようにする必要があります。この目的は、直接ケアを行うスタッフから理事会までのあらゆるメンバーにとって、明確なものでなければなりません。と同時に、サービス利用者やその家族、および、サービスに関わるすべての人たちにとっても、わかりやすいものでなければなりません。

CHOICE（Care Home Organisations Implementing Cultures of Excellence：卓越した文化を実現するケアホーム組織）のプロジェクトの中の、あるケアホームの女性管理者が、パーソン・センタード・ケアに対する彼女の組織のビジョンを述べ、遂行し、前進してきたことが無に帰さないように、目標達成のために、絶えず励まなければならないことを強調していました。彼女は、次のように語っていました：

　　私たちは、スタッフが何を望むのか、また、スタッフが最もしやすいと思う取り組み方に目を向けるのではなく、入居者が何を望んでいるかに注意を払い、可能な場合にはできる限りのことを達成するよう努力すべきです。とはいえ…、大事なことは、どんなに彼らがパーソン・センタード・ケアを理解していても、常に心して、入居者が望むことは何かを見つめていなければ、スタッフは自分たち自身がやりやすいことを考えるというやり方に戻ってしまいますよね？　言わば、それまでの努力が無になり、元の黙阿弥になってしまいますよね？　しかし、私たちの組織の文化の本質は、達成してきたことを台無しにしないように、油断なく、試行錯誤し続けることにあるんです。

"入居者が望むことを実践する"というアプローチが、毎日、ホームの隅々まで、実行されていたことが明らかにわかりました。これは、入居者たちの経験の中に現れていただけではなく、スタッフの態度にも現れていました。様々なスタッフに、新しく採用されたスタッフに最初にするとしたら、どんな助言をしますかと質問したところ、「**ともかく、入居者のことをよく知るようにして**」や、それと似たような答えが全員から返ってきました。

　この本のPart2のp.202に、この指標に関してあなたの組織がどこまで達成できているのかをふり返るために役立つ質問が設けられています。

2. 人的資源/人材：スタッフがかけがえのない人材として、経営者から価値を認められていると、確かに感じられるシステムが機能していますか？

　人は生まれながらにして価値がある、ということを認めている組織であれば、あらゆる差別に対して撤廃しようと取り組むでしょう。誰もが快く組織に迎え入れられていますか？　これは、スタッフのためのパーソン・センタード・ケアの一部です。スタッフたちが価値を認められていると感じていれば、同じように、自分たちがケアをする人たちの価値を認めるでしょう。これらのことは、次のような管理の実際に反映されていなければなりません。例えば、人材募集や昇進、報酬、労働・雇用条件などに関しては、それがどのように行われているのか、さらには、パーソン・センタード・ケアについての専門的な知識・技能についても、実際どのように評価して待遇に反映させているかと

いうようなことです。

　認知症をもつ人たちに対するケアにおいて、スタッフはコミュニケーションや誠実さ、人として育み合うことを重視しなければならないと、組織が期待するのであれば、同様にスタッフに対しても、組織はコミュニケーションや誠実さを重視していると、スタッフが感じるような組織でなければなりません。協力し合って働き、目的に向かって団結するチームを築くことが重要であるという認識はあるでしょうか？　共に働くことに価値を見出すようなチームであれば、施設というコミュニティーは、サービス利用者全員のためのものであるという認識を共有できるでしょう。そしてうまくとけ込めない人たちがいる場合、本人にだけ問題があると決めつけてしまうような危険を避けることができるでしょう。内部告発に関する方針がありますか？　職員が心身の病気になった時にどのように対応、管理されていますか？　導入研修（職場へ入職した際や部署転換にともなって行われる研修のこと）、評価、および報酬のシステムにはどのようなものがありますか？　雇用の条件はどのようなものですか？

　職場でのストレスはどのように管理されていますか？　認知症をもつ人にパーソン・センタード・ケアを提供することは、集中的に感情を駆使する仕事なのです。チームが特別なサポートを必要としている時を、どのように見分けていますか？　どんな形で、特別なサポートは行われていますか？　どうすれば、そのようなサポートは利用できますか？　また、サポートのあり方について見直していますか？　特にストレスの多い出来事の後で、スタッフから報告を受け、ふり返るシステムがありますか？

　職員に対する管理と支援にどのように取り組むかは、文化にとって重要なものです。なぜなら、これらの取り組み方こそが、私たちがケア実践の中で実現を願い、見たいと思うパーソン・センタードな取り組み方の手本や役割モデルとして範を示すものだからです。**管理者たちは、現場のスタッフたちが自分たちの責任で判断できるよう一定の裁量権を与え、実践できるよう支援している**システムがあることは、よいケア文化の中心的な特徴です。管理者たちがどのように、現場スタッフの負うべき責任と自主性の両方に対する支援を実行するか、あるいは実行しないかについての慎重な考慮がなされなければ、文化のよい側面のどんなものも、不完全で、信頼性のないものになってしまうでしょう。重大なことは、これが単に、組織を管理したり新入職員を募集したりする時のような大きな組織的な取り組みの時だけではなく、もっと日常的に行われるリーダーシップの側面にも関わるものだという点です。つまり、それは、組織の階層構造の中の誰か1人に集中するものではなく、チーム全体に自然に行きわたるリーダーシップということです。

　人材管理は、次のようなことについてふり返る時に、真に人々の価値を認めるものになると言えます：管理チームがスタッフと互いにコミュニケーションをとり合う方法

は、管理者がスタッフの実際的な、また情緒的な支援のニーズを認識していることを、どのように示しているでしょうか？　スタッフの求めに応じて、管理者は必要な時にはいつでも存在し、すぐに役に立ち、敏感に対応し、彼らが意見を言うことを奨励しているでしょうか？　スタッフを管理する際は、その役割や責任を明確に定義していますか？　スタッフは、管理チームが一貫性をもって、公平で、誠実であるということを実感していますか？

　スタッフとの対話やアプローチが、どのようにして、スタッフをかけがえのない人材として遇することができるか、あるいは結果として、スタッフに自分たちの価値を認められていないと感じさせてしまうかを示す、対照的な2件の事例研究を紹介します。

　この最初の事例では、管理者がスタッフをサポートするためのアプローチを説明しています。これは、スタッフたちによっても、実際に行われているところが観察されており、自分たちの助けとなり、その仕事や職場に対する献身や忠誠心を育んだ例として、しばしば語られていました：

　　「ここでは、人々が入ってきて腰をかけて、いろいろな問題について気軽におしゃべりをしています。おわかりでしょうが、私は方針として、誰でも自由に入りやすいようにしているものですから、みんなが、いつ来ても、私と話したいことを話せるということを知っているので、多くの混乱や難しい問題を少なくすることができるんです…それだけではなく、スタッフにとっても、彼らが自分の思っていることを言える場所や機会があるということは、重要なことです」

　しかし、次に挙げる事例では、ある2人のケアワーカーたちが彼らの組織のアプローチについて話しています：

　　「研修コースが受けられると聞いていたので、私は、研修が受けられるのですかと聞いたら『まあ、あなたが自分で研修代を払えば参加できます』…と言われたの。そんなことなら、悲しいけど、時給6ポンド80セント（2020年現在、約900円）の最低賃金で働いている私には、何一つ、どんなコースだって参加するのは無理よ、なんとか暮らすだけで精一杯だもの、だから、『それじゃ、仕方ないか』と思ったの…」
　　「私たちは、認知症については2時間程度の本当に基礎的な研修があるわ。それ以外は、自分で行くのを決めて、研修代は自分で払わなければならないの。私はそうしたのよ…でも、150ポンド（約2万円）もしたから、ケアスタッフによっては、そんなことに払うお金なんかない人もいるの、ほら、研修コースとかそんなことにはね」

　この本のPart2のp.203に、この指標に関してあなたの組織がどこまで達成できているのかをふり返るために役立つ質問が設けられています。

3. 運営・管理をめぐる組織の気風/文化：パーソン・センタードなケアが確実に実践されるようにするために、現場のスタッフたちが自分たちの責任で判断できるよう一定の裁量権を与えられ、実践できるよう支援されているような運営・管理が実際に行われていますか？

　認知症をもつ人たちのためにパーソン・センタード・ケアを提供することは、その時々の機会をうまく利用できるかどうかにかかっています。ケアをよくするための自分たちのアイデアについて、積極的に取り上げてもらえると感じれば、そのスタッフは、サービス利用者やその家族からの意見や提案に対しても快く応じ、また、難しい課題に対しても前向きに取り組むでしょう。もし、スタッフの間で「やればできる」という文化があるならば、この文化をスタッフは、サービス利用者やその家族とともに、一層推し進めていくことでしょう。

　この指標には、組織の様々なレベルの間でよく使われる明確なコミュニケーション手段が含まれています。どのように意思決定が行われて、組織全体に周知されるのでしょうか？　問題に対処する場合も、その決定がどのような過程を経てなされたかを理解していれば、それがたとえ納得できない決定であったとしても、そのスタッフは、非難を管理者に向けるというよりは、むしろサービス利用者と家族に情報をよりわかりやすく伝えようとするでしょう。

　組織の誰もが必要な時にいつでも、安心して相談できる仕組みがありますか？　実際のケアについて、管理者に十分相談にのってもらえたと感じているスタッフであれば、家族やサービス利用者からの相談に対してもきちんと対応するでしょう。いつでも意見が言える、オープンな運営が実施されていますか？　自分たちでは解決することができない問題を抱えた時や、実務を改善するためのアイデアを思いついた時に、管理者に話しにいくことができる環境であれば、そのスタッフは、家族やサービス利用者に対しても、励ましたりアイデアに耳を傾けたりするでしょう。パーソン・センタード・ケアを提供するために利用できる資源は、できる限りスタッフの裁量に委ねられていますか？

　お互いに効果的にコミュニケーションをとる能力は、適切な社会的環境を提供する基盤となります。もし、コミュニケーションがうまくいっていなければ、適切な社会的環境を提供することが難しくなり、被害者意識や混乱、および不安がはびこることでしょう。このことはスタッフチームにとっても、ケアを受けている人たちにとっても当てはまることなのです。スタッフの間で、いろいろな事柄はどのように伝達されていますか？　申し送りや、スタッフが協働して問題を解決するために、十分な時間は確保されていますか？　誰が、誰に、話すのでしょうか？　勤務中のコミュニケーションはどの

ようなものでしょうか？　現場のスタッフと管理者とのコミュニケーションは、どのようなものでしょうか？　夜間勤務と日中勤務のスタッフ同士、また、同じ建物の違う部署で働いているスタッフ同士のコミュニケーションとは、どのようなものでしょうか？　コミュニケーションは一方的ではなく、双方から発信できるものでしょうか？　聞いてもらったと感じたり、自分の意見を伝えるチャンスはありますか？

　運営・管理をめぐる施設の文化は、**現場のスタッフたちが自分たちの責任で判断できるよう一定の裁量権を与え、実践できるように支援している**文化を創り出すことが重要であることに注意を喚起するものです。管理、コミュニケーション、問題解決に対する日々のアプローチは、日々の仕事をする最前線のスタッフたちに対して、真に敏感に対応し、助けとなるものであることを確実にしなければならないのです。こういったアプローチは、現場の状況が"本当はどうあるべきか"ということを繰り返し言い換えるだけではなく、支援を受ける人々が実際に体験している、現場で現実に起きていることと食い違いがなく、かみ合っていなければなりません。現場で何か思わしくないことが起きている場合に、管理者はその原因を明らかにし、そのような状況を変化させるための支援を行うことに焦点を当てて取り組んでいますか？

　管理者たちが現場で見たいと望むケアや支援の典型的行動様式、すなわち、そこで当然となっているケアの様式について考え、自分たちがとる行動、また、とらない行動が、実践でのケアと支援の達成に与える影響についてふり返ることは、重要です。その時に初めて、運営・管理をめぐる施設の文化は、真に人々の価値を認めていると言えます。管理者たちは、次のようなケアの典型的行動様式の遂行を可能にするよう、支援し、役立っているでしょうか？　その典型的行動様式とは、

- **変化する日々の生活において、スタッフたちが、ケアを受ける人々の人生がよりよいものになるように目指し、取り組んでいる。**
- **私たちは、人々が日々過ごす場所を楽しめるように支援している。**
- **私たちは、人々が日々周囲の人や生活に関わり、充実感を得られるように支援している。**

です。

　また、ここには連帯感やコミュニティーの重要性と影響力について、言外に読み取れるものがあります。管理をめぐる施設の文化は、**組織に関わる人全員が、お互いにとって重要な存在になっている**ことを確保するための道案内をすることができます、言い換えれば、サービス提供施設や組織という"コミュニティー"の中では、みんながそれぞれに果たす役割をもっているということなのです。確実に、人々の経験やアイデアが傾聴され、対応されるようにするということは、みんながコミュニティーに貢献できるようにその道を用意し、みんなが与える影響が見えるということなのです。

この例では、ある入居者の家族であり、ケアホームのボランティア委員会にも貢献していた人が、現場で見たことがある施設の運営・管理の文化について語っています。——それは、入居者のためのケアの高い水準に寄与している何かであると、彼女が感じたことです：

> この施設には本当に優秀な管理者たちのチームがいると思いますよ。彼らの働き方や協力の仕方を見ていると、彼らがスタッフたちを大切にしていることや、非常に公平なことがわかります。こういうことがあいまってうまくいっていると思います。施設の雰囲気がよいのは、そのためなんです。そして、管理者やリーダーが自分たちの施設が目指すところを正確に理解しているので、それがスタッフにもはっきりと伝わっていて、それはもちろん入居者たちを見ればはっきりとわかります。だから、トップには、優秀で強い管理者たちがいると思います。熱心で、それぞれが自分たちの職務以上の仕事をしています。だって、管理者はいつも、「彼らは、私の大切な入居者さんたちなのよ」と言っていますよ、それは彼女にとっては単なる仕事じゃないんです。それから、ケアチームのリーダーも同じ、あの人たちはここにいたいの、彼らにはとても情熱があふれていて、それがスタッフたちにも伝わるんだと思うわ。そうすると、スタッフたちがやる気を感じるし、そういう気持ちを話しにいける人がいつでもいるのよ、それに、スタッフたちが満足していれば、入居者さんたちももっと幸せだと感じるんじゃないかしら？

管理者が自ら説明した言葉は;

> それを実際にやる覚悟をもたなければならないと思います、オフィスに座っているだけではだめで、「さあ！ モップを持ってきて、ゴシゴシみがくわ」という気合いがなければね、わかるでしょう。私は掃除をしに庭に出るの、時々汚れてもいいような服を着て、「さあ、この庭をきれいに片付けちゃおうかな」と言って、きれいにするのよ。そういうことも役に立つと、私は思います。

この本のPart2のp.204に、この指標に関してあなたの組織がどこまで達成できているのかをふり返るために役立つ質問が設けられています。

4. 研修とスタッフの能力開発：パーソン・センタードな認知症ケアを実践できるように、優れたスキルを身につけたスタッフの成長や能力開発を支援するシステムが機能していますか？　認知症とともに生きる人たちを支援することが、熟練したスキルを要する重要な仕事として周囲から認められていることを、スタッフは理解していますか？

認知症をもつ人たちのために、長期にわたってパーソン・センタード・ケアを実践し続けることは容易なことではなく、そのプロセスを軽視すべきではありません。認知症

をもつ人たちのためのサービスでは、熟練したケアの伝統もなければ、それを維持するために必要なはずのスタッフの教育の伝統もありません。賃金や社会的地位、そして、それらに関連しているスタッフの高い離職率などは、この事態を変えるにあたって内在している問題を悪化させるのです。認知症をもつ人たちにケアを提供することは、精神的にも身体的にも集中力を求められ、かつ熟練を要する仕事であるという認識が、パーソン・センタードな組織の中になければなりません。職員教育の方針や研修計画はどんなものですか？　認知症をもつ人たちとともに働くことについての導入研修は、どのようなものが用意されていますか？　研修のニーズはどのように把握されていますか？どんな専門に関するコースを受講することができますか？　管理者の人たちは、専門知識をどれくらいもっているでしょうか？

　学習は、職場内でどのようにサポートされるのでしょうか？　実践をふり返ったり、経験の浅い人への助言・指導の機会はありますか？　個々のケアにたずさわる人たちやスタッフチームが、特定のサービス利用者や家族と関わる上で、自分の力量が及ばないと感じた時に、より専門的な助けはどのように得られるのでしょうか？

　組織の文化に関連して研修や能力開発の実施について熟考するということは、パーソン・センタード・ケアに大きな影響を与える、価値を認める要素の中のこの側面を非常に重要視し、強調しているということなのです。研修や能力開発は、それらが現場で何を達成するかに向けて焦点が当てられ、また、達成されたことに照らして、評価されなければなりません。研修や能力開発は、**唯一**の解決策としてではなく、総合的に、また、ケアや支援の経験に影響を及ぼす全要因の1つとして考えられなければなりません。研修が、現場での決してよいとは言えないケアに対する安易な改善策と見なされ、その他の側面が考慮されない風潮があり得るのです。

　よいケアの文化では、**現場のスタッフたちが自分たちの責任で判断できるよう、管理者が一定の裁量権を与え、実践できるよう支援する**ことが求められていることを、管理者や私たちは心に留め、忘れてはなりません。また、よいケアの文化は、**変化する日々の生活において、スタッフたちが、ケアを受ける人々の人生がよりよいものになるように目指し、取り組み、人々が日々を過ごす場所を楽しめるよう支援し、さらに、人々が日々周囲の人や生活に関わり、充実感を得られるように、スタッフたちが支援する**ことも求めています。研修だけでなく、ニーズ分析や能力開発計画作成、その他にも、より深い洞察力を要するような行動を同時に並行して行ってこそ、組織は、真に人々の価値を認める研修と能力開発という目標を達成することができるのです。より深い洞察力を要する行動には、例えば次のようなものがあります：スタッフたちがサービス利用者のためにさまざまなことを実践に移すのを妨げているものは何であるか、管理者チームはどんな方法で原因を探り、その答えを見出そうとするのでしょうか？　日々、解決しな

ければならない困難な課題についてふり返り、必要な知識を高め、それを実践する機会があるのでしょうか？　他のスタッフたちに、実践に役立つ支援や助言を与えられるような、高いスキルを備えた人たちが複数名いますか？

　　この事例研究では、管理者たちが、パーソン・センタード・ケアをさらに向上させ、推し進めるために、施設のいくつかのユニットでチームリーダーを導入し、スタッフたちのスキル開発の1つの方法としても活かそうとしました。そして、昇進を求めていた1人のケアワーカーに期待が託されることになりました。このケアワーカーは、当初は心配されていましたが、その後、入居者のよい状態を向上させる上で、信じられない程のすばらしい影響力のあるチームリーダーであることが明らかになりました。
　　ケア課の課長は以下のように語っていました：

　　　　彼女が面接に入ってきた時、私たち2人とも、びっくり仰天して、半ば茫然と座ったままでいたんです、"私たちが知っていた彼女じゃないわ"と、感じました。そして、チームリーダーの役割が始まった最初の日から、たちまち彼女は別人のように変わったんですよ。それは、彼女が成長したからだと思います。年は若いですよ、でも、言ってみれば、彼女は自信もついたし、自分の立ち位置も見つけて、突然、はっきり自覚したんですね、他の人たちがどう思うかなんか重要じゃない、自分がすべき正しいことはこれだと思えば、それでいいと思ったんですね、そして、その通りに行動したんですよ。

　　管理課の課長も、そのスタッフが能力を身につけ成長できるようにしたいという希望を表明していました：

　　　　彼女は、内気な、おとなしいスタッフだったんで、彼女がリーダーとしてうまく仕事をこなせるなんて全然思いませんでした。そうしたら、面接ではまったく違っていたんです。面接してみたら、以前よりもずっと成長していて、彼女にやらせてみなければならないと思いました。その上、彼女が「私がすべき正しいことはこれだと思えば、そのために立ち向かいます」と言った言葉に熱意を感じたのです。それで、「そのとおりよ、それじゃあなたに任せてみることにしましょう」って思いましたね。彼女は努力をしてきています、最初から。

　　この本のPart2のp.205に、この指標に関してあなたの組織がどこまで達成できているのかをふり返るために役立つ質問が設けられています。

5. サービス環境：認知障がいとともに生きる人たちの手助けとなり、誰でも利用できる物理的、社会的環境がありますか？ 私たちの施設の環境は人々のために役立っていますか？

　組織が、認知症をもつ人たちに対して差別的な行為を根絶しなければならないということを理解したならば、次の段階は、認知症をもつ人たちを支援するためにとるべき積極的な対策を考えることです。この本の他の章で述べるように、組織が、それぞれの独自性に応じたケアを提供し、真剣に認知症をもつ人たちの視点に立ち、人として支えるような周囲との人間関係を提供するために取り組んでいる実例を挙げることができるならば、その組織は、差別をなくすように真剣に取り組んでいると言えるでしょう。

　差別のない実践とは、認知症をもつ人たちが他のみんなと同じように権利を行使できるということを意味します。だからといって、認知症をもつ人たちには、日常生活において特別な助けが必要でないという意味ではありません。例えば、私たちは、車椅子に乗った人たちが私たちと同じように建物に入る権利があると考えたから、そうできるように、エレベーターやスロープを整備しています。同様に、認知症をもつ人たちに対しても、建物内や周りのどこにでも行く権利があると考えるなら、そうできるように、わかりやすい表示や見つけやすい目印が提供されて当然です。

　施設の建物や建具、調度品の設計図を見れば、法人組織のレベルでこのことが考慮されているかどうかが、はっきりわかります。全体的な施設・設備のデザインでは、はっきりした色、方向を見つけやすい目印、はっきりそれとわかる床や路面など、安全に屋外へ出られるように考慮されていますか？ 自然光は取り入れられていますか？ 死角はなるべく最小限にとどめてありますか？ 余計な不安を与えないように、外に通じるドアの鍵は目立たないように工夫してありますか？ 認知症をもつ人にとって、混乱や不安を引き起こさないような物理的環境をつくるために、様々な技術を目立たない形で、最大限に駆使していますか？ 建物やデザインが、認知症をもつ人々にとって、快適で利用しやすいものであるかどうかを評価し、改善に役立てるツールが多く存在しています。

　また、現場で直接支援にあたるすべてのスタッフは、認知症をもつ人たちとコミュニケーションをとる際に、サービス環境について特別のニーズがあることを理解しているべきです。さらに、そのことを、法人組織の管理者は認識していなければなりません。サービス利用者と現場で直接関わるスタッフ全員が、認知症をもつそれぞれの人が安心できるように、どのように援助すればよいかを意識していなければならないということが、組織の方針になっていますか？ 認知障がいをもつ人の助けとなり、誰でも利用できる物理的・社会的な環境をつくることが、組織の方針になっていますか？ スタッフ

たちの初期教育や研修にも、そのようなことが含まれていますか？　サービス環境の重要性を明確にするために、多くの組織が、すべてのスタッフに、"Dementia Friends（認知症をもつ人たちを支える仲間）"(注2)というプログラムを開始してきています。

　サービス環境の役割は、よいケアの文化をつくるために重要な"典型的行動様式"と直接に関連しています。中でも非常に重要なことは、1回限りのチェックリストのような取り組みではなく、パーソン・センタード・ケアの達成のためには、発展的で継続的なプロセスとして取り組むことがいかに重要であるかについても示されている点です。最近、私たちは過剰な"認知症専門"の環境や機器が宣伝されているのを目にしますが、それらの製品を導入しただけでは、人々が肯定的な支援を経験することを必ずしも保証しないのです。それに加えて、これらの製品が人々のニーズとどう調和するかをよく考え、どのように使用されるのか、また、それに対する変化や限界はどのように対応されるのかが重要なことなのです。**人々が日々過ごす場所を楽しめるように支援する**ために、サービス環境が活用されている時、組織は、認知症をもつ人々の価値を真に認めるサービス環境を達成していると言えるのです。これには、スタッフたちが、**変化する日々の生活において、ケアを受ける人々の人生がよりよいものになるように目指して取り組み、そして、人々が日々周囲の人や生活に関わり、充実感を得られるように支援する**ことが求められます。

　また、人々の価値を認めるような方法で環境を活用することができるということは、サービス環境の臨機応変な使用を妨げる可能性がある外的な要因から、**管理者たちは、ケアの実践を最重要なものとして、現場のケアに影響を与える外的要因から守る**ことも求められているということです。これには、組織と、監査機関のようなサービス提供施設の外部の人たちの両者からの理解と支援が求められ、特に、自由と安全のような対立する問題が関わってくる時には、そのような理解や支援は必須のものです。

　　ここに、組織の異なるアプローチが、どのようにそこに暮らす人たちの価値を認める環境を創り上げるか、または、彼らの価値をおとしめて能力を使わせない環境に至らしめるかを、具体的に示す2つの対照的な事例を紹介しましょう。最初の事例では、1人のケアスタッフが、人々のさまざまなニーズに応えるために、非常に古い、画一的で収容施設のような建物の中で、どのように、使用可能なあらゆる空間を利用するように奨励されたかについて話しています：

　　　私は、2つの部屋をあつらえたんです、1つは小さなロビーに、もう1つは大きなロビーに。大きなロビーに作った部屋は、普段は、知覚面で障がいがある入居者たちのために、より知覚に配慮するような工夫がされています。もう1つの小さなロビーにある部屋は、『アナと雪の女王』のミュージカル映画や讃美歌を歌っているDVDを楽しんでもらえそうな入居者たちのために用意してあるんですよ、そうすれば、それぞれの知覚能力に応じて

適したほうに、入居者を案内することができます。「このアイデアを考え出したのは私なのよ」って、他のケアスタッフたちにも言うの。もし入居者さんたちがこの部屋に入りたそうだったら、「Aさんはそちらにどうぞ、それから、Bさんはあちらにどうぞ、って、案内してくださいね」って。

しかし、次の事例研究では、組織の意思決定は、この観察ノートが語るように、入居者たちにとってはあまり役に立たない環境という結果を招きました：

> 私は、廊下の突き当たりにある、"座ってくつろげるコーナー"の位置について、スタッフたちとおしゃべりをしていました。彼らの話によると、そこは、今では入居者に使われていませんが、以前は玄関の広間の真ん中にあり、そこにいると起きていることがなんでも見えたので、入居者もその場所が本当に気に入っていたということです。しかし、そこに、介護記録の電子化のために、組織のIT部によってコンピューターが据え付けられ、非常にせわしくいづらい場所になってしまいました。結局、"邪魔物"のせいで、くつろげるコーナーのほうが廊下の突き当たりに移されてしまい、その後はめったに使われていないと、スタッフたちが話していました。

この本のPart2のp.206に、この指標に関してあなたの組織がどこまで達成できているのかをふり返るために役立つ質問が設けられています。

6. 質の保証：認知症をもつ人たちや彼らの支援者たちのニーズや関心を把握し、それに基づいて継続的にケアの質を向上させるための仕組みが機能していますか？　私たちは、さらなる向上を追求し、絶えず努力していますか？

サービス利用者が受けているサービスに関して、どのように感じているかを継続して把握することは、パーソン・センタード・ケアの核となるものです。組織は、ケアや支援を受けている人々の視点を、どのように把握し、また、それに基づいて行動していますか？　定期的な満足度調査、聞き取り調査、フォーカス・グループ[注3]、レファレンス・グループ（準拠集団）[注4]、ケア実践の観察などを行っていますか？　あらゆるサービス利用者の視点が、考慮されていますか？　それとも、声高に主張する利用者の視点だけが考慮されているのでしょうか？

サービス利用者に意見を求め、その視点を知ることは、パーソン・センタード・ケアの核となるものです。それは、認知症をもつ人に限らず、どのような利用者のケアについても同じことが言えます。認知症ケアでは、入居者のグループや、ケアワーカーのグ

ループ、利用者のグループ、他の一時的なレファレンス・グループの集まりを通して、サービス利用者の視点を知ることができます。これらのグループは、どのように集められ、組織されていますか？　このようなグループの集まりは、どのくらいの頻度で開かれていますか？　その責任者は誰ですか？　これらの集まりで述べられた意見や決定されたことに対しては、どんな対応や行動がとられるのでしょうか？　それらは意思決定プロセスの中心としてとらえられていますか？　それとも単なるお飾りなのでしょうか？　さらに、容易に参加できない人たちやコミュニケーションをとれない人たちの視点を、どのように把握していますか？

　もし、組織におけるケアの質の保証が、認知症とともに生きる人たちの価値を真に認めるサービスを提供するために役立つためのものであるなら、次に挙げるよい文化の３つの特徴は重要なものです。**関わる人全員が、お互いにとって重要な存在になっている**組織、そして、**卓越したケアを実践するために、すべての人たちが、皆、一致団結して取り組む**組織では、ケアの質の保証が、確実に、継続的で効果的なプロセスで行われています。どうしてそのようにできるかというと、サービス提供に関わるすべての人が、人々のためにパーソン・センタードなサービスを達成する上で果たすべき役割を有し、それについて皆が明確に理解しているからです。これは、意見を述べ、質問をし、変化を提案し、問題を解決することについて、より一層自信と責任を感じるということを意味しています。これらの要素について考慮しないと、質の保証は、"あの人たち⇔私たち"という感情を悪化させ、対立関係として経験され、よい変化という結果をもたらすのではなく、むしろ申し訳程度の努力にとどまってしまう可能性があります。もし、**現場のスタッフたちが自分たちの責任で判断できるよう、管理者たちが一定の裁量権を与え、実践できるよう支援している**ならば、スタッフたちは日々の質の保証のプロセスにもより一層たずさわるようになるでしょう。なぜなら、彼らは、どんな問題とも自由に取り組み、また、そうするよう期待されており、支援されているからです。

　このケアホームでは、質の保証は、毎日、努力を傾けて専念する必要があるものとして認識されており、その上、チームリーダーがこれに関しての責任を負うことができるように、管理者がスタッフのチーム編成を変えていたのです：

　　それ（質の保証）を実施させるたった１つの方法は、チームリーダーを配置してリードしてもらうしかないと考えました、看護師たちは看護師の決まった仕事であまりにも忙しいんですもの。それがうまくいったんです、それで間違いなかったんです。まあ、おそらく、予算交渉ではとことん主張しなければならないかもしれないけど、もちろん説得するわ。だって、チームの編成変更が何を達成したかが歴然としてるでしょ…いろんなことがたくさん起きていて、それと、ちょっとぞんざいなスタッフたちがいるのよ、わかるでしょ。

昨日の夜、チームリーダーが、「そんなことしては、いけないわ」と言ったんですよ、でもそれまでは、誰も気づいていなかったんですよ。

　次の事例は、上記の事例とは対照的なものです。それは、質の管理について、より形式的な所定の手順がある別のケアホームでの事例です。以下の観察ノートが語るように、このホームでは、質の管理の本来の意図とは逆の結果がしばしば起きていました：

　　バッジをつけて、クリップボードを持った地域の管理担当者の女性が1人、廊下を歩いてきました。彼女は、入居者に話しかけたり、お茶とおやつのワゴンを押してきたケアスタッフたちにも話しかけ、「ケーキがずいぶん残っているわね」と言いました。ケアワーカーたちは、ちょっと身構えて応じているように見え、お茶の時間は始まったばかりですから、と答えていました…私は、地域の管理担当者に、「どれぐらいの頻度でホームを訪問しているの」と尋ねました…その後、彼女が、1人の入居者が腰かけているソファの背もたれの後ろに寄りかかって、その入居者の頭越しに、私に話しかけてきました。私は非常に気まずく感じました。ケアスタッフたちも気づいて、そういうことはパーソン・センターな態度ではないと思ったのではないかしら。

　この本のPart2のp.207に、この指標に関してあなたの組織がどこまで達成できているのかをふり返るために役立つ質問が設けられています。

▶ まとめ

　パーソン・センタード・ケアの第1の要素は、ケア組織全体で人々の価値を認めることに関わるものです。スタッフたちが、自分たちの働く組織から価値を認められていると感じなければ、長期にわたって認知症をもつ人たちの価値を認め、かつ人間関係を大切にし続けることは、できないでしょう。人々の価値を認めているかどうかは、コミュニケーション、差別のない実践、人材管理、研修、運営管理、相談、および質の管理・保証にまつわる組織の多くの手順を調べれば、明らかにすることができます。私たちの組織の中で、人々の価値を認めることを実現する可能性がある多種多様な方法が導入され、調整され、見直される必要があります。その際、組織に存在している文化に肯定的に影響し、前向きに活用する必要があることに留意したやり方で行わなければなりません。ただ何かを行っているだけでは十分ではなく、私たちは絶えず、どのようにそれを行うかについて考え、それが、確実に、本来の意図のみならず、正しいメッセージも伝えるようにしなければならないのです。

注

1 ：原文では“時限爆弾”とされており、認知症は、社会の経済的負担や労働の負担を増すために、ある一定時期になると、社会を崩壊させる病としてとらえられていることを示している。

2 ：Dementia Friends（認知症をもつ人たちを支える仲間）とは、英国アルツハイマー病協会が主催する、認知症についての知識や理解を普及するための講義を受けた後、認知症とともに生きる人たちの生活をよりよいものにしようとして、何らかの活動にたずさわっている人たちのことである。彼らの活動は、まったく無償のボランティアとして行われている。しかし、多くのコミュニティー団体や、小売業者、レストラン、慈善団体、全国的な組織も、この活動に参加してきた。英国では、現在250万人のDementia Friends（認知症をもつ人たちを支える仲間）がいる。日本の、オレンジプランと似通ったもので、実際、この英国のプログラムは、日本のオレンジプランに影響されて実現したものである。

https://www.dementiafriends.org.uk/WEBArticle?page=how-to-get-involved#.XoMumYhKiIU

3 ：フォーカス・グループとは、ある調査や研究目的のために選ばれ、集められた人たちからの小グループで、司会者の指導のもと、個人的に経験した問題やトピックについて、体系化された討議に参加すること。広範囲の人々に予想される意見や態度のサンプルを集めるために、マーケット・リサーチの分野でよく用いられている（藤永保・仲真紀子監訳『心理学辞典』丸善出版、2005）。

4 ：レファレンス・グループ（準拠集団）とは、個人がグループに所属する場合、グループの集団規範を取り入れて、自分の行為の基準や価値の規範とするようになった時、その集団を準拠集団（レファレンス・グループ）という。つまり、グループが、個人の意見、態度、判断、行動などの基準となる枠組みを提供する（國分康孝監修『カウンセリング心理学事典』誠信書房、2008／中島義明、安藤清志他編『心理学辞典』有斐閣、1999）。

Chapter 4

それぞれの人の独自性が
尊重された生活

> パーソン・センタード・ケアの第2の要素は、すべての人が、それぞれに独自性をもった一人の人であることを理解することです。
>
> すなわち、すべての人々が唯一無二の存在であることを認識し、それぞれ独自の生活歴や性格、身体的・精神的な強みとニーズ、社会的・経済的資源を有し、そのすべてが認知症によって引き起こされる一人ひとりの行動や状態に影響を及ぼしていることを理解することです。それだからこそ、ケアや支援は個々の独自性に合わせて行われることが不可欠なのです。

▶ ケア提供者のための重要な指標：それぞれの人の独自性が尊重された生活

- **ケア・支援のためのケアプラン作成**：ケア・支援のためのケアプランは、それぞれの人の独自性を尊重し、誰もが、希望や不安、強みやニーズをもつ唯一無二の存在であることを認識して作成されていますか？
- **ケアの日常的な見直し**：一人ひとりの変化を認識し、それに対応するよう、ケアを常に見直していますか？
- **それぞれの人の持ち物**：認知症をもつ人々が、自分自身のお気に入りの衣類や大切な持ち物を日常的に使用していますか？　なぜそれらの物が、彼らにとって重要であるか、どんな意味があるかを、すべてのスタッフが知っていますか？
- **それぞれの人が好むこと**：人それぞれの好き嫌いやお気に入り、それぞれの価値観に基づいて選ぶことについて、スタッフの誰もが、それらに耳を傾け、共有し、対応していますか？
- **生活歴**：一人ひとりにとって大切な人間関係や、重要な人生の物語、手がかりとなる出来事を、スタッフの誰もが知っていて、その内容が日常的にケアに活かされていますか？
- **活動やたずさわること**(注1)：ニーズや能力にかかわらず、人々の一日が、それぞれにやりたいことや、周囲の人々や世界との関わりで十分満たされていますか？

パーソン・センタード・ケアを最も具体的に表現すると、認知症をもつ人たちのニー

ズを評価して、それぞれの独自性に応じたアプローチを実践することになります。時として、これこそがパーソン・センタード・ケアの定義だとされることさえあります。しかし、実際には、個人の独自性に応じてアプローチを行うということには、いかなる人にも必ず、弱い点だけでなく強みがあることを考慮して、認知症を、その人のすべてとしてではなく、その人の一部として理解するという、ケアへの取り組み方のすべてが含まれています。このアプローチは、カール・ロジャーズのクライアント中心の業績をふまえたものです。すなわち、カール・ロジャーズにとっては、それぞれのクライアントは、障がいを含めて分かつことのできない、一人の人であり、唯一無二の存在だったのです。

　認知症をどう経験するかは、人によって異なるはずです。その経験は、認知症それ自体によって、また、それが時とともにどう変化するかによって形づくられるだけではなく、その人が過ごしてきた人生も、性格も、家族や地域社会の背景もあいまってその人独自の経験が形づくられるのです。個人の独自性に基づいたアセスメント（評価）や、分析、ケース・マネジメントは、パーソン・センタード・ケアのこの部分に焦点を当てるものです。その人の生活習慣や好き嫌いを理解することは、認知症をもつ人たちに、パーソン・センタード・ケアを提供する上で重要なものです。よい思い出を活用することは、自尊心を高める助けとなり、また、次第に増える混乱に直面しながらも、アイデンティティー（自分が誰であるかという感覚）を維持する助けともなる可能性があります。慣れ親しんできた心の拠り所や価値観でもある私たちの文化的アイデンティティー、私たちの精神性や宗教、信念、食べ物、飲み物、音楽などは、おそらく気持ちを落ち着かせる効果を発揮するでしょう。これらの要素が欠けている場合には、おそらく、一層傷つきやすくなり、不安や疎外感が増すでしょう。

　生活歴に関する情報を得るために役立つツール（例えば、Sanderson & Bailey 2013）は増えていますが、いったん認知症が進行した場合には、この情報を入手するのは多くの場合、困難です。それよりも、必要になった時に他の人が情報を入手できるように、診断が確定されたらすぐに、その人にとっての重要な出来事や、何らかの判断をしたり、意思決定をする際に基準にしてきたものや、好みについての記録を作成しておくとよいでしょう。この記録には、生活習慣の好みに関する情報だけではなく、終末期のケアに関するリビング・ウィル（生前遺言）も含めることができます。多くの国家認知症戦略は、市民たちにとって最大の利益となる可能性がある時、認知症の進行過程における**適切な時期に正確な診断を受ける機会を得られるべきである**と、呼びかけています。**診断にもタイミングというものがある**という言葉は、これを反映して使われています。診断は、認知症をもつ人たちと家族が、自分たちに起きていることの意味を理解し、将来に向けて生活習慣を変えたり、計画を立てたりするために役に立つのです（Brooker *et al.* 2014）。

　認知症が進行するにつれ、重要な情報を記憶し、他の人たちにその情報を伝えること

が、その人にとって困難になる可能性があります。健康や好みや望みに関する情報だけではなく、その人生の重要な物語やその人がどんな人であるかというアイデンティティーに関する情報も、これに当てはまります。その人の健康や好みについてはもちろん、その人生の物語についての情報も、必要な時にいつでも利用できるようにしておくことが大切です。

▶ 個別ケアはパーソン・センタード・ケアと同じでしょうか?

VIPSの枠組みを使ったパーソン・センタード・ケアの定義をつくることになった最初の動機の1つには、"個別"ケアとの違いを明らかにするということがありました。これについて、高齢者に関する英国国家サービス機構(NSF)の刊行物(*National Service Framework for Older People*〈高齢者のための英国国家サービスの枠組み〉〈DoH／英国保健省2001〉)の中に概略があります。その要約によると、パーソン・センタード・ケアとは、その人の自立を促進するために、個別のニーズに応じるための個別化されたケアプランがあることとして説明されています。もし、それらの言葉を使う意図が、ただ単に、患者や入居者の置かれている状況の中での、その人のニーズに目を向けることだけであったなら、おそらく、"個別的患者ケア"もしくは"個別的入居者ケア"という言葉を用いるほうが、より意味がはっきりするでしょう。ドイツ語には、"patientenzentriert"つまり、英語で言う"患者を中心とした"という言葉が古くから存在しており、病院でのケアに関連して使われています。同じように、"患者を中心とした"という言葉は、イギリス、アメリカ、オーストラリアでも頻繁に使われています。"患者を中心とした"という言葉は、パーソン・センタード・ケアの要素であるそれぞれの人の独自性を尊重したケアと、確かに関連してはいます。しかし、その人のニーズといっても、患者という側面にしか対応していないという点で、パーソン・センタード・ケアよりも、視点が狭く限られています。

ケアの個別化、利用者本位のケア、個別に調整申請する介護予算制度[注2]は、すべて重要な進展です。これらはすべて、認知症をもつ人たち自身が主導者となって、彼らが望む通りのケアを実現する手段となる可能性があります。しかし、こういったものはそれ自体では、パーソン・センタード・ケアの定義であるというよりは、むしろ個別化されたケアのプログラムを達成する手段なのです。それぞれの人の独自性を尊重したアプローチなくして、パーソン・センタード・ケアを行うことは不可能です。しかし、パーソン・センタードではない個別ケアを行うことはありうるのです。問題に焦点を当てて個別ケアに取り組むだけでは、その人をあらゆる角度から丸ごと理解し続けることを困難にさせてしまいます。

ケアの専門職にある人たちは、診断名や問題のタイプ、サービスのニーズによって、対象者にレッテルを貼りがちであり、その背後にあるその人自身を見落とす危険性があるのです。例えば、病院に入院中の患者である人には、排泄ケアに関する個別プランがあるかもしれませんが、自分でお茶を入れるためのケアプランはないかもしれません。というのも、けがや火傷など、病院や保険会社が負わなければならないリスクが大きすぎるからです。入院中のこの人は、お茶を入れるといった、長年習慣として行ってきた活動を継続するニーズについては理解されることがなく、単に排泄に関するニーズのある患者とだけ見なされているのです。患者という側面だけに焦点を当てた個別ケアでは、認知症をもつ一人ひとりが疾患のレッテルの陰にすっかり隠れて見えなくなり、パーソン・センタード・ケアが実践されないという危険性があります。

　さらに、真にパーソン・センタードなアプローチではなく、個別ケアのみに焦点を当てることによって、文化の影響力が認識されず、改められないままになってしまいます。私たちと同じ世界に生きているはずの、認知症をもつ人たちを、支援を提供する人たちや、私たち"外側の世界"にいる人たちとは、住む世界がまったく違う、"患者"、"入居者"、"クライアント"という、本来のアイデンティティーとはまったく異なるアイデンティティーを与えてしまっているのは、相も変わらぬサービス提供組織や、そこのコミュニティーの文化をつくり上げている、日々繰り返される典型的行動様式、厳然と存在する原則、無意識に使われている言語なのです。そのサービス提供組織や従来のコミュニティーの文化といった、この文化的に規定されているアイデンティティーには、様々な範囲の、しばしば暗黙のうちに理解されている、こうあるべき、という姿や決めつけ、また行動のルール（原則）がついてまわるのです。こういったものは、意図的に、あるいは、無意識に、差異を増幅し、支援を受ける人たちと、提供する人たち、そして、サービス提供施設や組織外の他の人たちとの間に生ずる関係に影響を与えます。

　一方、パーソン・センタード・ケアについて深く考える時、私たちのサービスや支援、社会の文化が、一人ひとりの独自のアイデンティティーを時には豊かにしたり、あるいは否定したりするなどの影響を与え、さらにサービスや社会に適合するように迫ってくる、そうしたプロセスについて、どうしても考えざるをえなくなるのです。もし、私たちの支援やサービスが、真にパーソン・センタードであるならば、通常提供されているサービスや支援に合うように、組織が定義を押し付けたり、その人に変化を強いたりすることがあってはなりません。より正確に言うならば、組織が行うことや述べることに影響を与え、形づくるのは、その人たちのほうであるべきなのです。認知症とともに生きている人たちがそれぞれ有している独自の経験やアイデンティティーを、彼らに提供される支援を考案し創り出すための基盤として活用するためには、自分たちの出会う認知症の人一人ひとりの中で起きる変化や、それぞれの違いを見つめ直し、私たちの文化

のほうから、それらに適合するように変えていくことが求められているのです。

それぞれの人の生活歴が私たちのアイデンティティーを形づくる

　キットウッド（1990a, 1990b）は、認知症の特徴について、一人ひとりの脳の障がいと、その人の心理的な傾向と、その人を取り巻く人間関係すなわち社会心理とが、弁証法的に互いに影響し合っていると述べています。これは後に、ケア環境における生物学的、心理学的、社会的状況を盛り込んだ、認知症のパーソン・センタード・モデルとなりました（表4-1）。

　表4-1の等式を用いると、認知症をもつ人たち一人ひとりの独特な立場を理解しやすくなります。認知症をもつ人には、一人ひとり傾向の異なる脳の障がいがあり、異なる健康状態と体調があり、それぞれ独自の生活歴と性格傾向をもっています。また、これらのことすべてと、そ

表4-1：認知症のパーソン・センタード・モデル

認知症 ＝ NI ＋ H ＋ B ＋ P ＋ SP	
NI ＝	脳の障がい
H ＝	健康状態と体調
B ＝	生活歴〜人生歴（人生の物語）
P ＝	性格傾向
SP ＝	社会心理（人間関係）

の人が現在置かれている状況の中での人間関係すなわち社会心理との相互作用も、それぞれに特有なものです。この等式は、単なる生物学的モデルではなく、認知症をもつ人を理解するためのパーソン・センタード・ケアなモデルであり、認知症をもつ人のアセスメントとケアの実践において、様々に利用できます（例えば、May、Edwards and Brooker 2009）。使われている言葉の一部は、今では多少古い感じがするかもしれませんが、このモデルは、一人ひとりの生活／人生にどう影響を与えるかという観点から、認知症の経験を理解する1つの方法として、長年にわたって多くの人たちに使われてきました。

脳の障がい（*Neurological Impairment*）

　認知症には多くの異なるタイプがあり、時とともに進行すると、それぞれ、脳に対して異なる影響の与え方をします。脳の障がいのパターンは人それぞれに異なるものです。それでも、一人ひとりを支援するために、それぞれの人が苦闘している認知障がいの症状を、私たちは理解しなければなりません。必ずではありませんが、多くの場合、認知症による脳の障がいによって、認知症の人は記憶機能、話し言葉や書き言葉を理解し使う能力、毎日の日課を実際に行う能力や、周りの人たちの世界を理解する能力が侵されます。また、何かを行う場合に、その手順を計画する能力や、他者の観点から物事を見る能力も損なわれます。それらの障がいは、初期には、かなりとらえにくく、誤解されやすいのですが、時とともに認知症が進行すると、それらの変化も顕らかになって

いきます。障がいの徴候に気づくことは、よりよい認知症ケアを行うために重要であり、その目的は、残存能力を活かして、認知症をもつ人たちをサポートするための適切な対応のあり方を見出すことにあります。

認知症では、新しいことの学習が困難となり、失語症、失行、視空間失認などの認知障がいが、よく見られます。そのために、このような状態にある認知症の人たちが、自分たちの社会的、物理的環境をその人なりの方法でとらえてしまうのも無理はないでしょう。もし、認知症をもつ人たちがどのように環境をとらえているかが、周囲の人たちから理解されず、適切に援助されなければ、実際の障がい以上に不自由を経験することになるでしょう。しかし、それは、支援のないケア環境のせいというよりは、むしろ、非常に多くの場合、脳の障がいのせいにされてしまうのです (Stokes 2000)。"BPSD と呼ばれている状態"あるいは"不穏"などと、時としてレッテルを貼られる行動のいくつかは、単に、その人が対処している障がいの結果です。例えば、認知症をもつ人が寝室のドアの後ろに掛けてあるガウンに非常におびえるかもしれません。なぜなら、その人の脳がそのガウンを、部屋の中に立っている見知らぬ人であると誤って知覚してしまうからです。そのガウンをはずして片付ければ、"幻視"や"錯視"による恐怖を軽減することができ、その人に単に脳の障がいがあるという理由だけで、その人が"不穏"とレッテル付けされるのを避けることができるかもしれません。

認知症をもつそれぞれの人たちには、まだまだ多くの認知能力が残っており、日常生活の多くの部分で彼らが自立を維持していけるように、それらの能力が活かせることを認識することが重要です。例えば、料理や家事のように、長い間維持したスキルは、比較的そのまま失われず残っている可能性があります。認知症をもつ人は、献立を考える能力は失われるかもしれませんが、野菜を刻むといったようなプロセスのいくつかの部分をうまく、それどころか非常に上手に、成し遂げることができるかもしれません。認知症をもつ人たちが障がいに対して、よりよく対処するために役立つような、例えばGPSシステムやエレクトロニクスを使ったリマインダー（合図）のような補助器具を適用、提供することで、障がいが軽減されるということもあります。脳の障がいの全体像を理解することによって、私たちは彼らの機能を最適化しながら、より豊かに生きられるように、活動や社会との関わりの維持を可能にする環境を提供することができるのです。

健康状態と体調 (Health and Physical Fitness)

その人が認知症というレッテルを貼られている場合、混乱した行動が少しでも増えると、周囲の人たちは認知症のせいにする傾向があります。しかし、認知症の人たちは、泌尿器・胸部感染症、便秘、ホルモンバランスの乱れ、脱水、栄養失調、薬物や鎮静剤

の過剰投与のような、身体的健康問題から生じる急性の混乱状態や幻覚症状の影響を非常に受けやすいのです。その症状は、記憶障がいのために症状を正確に伝えられないことで、さらに悪化します。例えば、認知症をもつ人が胸に痛みがあったことを思い出せないなら、自分の症状を訴えることはまずありません。認知症をもつ人の痛みは、往々にして実際に経験しているよりも過少にしか報告されないことがありますが、痛みを減らすという簡単な行為がいわゆる "BPSD と呼ばれている状態" を劇的に減らすことができることを実証した研究調査がいくつかあります (Husebo *et al.* 2011)。認知症とともに生きる人たちは、痛みがないかと聞かれても、痛みについて訴えたり、痛みがあるということを言えなかったりするかもしれません。しかし、行動の変化が、身体の隠れた健康問題を示唆している場合があります。これに関して、十分に妥当性が証明されている、非常に有用な痛みの評価スケールがいくつかあります。だからこそ、ケアを実践する私たちが、身体的な健康状態の変化について、特別に注意を払い続けなければならないのです。

生活歴 (*Biography*)

認知能力とは関係なく、私たちは皆、過去の経験に基づいて、今、ここで、自分に起こっていることを理解します。しかし、脳の障がいがあるため、特にアルツハイマー型認知症の人たちは、多くの場合、ごく最近のことを確実に記憶することができません。例えば、ナーシングホームに入所している認知症をもつ人たちは、自分たちがどこにいるのか、ほとんど理解していないかもしれません。それは第一に、記憶障がいのために、入所過程について何も思い出せないし、第二に、ナーシングホームには彼らの過去の経験や記憶につながるものが何もないからなのです。

それにもかかわらず、認知症の人たちは、自分がどこにいるのかを理解しようとするでしょう。例えば、ナーシングホームで、ふと、あるものを見た時、ある人は以前の職場のように思ってしまうかもしれませんし、また、一般診療医の診療所にいる時には、校長室の外に腰かけているような気になるかもしれません。その人の人生歴を知っておくことは、いわゆる "BPSD と呼ばれている状態" を、スタッフが理解するための役に立つかもしれません。例えば、現役の時に管理職をしていた人たちは、部下に見えるケアワーカーから、ああしろ、こうしろと言われると混乱してしまうでしょう。特に、何かするように指示されたことが、身の回りのことに関係している場合には、なおさらです。同様に、認知症をもつ人が、子どもたちを学校に迎えに行く時間だと考えている時に、誰かが彼女に、病棟を離れるのは安全ではないと言えば、非常に苛立つかもしれません。

施設でのケアでは、その人が昔、どのような経験をしていたかを知っておくことは、特に重要です。例としては、次のようなものがあります。

- 元校長であった男性は、指図をしたり、書類やスケジュール表をくまなく調べたいと思うかもしれません。そして、自分の部下、あるいは生徒だと思っている人に、それを止められると、快く受け入れはしないでしょう。
- 過去に、児童養護施設、刑務所、あるいは難民収容施設で過ごしたことがある人は、スタッフの何気ない行動に対して、過去の記憶に照らしてその意図を誤解してしまうかもしれません。それによって行動することがあるので、食べ物を隠したり、厳密に所定の手順を守ろうとしたり、特定の場所や、人々や、状況を避けるような行動をとる可能性があります。

性格傾向（*Personality*）

　性格傾向とは、私たち誰もが人としてもっている強みや弱みのすべてです。そして、それは、認知症をもつ人一人ひとりが、認知症から引き起こされる症状にどう対処するかに、直接影響します。仮に、ある人が、自分の人生や身の回りの出来事について、自分で決断することを常に重視してきたとしましょう。その人は、常に好んで他の誰かに意思決定を任せてきた人に比べると、認知症から引き起こされる症状に対して、葛藤はより激しくなるでしょう。また、外向的な人は、内向的な人よりも集団生活にうまく適応できるかもしれません。私たちの性格傾向は、たとえ認知症になったとしても普通は変わりません。人はストレスや難しい状況に対処する際には、それまでに身についた行動をとろうとします。認知症の人たちがストレスや困難にどう対処し、何に助けられたか、その人の家族や友だちに聞いてみましょう。その情報は、認知症の人が生活の中で生じる困難に立ち向かおうとする時に、どのようにしたら最善の援助ができるかについて考える手がかりとなるはずです。

社会心理（*Social Psychology*）

　社会心理とは、認知症をもつ人たちが置かれている社会的、心理的環境のことであり、主に人間関係のことです。認知症をもつ人たちへのパーソン・センタード・ケアは、キットウッドによれば、まさに人と人との関わり合いを通して生まれるものなのです。そのような社会的、心理的な環境が、認知症の人にとってどのように支援となるか、あるいは害となるかについて、キットウッドは、多くの論文を残しました。言語能力が失われるにつれて、認知症の人にとって非言語的な方法での温かく受容的な人とのふれ合いは、以前にも増して重要なものになります。

　認知症の人は、困難な状況やストレスに対して非常に傷つきやすくなっています。なぜならば、認知症になったことで、心理的防衛機制が著しく障がいされて働かなくなるからです。そして、自分が自分であるという意識が薄れていくにつれて、認知症の人に

とっては日々経験する人間関係の中で支えられることが、いよいよ重要となります。その人を中心とした心理療法といえども、従来のような治療時間の中だけでは、このような人間関係は得られるものではありません。むしろ、周囲の人たちとの、日々の交流を通してこそ築かれるのです。

　クリスティーン・ブライデンは、2002年の論文（Bryden, C. 2002）の中で、キットウッドの認知症のパーソン・センタード・モデルは、認知症とともに生きる人たちやその家族たちが、認知症がもたらす困難な問題に対処するために役立つ、カウンセリングのフレームワークとして活用できると示唆しています。人々が認知症の道程の非常に早期に診断を受ければ、より確立されたカウンセリングの取り組みに直ちに関わることができるようになります。認知症とともに、社会や周囲の人々と関わりをもち、より豊かに生きるためのリハビリテーションの取り組みが、それぞれの人の独自性を重視したものになることが、不可欠なのです。人生歴や性格傾向やアイデンティティーは、人々がよりよく適応できるようにするための取り組みの中心をなすものです。

　認知症をもつそれぞれの人がどのような経験をしているかは、社会的環境次第で、ある程度決まります。認知症の人のニーズを満たし、支えるような社会的環境を確実に提供するために、私たちにできることはたくさんあります。このことについては、第6章で再び詳しく述べていきます。しかし、一人ひとりのケアプランを決めようとする時には、すべての段階で、認知症の人が周囲の社会的環境にどう反応し、肯定的、あるいは否定的な反応の引き金となるものは何かをアセスメントすることが、重要なのです。

▶ それぞれの人の独自性が尊重された生活を実現するためのケアを実践する

　VIPSのそれぞれの人の独自性が尊重された生活という要素の指標は、ケア組織の中で、臨床、あるいはケアの基準を定める立場にある人たちが中心となって進められなければなりません。これらの指標は、それぞれに質の高いケアを確実に提供していく過程で、重要な点をふり返るためのものです。

　医療・保健・福祉のケア組織の中で、そのような立場にいるリーダーとしては、安全基準を維持し、事故を防止することだけしかできないと感じる時があるかもしれません。現場の管理者は、確実に、最新の情報を把握し、考えられる限りの、組織のありとあらゆる活動について報告し、健康と安全を確保し、かつ法律も遵守していかなければなりません。現場の管理者としては、あまりに要求されることが多く、負担が大きすぎると感じることがあるでしょう。組織の管理者の立場にある人ならば、このことは非常によくわかるはずです。

本当の意味で、それぞれの人の独自性が尊重されたアプローチによるパーソン・センタード・ケアを真剣に提供することは決してたやすいことではなく、大きな挑戦なのです。認知症とともに生きる人たちの人生に、表面的にふれることは簡単です。でも、あなたがこの章を読んでいるということは、この挑戦に真剣に取り組み、単に表面だけふれるようなことはしたくない、より深くまで掘り下げたい、と思っているからではないでしょうか？

　以下の質問は、それぞれの人の独自性が尊重されたケアについての重要な部分に関するものです。これらの質問が、なぜパーソン・センタード・ケアにとって重要なのか、また、提起されている問題を改めることについて、どのように考えればよいのかについて、要点を述べます。

1. ケア・支援のためのケアプラン作成：ケア・支援のためのケアプランは、それぞれの人の独自性を尊重し、誰もが、希望や不安、強みやニーズをもつ唯一無二の存在であることを認識して作成されていますか？

　個別のアセスメントや分析は、ケアを提供する際の基礎となります。アセスメントに基づいて、認知症をもつ人のよい状態をさらに向上させ、あるいは、不安な気持ちや混乱した行動を改善するために、一人ひとりに適した活動やたずさわることを盛り込んだケアプランを立てることが大切です。また、その人の依存度や、社会・経済的状況の違い、性的志向、民族や文化的な差異など、影響し合う多くの要因を考慮する必要があります。

　そのような幅広いニーズに、ケアが十分対応できているかどうかを確認するためには、まず先に述べたキットウッドの認知症のパーソン・センタード・モデルを用いて考えてみるとよいでしょう。パーソン・センタードなケアプラン作成のためには、メイとエドワーズが非常に優れた土台となる書式を考案しています（May *et al.* 2009、『認知症と共に生きる人たちのためのパーソン・センタードなケアプランニング』水野裕監訳、クリエイツかもがわ、2016年）。それを用いると、"人生歴"、"性格傾向"、"生活スタイル"、"今まさに生きている人生"、"心と体の健康"、"認知能力"、"何かをする潜在的な能力"という重要な領域において、その人の全体像をとらえ、幅広いニーズを明らかにすることができます。

　"より豊かに生活するためのプログラム"（Enriched Opportunities Programme）では、入所施設で生活する人たちに対して、それぞれによい状態を最大限に高める方法を明らかにするために、次の4つの側面に焦点を当てました（Brooker and Woolley 2007; Brooker *et al.* 2011）。

　1つ目は、認知能力や周囲と関わる能力です。例えば、この人はどのように考えてい

るのか、どのようにコミュニケーションをとっているのか、周りの世界をどのように理解しているのか、周りの物をどのように認識しているのか、といった問いに関わっています。その人がどの程度活動に関われるのか、また、どのような援助を必要としているのかについてプランを立てるためには、この側面を知ることが役に立ちます。

2つ目は、生活歴です。これは、その人の現在のよい状態を高め、維持するのに役立つような過去の経験はどのようなものであったか？という問いに関わるものです。生活歴から、その人がどのような活動になじみがあり、楽しめるのかという情報が得られます。これは、また、肯定的な記憶や行動を引き出すきっかけとなるものを明らかにします。そのためには、それまでの思い出を書き記した"ライフ・ストーリー・ブック"や、その人にとっての思い出の品々を入れた"ライフ・ボックス"を作るとよいでしょう。本人が自分で作ってもよいし、場合によっては家族に手伝ってもらって作ってもかまわないのです。

3つ目の側面は、性格傾向に関するものです。この人はどういう人か、どういうことで意欲的になるのか、この人の気分にはどういうことが影響するのか、といった問いに関わっています。その人は、どんなことが好きで、どんなことが嫌いなのかを知る手がかりを教えてくれます。これらの情報は、観察を通して得ることができますし、また担当スタッフや家族との話し合いによって完成されるものです。

最後の4つ目の側面は、最近の興味・関心についてのアセスメントです。この人の"今まさに生きている人生"の日常を活気づけることは何か、この人を楽しませることは何か、どんなことがその人にとってのよい一日を創り、また、どんなことがその人の一日を台無しにするのかといった問いに関するものです。このアセスメントによって、その人の興味・関心をふまえることで、真の楽しみや活気をもたらす機会を日々設けることができます。このアセスメントは、観察を通して、また、担当スタッフや家族との話し合いによって完成されるものです。

組織の文化は、認知症とともに生きる人々の生活を組織に合わせて創るのではなく、一人ひとりの独自性を尊重する生活を確実に創り、支援できるように焦点を当て、役立つものでなければなりません。ケア・支援のためのケアプランは、身体介助の業務を優先したものですか、それとも、その人たちがどうすれば日々すべての側面にわたって申し分なく支援を受けられるかに配慮したものですか？　ケアプランを見れば、組織について、また、組織が提供する支援について、多くのことを明らかにすることができます。例えば、なぜ組織はその書式を採用するのですか？　ケアプランは日々どのように活用されるのですか？　誰がその作成に関わるのですか？といったことを明らかにします。

法律や法令、あるいは行政規則のような外部からの強い圧力の下で、ある特定の方法で考案され使われるケアプラン作成の手順は、どんなに善意に基づいたものであって

も、パーソン・センタードなケアの経験に自動的に結びつくものではありません。しかし、その人の全体像を最もよくとらえ、描き、さらに、スタッフがその人に焦点を当てて支援するために最も役立つように考案されたケアプランであれば、**変化する日々の生活において、ケアを受ける人々の人生がよりよいものになるように目指し、人々が、日々過ごす場所を楽しめるように、また、日々周囲の人や生活に関わり、充実感を得られるように支援する**という、ケアの典型的行動様式を奨励、強化するものとなるでしょう。このためには、パーソン・センタード・ケアを最大限に奨励するために、規則や法規、組織の変化や方針などの要因に関連して、**管理者たちは、ケアの実践を最重要なものとして、現場のケアに影響を与える外的要因から守っている**というリーダーシップが不可欠となります。これは、実際のケアプランの記録が重要ではないという意味ではありません。しかし、ケアプランの書式や使用については、どれがケアの現場で使いやすくて役に立つのかによって決定されなければなりません。ケアプランを作成することそれ自体が目的となってはならないのです。

　最初に紹介する例では、入居者たちのためのケアプラン作成に、様々なスタッフが日々どう関わり、貢献しているかを、ケアスタッフの1人は、次のように説明しています：

　　私たちケアスタッフが、いろいろなケアの仕方を試してみて、どんなやり方がその人にとってよい結果をもたらすかを、よく見て検討し、それを看護師たちに伝えると、それを看護師がきちんとケアプランに詳細に書き起こします…そして、申し送りの時に、入居者たちのケアについて話し合うのです。1人の女性が自分のために処方された薬を飲みたがらないことがありました。彼女の息子の妻は、一般医です。そのためか、「あなたの息子さんの奥さまが、あなたのために処方された薬が何かをご存じで、それがよい薬だとおっしゃっていますよ」と彼女に説明すると、納得して飲むということがわかったのです。なので、私たちは、申し送りの時に、その情報を伝えると、それがメモとしてケアプランに書き込まれます…私たちは、看護師たちと相談せずに、入居者に何かを試しにしてみるということはありません…看護師たちのほうが、何をしてはいけないとか、その理由はなぜか、ということをよく知っているかもしれませんので…看護師たちは、現場のケアと、それぞれの入居者についての知識と、ケアプラン作成との間をつなぐ役割を果たしているんです。

　一方、次の例では、管理者にとってプレッシャーを感じるような、組織内や行政の監査のために、ケアプランの記録文書ばかりが重視されてしまうと、次のようなしばしば見られる事態が起きてしまいます。

　　入居者たちが昼食のためにテーブルについている時に、1人のケアスタッフが、他のケアスタッフに、まだ昼食を食べていない入居者の食事量をどのように記録しようかと聞いています。聞かれたケアスタッフは、「まぁ、スプーン一杯だけ、とでも書いておけば」と答えています。このやり取りは、まだ行われてもいないことについてのやり取りである

という点で、ここでのケアプランが、行われるケアの成果ではなく、ケアの記録という作業を単に義務的に行っているにすぎないということを、明らかに示しています。

この職場では、勤務交替の前に、ケアの記録を完了していることが、ケアスタッフの高い評価につながっていることが、わかっています。

この本のPart2のp.209に、この指標に関してあなたの組織がどこまで達成できているのかをふり返るために役立つ質問が設けられています。

2. ケアの日常的な見直し：一人ひとりの変化を認識し、それに対応するよう、ケアを常に見直していますか？

　認知症をもつ人たちのニーズは時間とともに変化します。これは、私たち誰にでも当てはまることですが、進行性の症状をもっている人たちとの取り組みを行っている場合、ニーズの変化に気づくことは、特に重要です。変化の速度は一人ひとり異なります。人によっては、速度がゆっくりで、知らぬ間に進行していることが非常に多く、目立たない問題は見落とされがちになります。そのため必要な援助も提供されず、認知症をもつ人が、何かをしようとしてもうまくできず、自信を喪失する原因ともなっています。だからこそ、少なくとも6か月に一度は、一人ひとりのケアプランの見直しを行い、ケアプランがその時点でもニーズに見合ったものであるかどうかを、何重にも確認できる確実な手段があることが、重要なのです。一方、その人の認知症の特徴や、身体的健康状態が不安定なために、人によっては、ニーズは急速に変化します。そのため、必要な時にケアプランを早急に検討できるように、適切な仕組みをつくらなければなりません。

　認知症の人の健康やよい状態を、確実に、最高のレベルに維持するためには、地域における精神保健チームや専門家サービス機関と緊密によい連携をすることが、大きな助けとなるでしょう。重篤な状態に陥ったり、混乱やうつ状態が悪化するなどの問題が生じた時も、よい連携が確立されていれば、非常に役立つでしょう。

　変化する日々の生活において、スタッフたちが、ケアを受ける人々の人生がよりよいものになるように目指し、取り組んでいるという組織の文化は、変化は、当然のものとして受け入れる文化です。この特徴が、よい文化の中のケアの典型的行動様式となっているという点で、パーソン・センタード・ケアを現場で達成するためには、絶対に不可欠な要素なのです。このような文化の中では、**変化がない**ことはありえないことであって、もう一回本当に変化がないのかよく検討する必要があると認識されていることを意味しています。ともかく、この場合の変化とは、その人に焦点を当てた変化のことであ

り、何らかの意味があるものです。認知症をもつ人々の状態は変化しやすく、しかも多くの場合、時間単位で変化しますので、変化は必ず生じているはずなのです。したがって、支援は、生じた変化に応じて、柔軟に変えることができるものでなければなりません。認知症をもつ人たちや、彼らを支援する人々に与える影響を考慮せずに、他のニーズによって余儀なく引き起こされた変化は問題を生じ、人々がよいケアを経験することもまた非常に少なくなるでしょう。

　組織やサービス提供施設の中に、変化に対するこのような姿勢や取り組みを根付かせるためには、**現場のスタッフたちが自分たちの責任で判断できるよう一定の裁量権を与えられ、実践できるよう支援されている**ということが不可欠です。このことは、こうした変化を創り、また、創り続けていくための、日々の仕事の中での管理とリーダーシップを通して行われる必要があるのです。スタッフやその働き方に対する管理者やリーダーたちの考えが、現場に裁量権や権限を委譲することなく、ただ、指示に従っていればよいという旧態依然としたものならば、認知症をもつ人がよい状態でいるために、彼らの日々変わるニーズの変化に合わせて取り組み方を変えることを、スタッフに期待することは、ほとんど無意味なことです。このような矛盾が存在する状況の中では、スタッフたちが、認知症をもつ人たちのニーズを満たしてよい状態を維持しようと取り組むことと、リーダーたちや組織の期待に応えることとの間で板ばさみになり、耐えきれなくなるでしょう。

　　以下の例では、ケア課の課長が、入居者たちのケアの見直しを日課にする必要があり、さらに、この日課においては、スタッフ全員が何らかの役割をもつ必要があったと、語っています：

　　　ケア課と看護課のスタッフたちは、どんな変化も記録します。ですから誰にでも、その変化はわかるようになっています。当然、私にもすぐにわかります。私は、報告は聞きますが、それは、実際に起きたことの全容ではなく、ほんの一部であるということが、時々あるんですよ。ここには65人の入居者がいるんです。それで、私には、すぐに何でもわかるので、何か確かめたければ、現場に行って、担当者と話せば、どんなことが起きているかがわかります。ええと、夜間に誰か調子が悪かったとか…それは、私たちが、しょっちゅう、もう耳にタコができるほど、何度も繰り返して話していることです…ケアプランの情報を最新のものにしておくためです…。私は、いずれにしてもケアプランをチェックしなければならないので、ケアプランが最新の情報に更新されているかどうかも確認し、内容が正確であることも確認しています。

　　この本のPart2のp.210に、この指標に関してあなたの組織がどこまで達成できているのかをふり返るために役立つ質問が設けられています。

3. それぞれの人の持ち物：認知症をもつ人々が、自分自身のお気に入りの衣類や大切な持ち物を日常的に使用していますか？　なぜそれらの物が、彼らにとって重要であるか、どんな意味があるかを、すべてのスタッフが知っていますか？

　認知症が進行するにつれ、認知症をもつ人たちは、新しい物に慣れるよりもむしろ、見覚えのある服を着たり、なじみの物を使用したりすることで、より一層安らぎを得ることができるでしょう。この理由は2つあります。1つは、どんどん周囲の世界から隔てられ、違和感をもつようになっていく中で、認知症の人たちにとって、なじみの物は、それだけは変わらない判断や認識の拠り所となるからです。なじみの物は、現在と過去をつなぎ、なじみのない物をなじみのある物に結びつけてくれます。もう1つは、認知症の人は、認知症が進行するにつれ、新しい物の使い方をすぐに覚える能力が失われていきますが、古い物の使い方はよく覚えているからです。使い慣れていた照明であれば、どこにスイッチがあるか、意識して考えなくても、私たちは電気をつけることができます。新しい照明であれば、一瞬立ち止まって考えなくてはなりません。このように新しい行動を習得することは、認知症をもつ人たちにとって困難になります。認知症をもつ人の周りになじみの物や使い慣れた物を置けば、もっとくつろげるでしょう。新しい物を購入する必要が生じた場合には、同じ品物か同じ型の物を買うとよいでしょう。また、洋服ならば、大切にしていたものと同じ素材の服を買うとよいでしょう。

　どこで、どのようにケアや支援が提供されるかにかかわらず、いかに支援を準備計画し提供するかを考えるにあたって、個人の持ち物について考慮をすることは不可欠です。これは、入居施設においては、個人の持ち物や家具、調度品が共用の環境にどう配置され、どう使うことができるかに関わることです。自宅でケアをしている人たちにとっては、これらの重要な品々が、すぐ手が届くところにあり、代わりに、ケアに使う目的の用具や機器は、あまり目につかないところに置いておく配慮があるかもしれません。特に、病棟のように、非常に違和感を生じやすく、見当識を失わせるような環境の中では、こういった配慮は、その人が見当識を維持し、安らげるようにするためには、どんな品々が使用できるかに関わるものです。これらすべての状況の中では、その人について知っていることを役立て、把握していることを活かし、積極的に家族や友人たちの協力を得ることが、重要になります。

　よいケアの文化を創るために個人の持ち物が果たす役割は、それらが単に置いてあるだけではなく、むしろ、その人にとってどんな意味をもつかを考え、どのように活用されているかによって、明らかになります。個人の持ち物は、何よりもまず、よいケアの

文化の中に存在する、そこで当然となっているケア様式をよりよく進める助けとなります。個人の持ち物を活用して、その人との相互交流をより促進することができるなら、さらに、スタッフがそれらの重要性をわかっているならば、支援が提供されている施設がどんな施設であるかには関係なく、私たちが確実に、**人々が日々過ごす場所を楽しめるように支援する**ためには、個人の持ち物が役立つのです。個人の持ち物は、その人の寝室の棚の上の単なる飾り物としてではなく、その人が周囲の世界を理解する助けとなるように活用されるためのものです——ふわふわのぬいぐるみが安らぎを与えるのであれば、その人が安らぎを必要としている時にはいつでも、その人の側にあるべきものなのです。また、**人々が日々周囲の人や生活に関わり、充実感を得られるように、スタッフたちが支援している**時にも、個人の持ち物が活用されていることが明らかにされています。重ねて述べますが、これは、例えば、メモリー・ボックス(注3)を使って月に一度だけイベントを行うといったことではなく、日々の生活の中で継続的に行われていることなのです。その人が、自ら何かにたずさわることを始めることが難しいと感じているならば、その人にとって意味のある関わりができるように、個人の持ち物が活用されているでしょうか？　その人は、膝掛けを編むことはもうできないかもしれませんが、どこかに行く時には、毛糸が入った手さげ袋を必ず持って行くことならできるでしょう。そうすれば、その人は、毛糸を巻いたり触ったりすることによって感覚的に刺激されて、周囲の世界と関わることができるのです。そのような個人の持ち物を積極的に、深い配慮をもって用いるためには、**管理者たちは、現場のスタッフたちが自分たちの責任で判断できるよう一定の裁量権を与え、実践できるよう支援している**ことが不可欠です。そうすれば、スタッフたちは実際に人々との相互の関わりをもてるようになるのです。それはまた、その人自身にとって意味のある環境を創り出し、**私たちが、卓越したケアを提供するために、すべての人たちが、皆、一致団結して取り組む**ための方法でもあります。

以下の観察では、例えば身近に置かれているその人の思い出の写真を活用したことが、しばしば口頭でコミュニケーションをとるのが困難で、スタッフの支援に対しても乱暴に抵抗していた男性とのコミュニケーションをとるのに役立ったことがわかります：

…次郎さんに奥さんの写真を見せると、大きな声を立てて笑います。その反応にもう1人のケアワーカーも私もびっくりして、次郎さんに他の写真も見せました。すると、「これは、僕の子どもたち」、「これは僕の娘」と言いました。もう1人のケアワーカーは、私に向かって、それらの写真について説明をしてくれました。次郎さんの人生について深い関心を寄せ、よく理解していて、次郎さんや私と共有したかったのです。次郎さんは記憶を取り戻し、名前も思い出していて、その中には2匹の瓜二つの愛犬の名前もあり、どっちの犬がどの名前かもわかります。もう1人のケアワーカーは、私に何度も「彼の反応は

信じられないわ」と言って、さらにもう1人のケアワーカーを連れてきてその様子を見せました…2人のケアワーカーは、次郎さんのために壁に写真を飾ることを相談しています。このやり取りの間ずっと、次郎さんは非常に熱心に関わっていて、本当に幸せそうで、まるで別人のようです。その後、そのケアワーカーが部屋に入ってきて、親指を立て"大丈夫？"というサインで次郎さんにあいさつすると、次郎さんはお返しに、同じサインをして何か言います。ケアワーカーが「次郎さん、素敵ですね」と言うと、「ありがとう。あんたもね」と次郎さんが言います。次郎さんが手を差し出すと、ケアワーカーも手を差し出し、彼の手を握ります。

> この本のPart2のp.211に、この指標に関してあなたの組織がどこまで達成できているのかをふり返るために役立つ質問が設けられています。

4. それぞれの人が好むこと：人それぞれの好き嫌いやお気に入り、それぞれの価値観に基づいて選ぶことについて、スタッフの誰もが、それらに耳を傾け、共有し、対応していますか？

　なじみの持ち物が認知症ケアにおいて重要であるならば、なじみの食べ物、飲み物、音楽、日課はなおさら重要となります。毎日の生活の中で、それまで慣れ親しんでいた日常的な経験と似通った環境を提供すれば、認知症をもつ人に安心感やくつろぎを与え、信頼を築く助けとなります。不安が減れば、なじみの物を見つけるための「家に帰る！」という言動や行動も減るかもしれません。この重要性を、スタッフが認識できるよう手助けすることは、認知症をもつ人への共感を高める上で、とても重要なことです。

　長い間続けてきた日課や好みについての情報を確実に把握する努力は、認知症をもつ人が安心して過ごすために役立ち、重要な取り組みであるという認識が高まってきています。認知症をもつ人の中には、自分の日課や好みについて、スタッフに伝えることができる人もいます。また、それができない人もいますが、そのような場合には、家族や友人たちから情報を得れば、役に立ちます。また、私たちは、その人に起きていることについて満足している、あるいは、不満があることを、非言語的に表現する様々なサインにも注意を払い、見逃さないようにしなければなりません。重ねて述べますが、現場のケアスタッフにとっては、これらの日課や好みについて確実に把握し、毎日それに基づいてケアをすることは、容易ではないかもしれませんが、きわめて重要なことなのです。もし、そのような情報が鍵のかかった書類棚にしまわれるだけで、認知症をもつ人の生活に何の影響も与えることがなければ、情報があってもほとんど意味がないことなのです。

しかしながら、これまでの日課や、誰もが知っている本人の好きなことを、今まで通り続けることが重要だからといって、必ずしも毎日同じことをしなければならないという意味ではありません。認知症をもつ人も、それまでのように進んで何か新しいことを試してみようとしたり、場合によっては、それ以上に積極的にもっと取り組みたいと思ったりするかもしれません。スタッフにとっては、新しい状況に対する、認知症をもつ人たちのしぐさ、態度や反応を観察し、今、ここで、よい効果をもたらすのは何であるかを見極めることが重要です。

　毎日の日課や好みだけではなく、より広い視野から考えることが重要です。人は無力感にさいなまれた時、自分たちの拠り所である文化的背景、スピリチュアリティー（精神性）や信念、信心といった宗教観、あるいは、今まで慣れ親しんできた食べ物や飲み物、音楽などが、私たちの心を落ち着かせてくれることでしょう。もし、これらの慣れ親しんできた要素が周囲の環境から奪われてしまうと、私たちは、一層傷つきやすくなり、不安が募り、疎外感がさらに増すでしょう。こういったことは、健全な認知的能力がある人たちに比べて、認知症をもつ人たちのアイデンティティー（自分が自分であるという意識）には、より大きなダメージを与える可能性があります。なぜなら、認知症をもつ人は、疎外感に対して自分を守り対処するための内在する力を失い、また、論理的に考えることも難しくなっているからです。これは、私たちが、その人のアイデンティティーの一部である、文化的な背景を活用できなければならないということを意味しています。それはとりもなおさず、私たちが、単なる一般論や思い込みを越えて、これらのどの側面が一人ひとりにとって意義あるものであるかについて深く掘り下げるために、行動しなければならないということなのです。

　個人の好き嫌いやお気に入りは、それらがケアと支援に積極的に、また継続的に活用される時、個人の持ち物と同様に、よい文化を創り出す上で重要なのです。個人の好むことが、スタッフたちに共有され、注意が払われ、現場の実践に活かされるなら、**私たちは、変化する日々の生活において、その人の人生がよりよいものになるように目指し、日々過ごす場所を楽しめるよう支援し、さらに、彼らが人生を楽しめるよう支援する**という、典型的行動様式を明らかに示すようなケアと支援が提供されるという結果をもたらすでしょう。その人が昨日は楽しんでいたことが、今日は楽しめないかもしれないということを、スタッフたちがわかっており、今、ここで、その人が、伝えようとしていることに敏感に応じているので、変化は頻繁に起きるのです。その人にとって必要な日課や好むことに合わせて、その人のニーズに応えるように、環境は常に変えられるのです。スタッフたちが、一人ひとりの好き嫌いや、どうすれば最もよく関わりをもつことができるかを共有しているので、その人が周囲の世界と意味のあるたずさわりや関わりをもつことができるのです。さらに、**卓越したケアを実践するために、皆、一致団結し**

て取り組み、自分たちの責任で判断する裁量権を与えられ、実行できるよう支援されているスタッフたちであれば、現場でこれらの典型的行動様式を実行する可能性は非常に高く、したがって、よいケアの文化も日々強化されていくことでしょう。

以下の観察では、就寝の準備をするための支援をする時に、それぞれの個人が好むことをどのように探し出し、尊重しているかを、1人のケアワーカーが明らかにしています：

ケアワーカーたちが、「最初は誰から始めましょうか？」とお互いに言って、個室にいる入居者のところに行き、ラウンジで就寝前に行う聖書の朗読会に行きたいかどうかと尋ねています。それから、ラウンジにいる入居者4人全員のところに行き、「ベッドに行きたいですか？」、「お疲れですか？　ベッドで休みたいですか？」、「もうちょっと、何か見ていたいですか？」と、一人ひとりに尋ね、注意深く彼らの答えを聴いています。ケアワーカーは、彼らの答えを尊重しています——そして、「どなたも、まだベッドには行きたくないんですね！　それでは、後でまたお邪魔します」と言って、スタッフたちは別の寝室に行き、入居者たちがベッドで休みたいかどうかを確認していますが、数人がまだ寝たくないということがわかります。

この本のPart2のp.212に、この指標に関してあなたの組織がどこまで達成できているのかをふり返るために役立つ質問が設けられています。

5. 生活歴：一人ひとりにとって大切な人間関係や、重要な人生の物語、手がかりとなる出来事を、スタッフの誰もが知っていて、その内容が日常的にケアに活かされていますか？

認知症が進行すると、自分の人生にまつわる話をきちんと覚えていたり、自分のアイデンティティーを形づくる上で、非常に影響を与えた決定的な出来事を、他の人たちに語ったりすることが難しくなります。認知症をもつ人へのケアでは、一人ひとりについて手がかりとなるような重要な話を教えてもらい、その物語を本人になり代わって覚えておくことも、1つの仕事です。こういった話を活かして、その人の自尊心を高めることができ、混乱が進んだとしても、その人のアイデンティティーを維持することができるでしょう。関わりをもつことが難しくなるにつれて、よい感情を呼び起こすきっかけとなる思い出の品々はますます重要になります。

"より豊かに生活するためのプログラム"の中では、大切にしてきた物を入れた"ライフ・ボックス"を使いました。これは多くの人たちにとって、"ライフ・ストーリー・ブック"や写真のアルバム以上に、もっと大きな意義がありました。ある入所施設のケ

アワーカーは、次のように語っています：

　　"ライフ・ボックスがあると私たちケアワーカーは助かるわよね。だって、みんな
　　が自分のライフ・ボックスの中に何か入れてあるでしょ。それで、私たちは箱の中
　　のものを見て、その人について新しいことがわかったのよ…別のフロアにいる人
　　や、普段接していない入居者の人たちのケアをする時にも、とてもいいわ…あれは、
　　とっても役に立つわ。"

　　昔受けたつらい体験や心の傷、特に幼少期や10代の頃に起きた出来事は、認知症になって
　から、しばしばよみがえってくる可能性があります。認知症になると、これらの過去の経験が
　強い感情を呼び起こすことがあるのです。例えば、虐待を受けた経験がある場合には、そのこ
　とが痛手となり、ケアワーカーが身体的な介助をしようとすると、非常に苦痛を感じるかもし
　れません。

　ケアや支援を提供するスタッフたちは、日々彼らと相互に関わり合う中で、こういっ
た情報を把握し、活かす必要があります。さらに、認知症をもつ人と関わる人は誰でも、
そのような人生で起きた事実を集め、活用することは、継続的なプロセスであるという
ことを認識する必要があります。また、このプロセスを継続できるようにするためには、
その人自身だけではなく、その家族や友人たちに対する、配慮、信頼、支持的な人間関
係が不可欠なのです。大きな変化や混乱/動揺が起きているまさにその時に、たった4
ページの"ケアプラン"の書式に、私たちの人生の重大な出来事をとらえることができ
る人が私たちの中に何人いるでしょうか？　大きな悲しみや恐怖をもたらした人生の瞬
間を、誰にでも打ち明ける人がいるでしょうか？　私たちの"近親者"は、私たちのす
べてを知っているでしょうか？　これらの質問のそれぞれに対する答えは、はっきりと
"NO（いいえ）"です。それゆえ、私たちが支援する人々の生活歴に関わる取り組みには、
一人ひとりの人生歴の、非常に個人的で、複合的で、絶えず変化が起きるという特質を
認識して臨まなければなりません。

　重ねて述べますが、よいケアの文化には、生活歴がただ存在しているということでは
なく、生活歴の活用こそが、人々のパーソン・センタードな経験を創り出すために役立
つということが明らかに示されています。**組織に関わる人全員が、お互いにとって重要
な存在である**という文化の中では、人々はお互いに他の人たちのことをよく知ってお
り、普段の相互の関わり合いの中で、このような情報を共有し活用する機会があるので
す。家族であれ友人であれ、訪問してケアワーカーに対して親しいと感じたり、大切に
されていると感じたとしたら、自分の配偶者や両親にとって意味のある体験や、自分た
ちにとって大切な瞬間について、きっと、ケアワーカーたちとより多くのことを分かち

合いやすくなることでしょう。なぜなら、私たちはお互いに信頼と尊敬に基づいて関わり合っており、さらに、そういった情報が有効に使われることを、これまで見聞きしたことからも知っているからです。とりわけ、第一線のケアスタッフたちが、**認知症をもつ人たちが、日々周囲の人や生活に関わり、充実感を得られるように支援する**ことを、確実にできるようにするという点で、生活歴は、特に重要なものです。なぜなら、まさに生活歴こそが、その人にとってどんなことが、意味のあることであり、また充実感を得られるものであるかに関しての情報を与えてくれるからなのです。こういった情報を取り上げて考慮し、活用することがなかったなら、関わりやたずさわりは、いつものお決まりの仕事となり、またその人の独自性を奪い取ることになるでしょう。つまり、ある人の生活には必ず猫がいたこと、あるいは、ある人は猫を恐れていること、あるいは、ある人は猫をなでることができるよう支援してもらえれば猫をなでて安らぎを感じることができることなどを、スタッフたちが知らなければ、一匹の猫は、何の意味もないただの猫で終わってしまうということです。

　　以下の例では、認知症とともに生きる人たちにとってどんなケアワーカーが、よいケアワーカーであるかを、チームリーダーが語っています：

　　　入居者のことは、どうしても理解しようとしなければならないんです。ご存じでしょうが、彼らがここに来る以前の人生について、なるべく多くの情報を得られるように努力しないとね。えーと、それまではどんなことをしていたかとか、家族にはどんな人たちがいたかとか、好みは何かとか、趣味とか、そういったことです、わかりますよね。なるべく多くの家族の人たちと話をするようにしています、そうすると多くの情報を得られるんです。小さなことでかまわないから、彼らが好きなことや、口癖のように言っていたこととか、わかりますよね。私は、何か彼らが笑顔になること、楽しい記憶を呼び戻すようなものを、何とか見つけようとしています。

　　次の例では、生活歴に焦点を当て、それを活かすことによって、このケアホームの現場でのケアと支援が、非常にすばらしいものになったことが観察されています：

　　　ケアワーカーがやってきて、良子さん、正さん、賢治さん、その他数人の入居者たちと輪になって腰かけます。（良子さんのあいさつに応えて）、そのケアワーカーは、「僕が座っていてもいいのかな？　もし嫌だったら追い出してくださいよ」と言って、良子さんと元素周期表についておしゃべりを始めます（良子さんは化学の教師でした）。別のスタッフが賢治さんのところにやってきて、米沢はどこにあるのかと聞きます。以前の会話の中で、スタッフは、米沢がどこにあるのかはっきりわからなかったのですが、賢治さんは地理が得意なのです。ケアワーカーは、グループとおしゃべりを続けています——この対話を継続させるために、記憶を促すものや入居者たちの知識や何かしたいことがあれば、それを活かすようにしています。実際、この対話は40分あまりも続いています。

この本のPart2のp.213に、この指標に関してあなたの組織がどこまで達成できているのかをふり返るために役立つ質問が設けられています。

6. 活動やたずさわること：ニーズや能力にかかわらず、人々の一日が、それぞれにやりたいことや、周囲の人々や世界との関わりで十分満たされていますか？

　一般的には、高齢者ケア施設においては、人々は退屈そうで、特別意味のあるような活動はあまり見られませんが、特に、自分から活動を始めたり、続けたりすることが困難で、また、ある目的を達成するような活動には追いついていけないかもしれない進行した認知症をもつ人たちにとっては、なおさらそうです。認知症をもつ人たちに対して、それぞれが興味をもって続けられることを見つけるのは容易なことではありませんが、取り組まなければならない1つの挑戦です。認知症の人一人ひとりにとって、意味のあることとは何かをわかろうとすることが重要です。それと同じくらい、認知症の重症度に応じて、一人ひとりが、何ができて何ができないかを把握することは、適切な活動を提供する上で重要なことです。認知症の早期の段階では、現在興味をもっているスポーツや、ガーデニング、ペット、ゲーム、手工芸、創作的な活動などを取り入れ、活動を維持することは、最もよい結果をもたらすものとなるでしょう。この段階では、人生をふり返るようなライフ・ストーリー・ブックや、好きな音楽の録音テープリストを一緒に作ったりすることもためになるでしょうし、認知症が進行するにつれ、これらは、その人にとって、後々すばらしい財産となるでしょう。認知症の中等度の段階では、音楽や、ダンス、ドラマのような、認知的にそれほど負荷のかからない創造的な活動だけではなく、ウォーキング、水泳、構造的な身体運動に変更することも役に立つでしょう。より重度の段階では、特に最重度の認知障がいや機能障がいをもつ人たちにとっては、アロマセラピーや、マッサージや、創造的なアート形式のようなより感覚を用いた関わりや感覚刺激が最も適しているでしょう（Perrin, May and Milwain 2008）。

　何が、誰にとって、いつ、どんな施設で役に立つのかについての確固としたエビデンスに基づいた根拠を打ち立てることは困難な仕事です。利用者の人種や民族などは多岐にわたり、スタッフの技能の差もあるでしょうし、活動が行われる施設自体が、様々に異なります。さらに、それらの活動の成果を評価する適切な尺度を探し出すことの難しさを考えてみれば、多くの活動に基づく介入に関する研究において、信頼性のあるエビデンスを確保することが困難であることは、驚くべきことではありません。それにもかかわらず、実践の観点から言えば、その人にとって意味がある活動に関わっている時に、

その顔が喜びで輝くのを目にすることは、これは努力する価値があると認めるに十分な証拠なのです。真の挑戦となるのは、通常のケアの実践の一部として、活動やたずさわりを適切に用いることです。

どんな類の施設であっても、このようなことを達成可能にするためには、注意深い配慮が必要とされます。サービス利用者が日々、その人にとって楽しく意味のある活動に確実にたずさわることができるようにするために、誰が責任をもって取り組んでいますか？　そのような活動は、どのように提供されていますか？　いつそのような活動が行われますか？　1週間に一度ですか、それとも、あらゆる機会に行われていますか？　一人ひとりのニーズに見合っているかどうかを確認するために、どのように見直されていますか？　私たちが支援している人たちの一人ひとりが、何かにたずさわっている時間と、そうでない時間が、それぞれどれくらいあるかを、私たちは把握していますか？

入居施設の中には、こうしたたずさわることのニーズに応えるために、活動を企画したり、調整する人を雇っているところがあります。アメリカ、カナダ、オーストラリアでは、その役割を担う"レクリエーションセラピスト"といわれる専門職がつくられました。"より豊かに生活するためのプログラム"（Brooker *et al.* 2011）においては、認知症をもつ人の可能性の扉を開く錠前師の役割を果たす、"ロックスミス"と呼ばれる専門家が、ナーシングホームや高齢者のための集合住宅におけるこのようなニーズに応えるために新たに設けられました。実践介入に向けたFITS（Focussed Intervention Training and Support：課題集中的な介入研修と支援）（Brooker *et al.* 2015）では、認知症ケアコーチや認知症ケア実践能力開発コーチの役割を設けることで、抗精神病薬の投与量を減らし、さらに、ケアホーム入居者たちのための意味ある活動を提供することができるようになりました。ケアにおける意味ある活動の提供という側面について、誰かがリーダーシップを発揮できるようにすることによって、楽しく意味ある活動へのたずさわりが日々の生活の楽しみとなる機会を大きく増やすことができるのです。しかしながら、どのような長期入居サービス施設においても、現場のケアワーカーから管理者に至るまで、あらゆるスタッフが、楽しいことやたずさわることを提供する責任をともに担っているという認識が共有されていなければなりません。その楽しいことやたずさわることは、認知症をもつ人たちに意味とメリハリのある生活を提供し、退屈を取り除くものなのです。

"活動"は、前もって打ち合わせされ準備されている行事予定があることとは関係なく、また、単に外部の行事や活動を施設にもち込むことでもなく、それは、自宅や病棟で支援を受けながら暮らす人にとっても、入居ケア施設にいる人にとっても、まったく同じように重要なものなのです。それは、その人と関わりをもち、その人が周囲の世界と関わることができるよう手助けをするためのあらゆる機会を見出し、活かすことなの

です。損なわれていない認知能力があり、活気のある生活をしている人たちは、退屈から逃れるためには、認知能力と身体的な能力がどれほど多く必要であるかということを、ほとんど理解していません。自分の周囲の世界を理解し、何が起きているかを把握する能力が低下していく時、自分でたずさわることや、その目的を見つけたり、周囲の世界に影響を与えることを始めたりすることは、より困難になるのです。認知症とともに生きる人にとってのよいケアは、その人が食事をしたり、安全に過ごしたり、自らを清潔に保つために介助を必要とするのとまったく同じように、その人は、この活動やたずさわることについて、今、助けなければならないのだと、支援する人たちが認識することを求めているのです。

　認知症のある人にとって意味のある関わりやたずさわりがあることは、組織のよい文化にとって非常に重要なことです。そのため、**人々が日々周囲の人や生活に関わり、充実感を得られるように支援する**ということそれ自体が、そこで当然となっているケア行動様式になるのです。重要なことは、意味のある関わりやたずさわりが、特別なものとしてではなく、よいケアにとっては絶対に不可欠なものであると見なされ、実行されている組織には、よいケアの文化が存在しているということです。これは、そのような環境の中では誰もが、特に現場のケアスタッフたちがそれを彼らの役割の一部として見なす必要があり、したがって、**現場のスタッフたちが自分たちの責任で判断できるよう一定の裁量権を与えられ、実践できるよう支援されている**ことが、重要であるということを意味しています。もし活動が、ある特定のスタッフたちだけの責任範囲であると見なされ、あるいは、余分な時間がある時にだけ行われるものと考えられ、あるいは、行事が開催されている時にだけ行われているなら、その文化は、よいケアの経験には結びつかないことでしょう。

　さらに、この特徴は、"活動"に関係する項目の四角いチェック欄に印をつけることにではなく、人々の独自性が尊重される生活全体、すなわち、VIPSのすべての指標について考えることの重要性も明らかに示しています。一人ひとりをよく知ることによってのみ、活動も、出来事も、会話も、物も、相互の関わりも、意味あるものになります。そのためには、詳細な生活歴を知るだけでなく、本人や家族たちとの親密なコミュニケーションを通して得られる知識や情報も重要であり、また、その情報が、今、ここで、その人にとってどんな意味があるかを理解することが必要とされるのです。一人ひとりの独自性を尊重しないケアと支援は、よくてもせいぜい機能的なものにとどまってしまいます。ケアと支援のよい経験とは、その人にとって意味のある重要なものであり、その時を楽しめるものにし、ストレスを取り去ることによって、まさに、その時を、価値あるものにするのです。

以下の例では、母親が入居しているケアホームで起きたことで、その娘さんが、本当に感謝していること、際立って優れていると感じていることを説明しています：

> ほら、いつも何かやっているんですよ。時々、目が回るぐらいの時もあるのよ！…今は音楽と手足の運動をしていて、明日は、おしゃべりしながら編み物をするでしょ、だからいろんなグループが集まるんですよ…委員会が開く新年のパーティーもあるし。参加したい人がいれば、クリスマスまでにもたくさん催し物があるの。月曜日は創作活動のクラスがあるし。それだけじゃなくて、１対１の対応の活動もあって、それはとても大事なことだと私は思うわ…スタッフと２人だけで座って、好きなだけ世話をしてもらえるの、マニキュアをしてもらったり、暖かいスチームバスの中で、ちょっと足をマッサージしてもらったりするの。そういった身体のケアをしてもらうのよ。時々、本の読み聞かせもしてもらえるし…"スクラブルゲーム（言葉のつづり替えを競うゲーム）"もしていたわ。本当に、そういったいろんなことをするのよ。他にも、腰かけて手を握っているだけの時もあるけど、時には、私たちも誰だってそうする必要があるわよね？　小さなラウンジルームに行ったら、スタッフが、入居者の人たちが落ち着くように、一緒に座って、抱擁（ハグ）しながら静かに話しかけているのを見たことがあるわ、入居者も誰かに必要とされている、愛されていると感じられるようにしていたわ。これ以上に、何か望むことがあるかしら？

同じ施設のアクティビティー担当者が、ここでは入居者の人たちが、いつでも何かにたずさわりをもてるように、すべての職員が関わることをして取り組んでいると説明していました：

> おわかりでしょうが、ほんとうに、ただ毎日毎日のことなんですよ。ケアスタッフが関わるということは、全員が何らかの刺激を受けるということなんです…そして、よいコミュニケーションがたくさん交わされているんですよね。それは、ケアスタッフたちも、自分たちにできることは何か、これは必要なことか、自分たちにできることかどうかについて、よく理解していると思うんです。彼らの考えをすべて聞いて、できる限りみんなの意見を取り入れようと努力しています。

この本のPart2のp.214に、この指標に関してあなたの組織がどこまで達成できているのかをふり返るために役立つ質問が設けられています。

▶ まとめ

パーソン・センタード・ケアの第2の要素は、認知症をもつ人一人ひとりについてよく知り――単にその人が認知症と診断されているからではなく、その人をあるがままに

認め、個人の独自性を尊重したケアを提供することに関するものです。組織がどの程度、その人を一人の人として尊重し、対応しているかは、アセスメントやケアプラン作成をめぐる様々な手順を見れば、わかるでしょう。また、認知症の人たちの日々の過ごし方が、それぞれの生活習慣、活動やたずさわることに関する好みやニーズに基づいたものかどうかを調べることでも、明らかになるでしょう。

注

1 ：活動やたずさわることは、英語では、Occupationと言い、占有するという意味の言葉である。日本語では、「作業・職業」と訳されることが多いが、以下、Kitwoodの記述をもとに説明を加える。たずさわることとは、その人にとって意味のあるやり方で、自分の能力や力を用いて、生活の過程に、主体的に関わることを意味する。その反対は、退屈や無関心な状態である。たずさわることは幼児期に、自分が他人から反応を引き出し、世界を動かすことができるという感覚を身につけることから始まる。もし人がたずさわる機会をすべて奪われると、その人の能力は衰え始め、自信が失われていく。認知症をもつ人においても認知症のない人同様に、たずさわることのニーズは存在し、そのニーズを満たすことは非常に重要である。（出典：T. Kitwood: Dementia Reconsidered-the person comes first. Open University Press p82, 1997）

2 ：英国では、障がいをもつ人が追加の支援を希望する場合、友人を頼み、その介護料金は国から支払われる制度がある。

3 ：メモリー・ボックス：ライフ・ストーリー・ワークの1つで、何らかの箱に、その人の思い出の品を集めたり、その人にとって大切な写真を貼ったりして、その人にとって重要なテーマや、好きな思い出に焦点を当て、個人の人生の物語を表現して制作される。グループで回想法を行った後、支援者や家族の協力を得て、個別に制作するのが効果的な場合もある。認知症をもつ人など、高齢者に用いられることも多いが、より若年の人、例えば、HIVやAIDSで亡くなった家族の歴史を子どもたちに残す目的で実施された南アフリカ共和国での取り組みなども報告されている。（参考：F. Gibson: Reminiscence and Life Story Work p135‐136, 2011）

Chapter 5
その人の視点に立つ

> パーソン・センタード・ケアの第3の要素は、認知症とともに生きる人の視点に立って世界を見ることです。
>
> 認知症をもつ人の視点に立って世界を見ること：この意味するところは、一人ひとりが経験している世界は、その人にとっては、当然なものであり、認知症をもつ人は、その人の視点から世界を見て行動しているということを理解することです。そして、共感をもってその人の視点を理解しようとする姿勢そのものに、その人がよりよい状態になる力を引き出す可能性があると認識することです。

▶ ケア提供者のための重要な指標：その人の視点に立つ

● **コミュニケーションが重要な鍵である**：私たちは、認知症とともに生きる人たちのあらゆるコミュニケーションの方法に絶えず注意を払い、適切に応じる優れたスキルを身につけていますか？

● **その人の視点に立ったリスク管理（リスクが発生する可能性があっても、それを両者が理解し、受け入れ、その人が何かができるように支援すること）**：私たちは、支援を受けている人の立場に自分を置き換えて考え、その人の視点に立って世界を見、リスクについても考えているでしょうか？

● **物理的環境**：ここは、認知症とともに生きる人たちにとって快適で、安全で、くつろげるような場所ですか？

● **身体の健康**：私たちは、人々の健康やよい状態に絶えず注意を払い、適切に対応し、それらを最も望ましい状態に維持していますか？

● **コミュニケーションとして理解すべき"BPSDと呼ばれている状態"**：私たちは、常に、その人が、言語だけでなく、行動によるコミュニケーションを通して何を伝えようとしているかを考え、そして行動していますか？　"BPSDと呼ばれている状態"を単に"管理"するのではなく、その行動の根底にある理由を探し出し、理解しようとしていますか？

● **人権擁護**：私たちは、認知症をもつ人たちの権利、名誉、尊厳が確実に擁護されるように、彼らの代弁者として声を上げていますか？

パーソン・センタード・ケアでは、本人が何を経験しているか、という主観的な経験が重要なのです。その人の経験が、たとえ他の人たちにとっての"現実"と異なる場合でも、最も重要と見なされなければならないのは、その人本人の視点であり、私たちや他の人の視点ではないのです。これは、誰かを支援しようとすれば、その人に見えている通りの世界を理解しようとすることが、そのための基本的な出発点だからです。例えばカール・ロジャーズ（Rogers 1961）のようなパーソン・センタードな取り組みを受け継ぐ心理療法的介入では、その人の視野に入り込み、その人の視点からその世界を理解することが、その人との取り組みを成功裏に、また支持的に導く重要な鍵であると考えています。ケアの出発点として認知症をもつ人の視点を受け入れるために、ケアスタッフにとって必要な条件は、彼らのあるがままの世界を理解し、共感して、同じ人間同士として向き合うことができる能力です。

　キットウッドは、認知症をもつ人たちへの介入の焦点を絞るためには、その人たち一人ひとりのニーズを理解することが重要であると考えました。そして、認知症をもつ人たちへの共感がなければ、ケアの環境は、いつまでも寒々とした状態のままで、変わらないことを、非常に強く主張しました（Kitwood 1997b）。ストークスも、いわゆる"BPSD"と包括的に呼ばれている行動に対して、パーソン・センタードなやり方で取り組む際の重要な鍵として、その人の主観的な経験を理解することを強調しています（Stokes 2000）。クレアらも、パーソン・センタードな認知症ケアのアプローチについて、「その人の心理的な反応と周囲との関係から、認知症の人の経験を理解し、一人ひとりのニーズに合うように援助や支援をあつらえることを目指すことです」と、一人ひとりの経験に焦点を当てて定義しています（Clare *et al.* 2003, p.251）。

　この本の第1版の出版以来、認知症ケアの分野における最も顕著な変化の1つは、認知症とともに生きる人たちが自らの権利において、貴重な説得力のある声を上げてきたことです。比較的最近までは、見当識障がいや失語症の症状があるため、認知症の経験をしている人は、確実で意味のある方法では、コミュニケーションをとることは一切できないと考えられていました。確かに、いくつかの国や文化の中では、これはいまだに支配的な見解です。しかし、近年は、焦点が変わってきています。これは、パーソン・センタード・ケアの進展自体とある程度関係しています。病気のレッテルの背後に隠れていた認知症をもつ人たちが前面に進み出てくるようになるにつれ、彼らは何か言いたいことや重要な意見をもっているのだ、という認識が広まってきました。それ以上に、伝えたいことを、自分たちの言葉で語ることで、認知症をもつ人自身の能力が引き出され、非常に大きな力を自ら得ることになるということも深く認識されています。また、認知症をもつ人たちは、一般的に、早期に診断されるようになってきています。世界中のアルツハイマー病協会や関連団体には、現在その運営の中心的な部分として、認知症

とともに生きる人たちの代表者が存在しています。"私たち抜きで、私たちのことを決めないで"は、長年の間、障がい者の権利運動のスローガンとなってきました。そして、今はようやく、認知症に関しても当てはまることとして受け入れられています（Bryden 2015）。認知症とともに生きる人自身が語ることは非常に説得力があり、国内や国際的なレベルでの政策構想の進展にも貢献してきました。認知症をもつ人たちは、自らの経験によって、真の専門家として認識されています。

　認知症の研究において、早期のアルツハイマー型認知症の人が経験していることについての現象学的な研究（Clare 2002 Sabat 2001）は、今日では十分確立されています。生活の質の研究においては、認知症をもつ人たち自身が記入する、よい状態に関する評価尺度（Brod *et al.* 1999）と、生活の質に関する評価尺度（Smith *et al.* 2005）が、今では利用可能になっています。現在では、認知症をもつ人たちが、対面式の聞き取り調査での質問に対し、信頼性のある回答をすることができ、研究の過程に直接関わることができるというエビデンスが数多くあります。認知症とともに生きる人たちのための、カウンセリングなどの心理療法的な実践は、いまだ普及していませんが、認知症ケアの実践の中でも、治癒的な意味合いにおいて、認知症をもつ人たちとそのような直接的な関わり合いをもつことができ、有効であることが、ここ数年の間に、論文でも立証されてきました（Cheston, Jones and Gillard 2003）。認知症の診断を受けた人たちが、診断直後から役立つ支援や介入が提供されることで、診断された人たちが自分自身に起きていることをより早く受け入れることができ、その後の長期的な適応にとっても重要であることが示されています（Dröes *et al.* 2003）。

▶ どうすれば、より進行した認知症をもつ人の視点を理解できるでしょうか？

　認知症とともに生きる人たちに加わってもらい、直接に語られる経験を共有することが、パーソン・センタードな取り組みの実践をさらに発展させる上で非常に重要な力となってきました。しかし、進行した認知症をもつ人の経験や、認知症の他に身体的あるいは知覚的な障がいをもつ人の経験は、より早期の段階の認知症をもつ人や、認知症以外の面で比較的良好な状態にある健康な人の経験とは、非常に異なるということを知っておくことが重要です。

　あたかも進行した認知症をもつ人の靴を履いてみれば、その人の感じている世界がわかるかのように、その人の立場に自分を置いてみることは、誰しもが簡単に、ごく普通にできることではありません。誰か他の人になるということが一体どんなことなのか、本当にわかる人が、私たちの中にいるでしょうか？　誰にもわかるはずがありません。

"私が接してもらいたいように"他の人に接するということは、他の人の目を通して誠実に世界を見ることと同じことではありません。だからこそ、私たちは、異なる視点から世界を見ようと、常に思慮深く、そして絶え間なく努力しなければなりません。なぜなら、それは、まさに至難の業だからです。直接、認知症をもつ人たちが語ることに耳を傾けることに加え、キットウッド（1997c）は、ケアの実践者たちが彼らに対する共感を深めることができる様々な方法について書いています。これらの方法は、専門家の能力開発や研修、日々行うふり返りのために活用することができます。

　例えば：

- 認知症をもつ人たちの行動と言葉にきめ細やかに心を配りながら寄り添うこと
- 認知症であるという経験を理解しようとして想像力を働かせること

認知症をもつ人たちの行動と言葉にきめ細やかに心を配りながら寄り添うこと

　言語的コミュニケーションが困難になるにつれ、非言語的な行動に注意深く気を配ることや、断片的な会話をつなぎ合わせることが、ますます重要になります。終末期にある重度の認知症をもつ人たちに対して"コーマワーク"という昏睡状態の人とコミュニケーションを試みるという重要な考え方をもとに取り組んだ研究者がいます（Killick and Allan 2001）。彼らは、ビデオ録画や録音を用いて、その内容を細部にまで注意を払いながら、記述しています（Killick and Allan 2006）。この研究は、認知症をもつ人たちのケアにたずさわる人たちがどのようにしたら、きめ細かく気を配り、寄り添うことができるようになるか、想像力と創造性にあふれ、思慮に満ちた方法を示し、きわめて大きな影響を与えました。

　ここに挙げる実例では、CHOICE（Care Home Organisations Implementing Cultures of Excellence：第2章参照）のプロジェクトに参加した入居施設の女性ケアスタッフが、認知症があるために言葉を使ってコミュニケーションをすることが十分にできない人たちと、彼女がどのようにコミュニケーションをとっているかを説明しています：

　よくあることなんですが、私があそこに座っていると、女性の方がテーブルをトントンと軽くたたくので、私もそれに合わせてテーブルをトントンとたたくんです。すると、時々ですけど、彼女はちゃんと座り直すんですよ。それから、もう1人の女性の方は、「ああ、お父さん」って呼びかけるので、「ああ、お父さん」って言い返すと、顔を上げてこちらを見るんです。でも、「あ、恵子か」とか、彼女の言った通りではないことや、他のことをただ話しかけ続けても、言葉を返してくれないんですよね。ですから、次の時は、彼女のコミュニケーション方法にできるだけ近いやり方で私もコミュニケーションをとってみたら、どんな反応が返ってくるのか、とても興味があるんです。（ケアスタッフ）

ケアにたずさわる人たちが、よりきめ細やかに心を配りながら寄り添うことができるようになるために、役に立つもう1つの方法は、体系的な観察テクニックを活用することです。キットウッドと同僚たちは、ケアの実践者たちが、長期ケア施設に入所している認知症をもつ人たちのニーズに対する気づきを深め、また、彼らが経験している生活の質を理解する助けとなる方法として、認知症ケアマッピング（DCM）（巻末資料p.234参照）という観察ツールを開発しました。キットウッドはDCMを、「認知症の人の内面をわかろうとする気持ちと観察の技能とを用いて、認知症の人の立場に立とうという真摯な取り組みである」と述べています（Kitwood 1997a, p.4、「Dementia Care Mappingの臨床的有用性と今後の課題」水野裕訳、日本老年精神医学雑誌、第19巻第16号、657-663、2008）。DCMの世界的な普及は著しいものです。DCMツールと研修教材は10か国語に翻訳され、1990年代初期以来、約12,000人の実践者たちがDCMの研修を修了したと推定されています（Brooker and Surr 2015）。ケアにたずさわる多くの人たちが、この観察方法に出会った時に、人として受けた大きな衝撃について述べています。ある病院のプロジェクトで看護助手として働いていた、ヴェラ・ビッダーという人が、実際に自分のケアが、DCMによって、いかに認知症の人々に対して共感のこもったものに変化したかについて語ったことを、パッカーが以下のように記述しています：

　　DCMのコースを修了して間もなく、私は、いまだに起きている"パーソンフッドを損なう行為"（第6章に関連記載あり）を、とても強く意識するようになりました。私が、会話を交わすことも難しくなった認知症の方をお風呂に入れていた時のことです。スタッフが、いきなりドアをバタンと開けて入ってきました。そして、何の断りもなく、カーテンをいきなり開けたので、私が、「ひどいじゃないの！」と文句を言うと、そのスタッフは「どうせボケてんでしょ」と言い放ったのです。私は、自分に向けられた言葉のように感じ、本当に頭にきてしまいました。でも、私もその人と同じように、認知症の人たちのプライバシーをおざなりにしてきた一人であることも事実でした。そして、私が直接したことではないけれど、そのような状況に巻き込んでしまった認知症の方に謝っている自分に気づきました（Packer 1996, p22）。

認知症であるという経験を理解しようとして想像力を働かせること

　想像力を働かせて、認知症の症状に対処しようとしているその人の立場に自分を置いてみることは、認知症をもつ人への共感を高める非常に有効な方法です。見当識障がい、失語や失行の障がいなどの症状は記録されますが、これらの症状について、認知症をもつ人たちがどのように感じているかについては、往々にして見過ごされています。

認知症ケアの現場で働いていると、認知症をもつ人たちが様々なことに反応して表す感情は、以前とまったく変わらず強いものであるということが、すぐわかるでしょう。認知能力の低下はあっても、感情は衰えないのです。それどころか、多くの場合、認知症をもつ人にとって、実際、感情は以前よりももっと強く現れます。なぜなら、これは認知症の症状の1つなのですが、自分の力で、感情をコントロールすることができなくなるためです。怒り、喜び、悲しみ、興奮といった感情は、ちょっとしたきっかけで湧き起こるのです。現場のスタッフは、最初に感情面でどんなことが起きているのかを探り、それに応じて対応する必要があります。ケアや支援をする過程で、私たちが、認知症をもつ人たちの感情について、どのようなとらえ方をして、どのような伝え方をするかを慎重に考えることが、その人自身の視点が重視されることになるか、あるいは、見逃され、軽視されることになるかという、天と地ほどの、大きな差異をもたらす可能性があるのです。以下に挙げる、佐藤さんについての日誌の記録を比べて、誰の視点に立ってとらえられているかを考えてみてください：

- 「佐藤さんは身体介助の間に、機嫌が悪くなり、攻撃的になった」
- 「佐藤さんのトイレ介助を行っていた際に、私が彼女の下着を下げたら、彼女は大きな叫び声を上げ、私を手で押しのけようとした」

　この2つの文章は両方とも、同じ出来事について記述したものですが、最初の文章に書かれている内容は、記録した人の解釈です。ということは、誰でもこの記録を読む人には、その解釈がそのまま伝わるのです。しかし、2番目の文章からは、私たちは佐藤さんの気持ちや経験についてのちょっとした洞察を得られるので、おそらく、この記録のほうが、どんなケアを、どのように行っているかを私たちがふり返ることができるでしょう。もし、佐藤さんが、おびえていて、暴行されていると感じている様子であると、私たちが気づくことができたら、彼女が安心できるように、私たちの対応を変える可能性は、はるかに大きくなるでしょう。

　認知症が進行するにつれ、これまでに蓄積された記憶と、今、ここで、起きている出来事が、いつも相互に影響し合っていることがわかります。過去の出来事と記憶は、最近の出来事と記憶よりも、より現在のことのように感じるのです。現在の出来事は過去の出来事を思い起こさせるきっかけとなるのです。認知症をもつ人にとって、今、この瞬間に起きていることが、その人がどのように感じるかということに重要な意味があるのです。私たちは皆、途方に暮れている、孤独である、おびえている、あるいは、安全である、安心である、やすらげる居場所の一員であるなど、自分たち自身が経験した感情を探ることは、他の誰かが、どんな気持ちを味わっているかについての想像力を高め

るのに役立てることができます。そして、もし、認知症をもつ人たちが自分の感情を手繰り寄せる源にそうした過去の否定的な経験しかなく、その上、もし、一瞬一瞬の彼らの今の経験が否定的なものしかなかったなら、彼らがどんな気持ちになるかを想像する助けとして、私たち自身の経験を活かすことができます。

　以下に挙げる短い会話のやり取りの記録を見れば、ケアスタッフが、相手に共感をすること、自分自身の中に起きた感情を認識することが、ふれ合いを求めている人に手を差し伸べ、慰めを与え元気づけるために、どのように助けとなったかが、よくわかるでしょう。

　　1人の入居者がテーブルの席に座っていて、大きな声で叫んでいる：「ワシは、ほんとに1人ぼっちなんだ、誰もいないんだ。母ちゃんも、父ちゃんも逝っちまんたんだよ」ケアスタッフが自分のお茶のカップを持って彼の隣の椅子に座り、「私の両親も亡くなったのよ。それなら、2人で一緒に1人ぼっちになりましょうか？」と、話しかけている。

　スタッフたちは、このような現場で当たり前に起きていることの記録を活かして、その人を理解したり、自分たちで対応を工夫することを奨励されると、"私たち"⇔"あの人たち"の間の距離を縮め、私たちは皆、同じ人間であって、よい状態を維持するためにお互いに支え合っている存在であるということを理解できます。また、このようにすれば、認知症をもつ人たちが、今この時、経験していることを、私たちがよりよい方向に大きく変えることができるということを認識する助けともなります。さらに重大なことは、このような理解や工夫は、認知障がいのためについ最近のことを思い出すことが困難になったり、今現在、自分が置かれている現実をきちんと把握し、この先に起きることを想像したりすることが難しくなった時に、何よりも重要なのは、**今この瞬間**であるということを、私たち皆が理解する助けとなります。多分、私が認知症になると、私がトイレに、手を貸してほしいと頼んだ時、そのために誰が来たかを記憶していたり、病棟という不慣れな環境を理解し、そこは安全な場所であり、誰かに支援してもらえるという安堵感をもつことも、非常に困難になるでしょう。あなたが、**今この時**、認知症を抱えて生きる私をどんな気持ちにするかということが最も重要なのです。そのような理解や支援がないと、私は、安堵感を得られず、その日一日ずっと苦悩を抱えて過ごすことになってしまうのです。

　詩的な想像力を用いるロールプレイやその他の方法は、直感的な理解につながることがあります（Hawkins 2005）。それは、瞬間的に得られた洞察であり、目からうろこが落ちたような一瞬のひらめきのようなものです。映画、詩、物語、個人的な説明や観察、利用者との会話などすべてが直感的な理解への道となる可能性があります。認知症とともに生きる人の経験を扱っている小説や映画は、人々がこの経験についての情報を取得

することを、以前より容易にできるようにしています。すなわち、認知症とともに生きるという経験を知ることが、人間とは何であるかについて私たちが理解する上で、より一層不可欠となっている、ということを意味しています。

▶ その人の視点に立ってケアを実践する

　VIPSのその人の視点に立つという要素の指標は、主に、現場のスタッフや、サービスが提供される現場環境の管理を日々任されている管理者たちが、先頭に立って進めなければなりません。これらの指標は、現場のスタッフがケアを行うという役割にどのように応えているか、また、自分たちがケアをする相手に抱く共感を、具体的にどのような形で表しているかに関するものです。しかしながら、最前線のスタッフが現場で実際に行う実践は、彼らが働いている組織の文化によって促進されたり、逆に制限されたりするということを、心に留めておくことが重要です。したがって、もし指標が達成されていないならば、個別のスタッフに対して、単に、「もう少しちゃんとしてください」などと要求するのではなく、組織全体として、とるべき解決策と行動を考えなければなりません。

　ケアサービスの現場で直接の管理責任をもち、交替勤務が全体として機能するように運営することは、決してたやすい仕事ではありません。まるで、皆が問題を抱えて自分のところにやってくるかのように、常に感じてしまうものでしょう。働きすぎているスタッフのニーズのバランスを考えたり、病気欠勤の対応をしたりして、交代勤務のやりくりをし、新しく入居・入院した人たち、死亡や病気、心配する家族、怒っている家族にも対応し、その上、何時間にも及ぶ会議に出席するなど、すべて、このような管理する立場にある人たちの、日々の仕事のうちなのです。このような類のすべてのことが、本当は、仕事をしていく上でスタッフたちの模範たるべきことや、確実に、スタッフたちが日々の人と人とのふれ合いを高いレベルのものにしていけるように、また、スタッフが必要とするサポートを受けることができるようにすることこそ、一番に目指すべきことのはずです。そうでなければ、誰も文句を言ってこないから問題は何もないと、つい思ってしまいがちです。

　真に、認知症をもつ人たちの視点、特に、より進行した認知症をもつ人たちの視点に立って、パーソン・センタード・ケアの提供を実現することは、大きな挑戦であり、課題です。あなたがこの章を読んでいるのは、パーソン・センタード・ケアを提供していこうと真摯に取り組み、あなたが支援する認知症をもつ人たちのニーズが周囲から理解されるように、できる限りの機会を積極的につくりたいと願っているからではないでしょうか？

これから、お聞きする一連の質問は、パーソン・センタード・ケアの中の認知症をもつ人の視点に立つという要素について、ケアを提供する組織とスタッフがどれぐらい実践できているかを評価するために役立つものです。これらの問いは、ケア提供者がそのサービス利用者である認知症をもつ人たちの生活を、どれほど彼らの視点に立って、真剣に見ようとしているかを調べる助けとなります。また、この問いかけは、何を変えなければならないか、また、それぞれの指標が、サービス提供施設の組織的な文化にどう関連しているかを考えさせるきっかけともなるでしょう。

1. コミュニケーションが重要な鍵である：私たちは、認知症とともに生きる人たちのあらゆるコミュニケーションの方法に絶えず注意を払い、適切に応じる優れたスキルを身につけていますか？

　誰かの意見を知りたければ、直接その人に聞くことが一番です！　しかし、認知症をもつ人たちへのサービスの中では、こんなにも当たり前の礼儀やお互いの話し合いが、驚くほど軽視されています。こういうことが起きる理由はいくつかあります。まず、認知症の人の言うことは当てにならないという思い込み、次は、意見を聞き出すためには時間がかかりすぎるというものです。認知症をもつ人たちは、抽象的なことに関して、十分な説明を受けて選択肢を与えられたとしても、本当の意味で自己決定をする能力が、時とともに失われてしまうかもしれません。しかし、長年の好みについては、認知症がかなり進んでいても、確かな意思決定をすることができるということが明らかにされています。たとえ言語を理解する能力に重度の障がいをきたしていても、ケアワーカーが同意を求めたり、意見を聞いたりする時に使う身ぶりや表情、声のトーンなどの非言語的な対応の方法を、認知症をもつ人はきっと読み取ることでしょう。さらには、時間をかけて、丁寧にその意見を求められる価値が自分たちにはあるのだということは、認知症をもつ人たちにも非常によく伝わるものです。

　加えて、真に、心配りがあるスタッフは、ある出来事や行動が行われる間、また、行われた後で、認知症をもつ人たちのコミュニケーションに注意を払い、それを活かして、この人とはどうコミュニケーションをとればうまく伝わるのか、あるいは、伝わらないのかというイメージを組み立てるものです。もし、質問にスムーズに答えたり、うまく意見を表現できずに苦労したりしている認知症の人を見たなら、現場のスタッフは、まず、その人が自分で決定できるように手助けし、さらに、自分の意見を伝えることができるように"試行錯誤"による取り組み方で、支援しなければならないかもしれません。もし「今日は、何か音楽を聴きたいですか？」という質問が、その人にとって、抽象的すぎて理解して決定するのが非常に困難であるようならば、真に心配りのあるスタッフ

であるなら、まず、音量や、その人の聞こえ方などをチェックし、ちゃんとその人が音楽を聴けるようにサポートし、それから、その曲がその人のよい状態を高めるものであるかどうかについて、音楽を聴いた時の表情や拍子をとるなどの様子を見るなど、その人の非言語的なコミュニケーションにきめ細やかな注意を払うでしょう。

　これは、認知症をもつ人たちの意見を聞くために、人々に直接行うインタビューや調査などとは別のものです。私たちがここで述べているのは、何を飲んだり食べたりしたいか、どこに座りたいか、くつろいだ気分になるためにはどういうことをしてほしいかについて、認知症をもつ人たちの意見を求めることを、毎日、絶えず、実践することです。このようなことについて、認知症をもつ人たちと直接に話し合うように、日ごと、努力が払われていますか？　直接ケアにたずさわるスタッフの大半は、その人に合ったコミュニケーションができる人たちですか？　また、認知障がいによるコミュニケーションの壁に気づき、それを乗り越えるための重要な対応方法を身につけていますか？

　あまりに複雑で抽象的なことについて、認知症とともに生きる人が説明を受けた上で、意思決定をする必要がある場合、スタッフは、家族など彼らのことをよく知っている人たちや、以前の好みについて理解している人たちに話を聞いていますか？　認知症をもつ人たちが望んでいることについて、最善の判断をするための努力をしたり、その人たちを様々な状況の中で観察して、その判断が適切かどうかを確認しているでしょうか？

　よいコミュニケーションをとるスキルを促進させるために助けとなる、組織の文化の特徴は、**現場のスタッフたちが自分たちの責任で判断できるよう一定の裁量権が与えられ、実践できるよう支援されている**ことであるのはすでに説明した通りです。その理由は、よいコミュニケーションにたずさわるために必要なことはもちろんのこと、さらに、きわめて重要なのは、認知症をもつ人とのコミュニケーションを通して理解することができた、その人の意思に応え、実現するための行動を、スタッフたちが自ら判断し、とる必要があるからです。もし、スタッフたちに、これを効果的に実行するための責任や裁量権がなければ、コミュニケーションは、いかに巧みなものであっても、その後に起きることに影響を与えることができないので、やっても無駄であるという気持ちになってしまうからです。つまり、最前線のケアスタッフとして、自分のコミュニケーションのスキルを使うために、自分には、認知症をもつ人が自分に伝えることに応えて、自分自身の責任で行動をとることができる一定の裁量権があるということを、スタッフそれぞれが、知っていなければならないのです。もし、認知症の人たちが何を選んで、何が好きかをわかったとしても、実際には、他の人の考えや、スタッフは勝手に自分の考えで動いてはいけないとか、上司の許可を得てからしかできない、などの管理規則や、その日、割り当てられている業務によって、実際は行動できず、制限されているということをスタッフ自身がわかっていたとしたら、認知症をもつ人が、表現したい意思を私た

ちに伝えることができるように促すようなコミュニケーションを、とても価値あるものとしてとらえるでしょうか？　誰かにどんなことがしたいですかと尋ねると、「日向ぼっこがしたい」という答えが返ってくるかもしれません。もし、今までの経験からそれは許可されていないこと、あるいは、その日に自分がこなさなければならない業務を考えれば、絶対に不可能であるということをわかっていたら、意識する、しないにかかわらず、認知症をもつ人に、その人の気持ちや意思を尋ねることも、その返答を聞こうとすることさえ、避けたとしても、当然のことではないでしょうか？

　よいケア文化がある組織の典型的行動様式のうち、特に次に挙げる3つ、すなわち、**変化する日々の生活において、ケアを受ける人々の人生がよりよいものになるように目指し、取り組む、人々が日々過ごす場所を楽しめるように支援する、人々が日々周囲の人や生活に関わり、充実感を得られるように支援する**、を実現するためには、いずれも、優れたコミュニケーションのスキルが必要とされます。

　なぜなら、認知症をもつ人々の意思の表現や、選択肢や、意見に応えて、スタッフがこれらの行動をとるからです。認知症の人たちが、意思を聞いてもらえない、あるいは、意思を伝えることができるように励まされることもないなら、日々行われる決定は、単に組織とスタッフの要求に応じているにすぎないことになります。

　以下に挙げる実例では、スタッフの1人が、簡単な単語しか話せない入居者と、気を配りながらコミュニケーションを交わしている場面が観察されています。この入居者は、しばしば、言いたいことを言うのに、適切な言葉を見つけられなくてイライラしています。

　　スタッフが、瑠璃子さんが昼食をする介助をしていて、「この中に何か嫌いなものがありますか？」と聞いています。
　「はい」という返事があり、その後、相互の短いやり取りが繰り返されて、嫌いなものは、サヤインゲンだということが確認されます。

　　「わかりました、じゃ、サヤインゲンは食べないことにしましょうね！」と言ってから、他のものについても、瑠璃子さんが好きか嫌いかについてやり取りが続きます。ケアスタッフは、瑠璃子さんの表情を非常に注意深く見ていました。そして、ちょっと間を置いてから、「このお食事は下げましょうね？」と言うと、瑠璃子さんが「はい」と答えます。
　「プリンは？」
　「はい」
　「ライスプリン、それとも、ケーキ？」
　「はい」
　「ライスプリンもケーキも、両方とも？」

この本のPart2のp.216に、この指標に関してあなたの組織がどこまで達成できているのかをふり返るために役に立つ質問が設けられています。

2. その人の視点に立ったリスク管理(リスクが発生する可能性があっても、それを両者が理解し、受け入れ、その人が何かができるように支援すること):私たちは、支援を受けている人の立場に自分を置き換えて考え、その人の視点に立って世界を見、リスクについても考えているでしょうか?

　より進行した認知症をもつ人たちが、十分に関わったり、自分の意見を述べたり、意思決定を行えない場合があるかもしれません。そのような場合に、きわめて重要なことは、認知症をもつ人たちの視点に立って、スタッフがいろいろなことを徹底的に考えようとする能力を身につけていることです。このことは、リスクのアセスメントに関わる問題や、安全性に関わる考慮に関して、特に重要なことです。潜在的にリスクがある状況に関しては、用心に用心を重ね、身体的な安全を最優先させなければならないという非常に大きなプレッシャーがあります。しかし、安全に保護することが重視されるあまり、認知症をもつ人たちの生活の質がまったく考慮されないという危険があります。記憶やコミュニケーション能力に障がいがあるため、認知症をもつ人たちは、多くの場合、自分たちの希望を表現することができず、事故を防ぎ、安全に過ごすことばかりに重きが置かれがちです。その結果、認知症をもつ人たちの生活の質は、身体的に生きているだけのものと、大して変わりのない状態となってしまいます。

　共感をもってその人の視点に立つ取り組みには、私たちが日々の活動や決定について、潜在的なリスクだけでなく、その人の感情面や身体的なよい状態によい影響を与える潜在力とのバランスが保たれるように、十分考慮することが求められます。リスクを冒していない人は、誰もいません。リスクは生活と周囲の世界との相互作用において根本的な部分なのです。リスクのない生活は、実りがなく、無意味な生活です。単に、認知症をもつ人がリスクを自分で予測することができないからといって、リスクを冒さないような生活を強いられてもよいということにはなりません。リスクとのよい取り組み方とは、可能な限り、その人の能力を引き出し、力を与えるものであり、また、あらゆる類の制限をなくそうと努力するものです。なぜなら、自分自身の行動について自由があり、その決定に影響力を及ぼすことができると感じられることは、誰にとっても、よ

い状態を高めるものだからです。

　しかしながら、"安全"のためであるという論理を根拠に、人々の生活から、あらゆる機会やワクワクするような刺激が奪われているという話に、私たちは、今でも、あまりにも頻繁に遭遇しています。その人の視点に共感をもつならば、"安全"という概念が非常に主観的であったり、単に、狭い、身体的な観点からのみ解釈されるべきではないことを、私たちがもっと認識しなければならないことがわかります。もし一日中、椅子に座らせられたままだったら、転倒する"リスク"から、身体的には安全に守られているかもしれませんが、私ならどう**感じる**でしょうか？　この方法で、私の情緒的なよい状態についても、安全に守られていると言えるのでしょうか？　決して、守られていません。そのような、"危険回避的な"姿勢によってしばしば軽率に助長される、さらなる身体的リスクは言うまでもないことです。もし、その人たちが、自分は窮屈なところに閉じ込められてしまって、非常に厳しい状況にいると感じたなら、当然、その気持ちから逃れようとして、多くは、きわめて危険な行動に訴えるでしょう。

　安全における身体的な側面のみを考えると、その人のよい状態が維持されるためには、それ以上のことが求められているということが無視されてしまいます。よい状態は、身体的ニーズと同じように、心理的ニーズを支えるような経験によって維持されるのです。こういった経験には、戸外を歩くこと、身体的に虚弱であっても趣味活動を続けること、新しいことを試すことなどの、リスクの要素がある活動を含む可能性があります。しかし、真にパーソン・センタードな支援では、認知症をもつ人への活動がもたらすリスクと、**よい状態を維持するために役に立つこと**の両面を熟慮し、その上で、活動を完全にできないようにするのではなく、リスクが発生する可能性があっても、できるだけ安全に活動ができるようにすることに重点を置いています。しかしながら、認知症とともに生きる人たちを支援する施設に働く多くの人たちは、リスクが発生する可能性があっても、それを両者が理解し、受け入れ、その人が何かをできるように支援することにではなく、リスク発生の予防を重視するようにというプレッシャーを経験し続けています。

　英国には、認知症とともに生きる人たち自身の視点に深く根ざした、リスクが発生する可能性があっても、その人が何かができるように支援する取り組み（risk enablement approach[注2]）を推進する法律とガイダンスが存在しています。意思能力法2005、および2010年英国保健省ガイダンス「*リスクは何にでもある、だからこそ、その人の能力を引き出す支援が重要*」（The Mental Capacity Act, 2005 and Department of Health guidance *"Nothing Ventured, Nothing Gained"* (2010)）は、人々の能力を引き出す方法での取り組みをするために、建設的な枠組みを定めています。それにもかかわらず、実践では、明らかにリスクを回避しているという非常に多くの証拠があります。これは、組織や社会によるリスク回避のプレッシャーがどれほど強いかということを明らかにしてい

ます。この文化的プレッシャーに対抗するためには、たゆまぬ努力と、強い意志と、卓越したスキルと、知識を必要とするのです。

　感情面でのよい状態を保つ上で、隠れた危険やリスクが存在していて、それは、退屈、無力、うつ、あきらめという形で現れます。そのような危険を防止し、感情面でのよい状態を保つために、認知症をもつ人たちの気持ちを代弁することは、多くの場合、担当のケアワーカーや専門家たちに依らざるを得ないでしょう。認知症をもつ人が、今、すると楽しいと思うことは何か、それは、以前、望んでいたこととどのような関係があるのか、についての情報を活用できること、そして、よい状態や、よくない状態を伝えるためにその人がとっているコミュニケーションを理解できることが最も重要なことです。これを実践するために、認知症をもつ人が、比較的よい状態にあるのか、または、よくない状態にあるのかということを、スタッフは見分けることができますか？　よい状態や、よくない状態の言語や非言語によるサインを、スタッフは読み取り、解釈し、それに適切に対応できますか？　こういうことは、リスクに関する意思決定の手順の一部として行われていますか？　スタッフたちは、この部分に関して、実践に活かせるように、リスクに関するどんな法律も理解して、自分たちに適用できるよう支援されていますか？　よい状態とリスクをめぐる法人の行動規範やそれに伴う課題は、当然のことながら、リスクを心配している家族や友人たちに、明確に伝えられていますか？

　その人とのコミュニケーションに関する場合とまったく同じように、組織の文化は、認知症をもつ人たちが楽しく生活できるように、**現場のスタッフたちが自分たちの責任で判断できるよう一定の裁量権が与えられ、実践できるよう支援されていること**を、保証するものでなければなりません。加えて、特にリスクについて考える時、**ケアの実践を最重要なものとして、現場のケアに影響を与える外的要因から守る管理者**の能力が、不可欠です。管理者は、業務規則、方針の遵守をしながらも、安全に関する懸念がないかを検討し、支援を受ける人々の自由やよい状態に有害な影響がないことを確認する能力をもっていなければなりません。これらの外的な要因は、重要なものであり、多くの場合、無防備で傷つきやすい人たちに対する、劣悪な質のケアや、容認できないリスクの発生を防ぐように立案されています。しかし、これらが、単に、現場第一線のスタッフたちに渡されてしまうと、リスク回避や、過剰な事務手続きという結果を招き、そして、最大限のよい状態を介して安全であることの根拠とするのではなく、うわべの安全性に焦点を当てたものになってしまいます。管理者は、スタッフたちがこのような複雑で常に変化している課題を乗り越えられるように支援する必要があります。そして、その支援とは、スタッフがこのような難題に挑戦する際につきものの、間違いや失敗ともいえる出来事が起きた時は、叱ったり、懲罰を与えたりせず、それら、うまくできなかった出来事から学ぶことができるような支援であるべきです。なぜなら、管理者たち自身

も、このような複雑に入り組んだ諸問題に何とか対処しようと思えば、自分たちの組織のみならず、外部の組織（規制機関や監査機関など）からの支援をも必要としているのですから。**卓越したケアを実現するために、すべての人たちが、皆、一致団結して取り組む**という理念に基づいている文化は、一人ひとりが意思決定をし、これらの複雑な課題を乗り越えられるよう手助けをする上でも重要なものです。このような文化の下で、私たちみんなが、実際、その人のよい状態とはどんなもので、どうすれば、それが実現できるかを理解していれば、単にリスクを避け、よくないことが起きるのを防ぐのではなく、むしろ何かよいことが起きるように働きかけることに、より一層の力を注ぐことができるのです。

　例を挙げましょう。

　この入居施設では、最近、認知症とともに生きる入居者の何人かと海辺へちょっとした小旅行に行ったようでした。私たちは、彼らがその時の写真を見て、おしゃべりをしているのを、耳にする機会がありました。多種多様なリスク評価を行わなければならなかったにもかかわらず、チームリーダーが、その小旅行の準備や実行にどのように取り組んだか、また、それを可能にするために、彼女の上司からの支援がどれほど重要であったかを、説明してくれました。その上司は、その組織のリスクに対する取り組みについて、「どうしてそれをするのかという理由ではなく、どうしてそれをしないのかという理由が必要である」と、語っていたのです。チームリーダーは次のように説明してくれました：

　　その旅行は、賢二さんという入居者と、やりたいことを何でもできるとしたら、どこに行きたいかについて交わしていた会話から始まったんですよ。賢二さんは、もし、行き先を選べるんなら、子どもの頃に休日によく行っていたことのある下田に、また行きたいと言ったんです。この会話に刺激されてある考えが浮かんだので、彼らが日帰り旅行に出かけられるようにしようと、私は心に決めたんです。最初にスタッフに提案したのですが、多くのスタッフから否定的な反応がたくさんあって、どこか、もっと近いところに行ったほうがいい、というものでした。彼らの言う通りにしていたら、もっと近いところに出かけていたと思います。認知症をもっているからといって、そこら辺の通りまでなら出かけていいけど、それ以上はだめ、なんて、意味がわかりません。私が、アクティビティーの担当者に話したところ、その人は、それがすばらしいとわかってくれて、非常に乗り気になったんです。それから、上司にも話したところ、「やりましょう！」と、言ってくれました…。私は、"手がかからない"入居者の方たちだけを選びたくありませんでした。小旅行に参加することが、どの人にとってためになるのかを考えることが重要だったのです。私ももちろん喜んで参加を希望しました、すると他のスタッフたちも、賛同して、参加を希望してくれました。関係者にはあまり受けがよくなかったり、容易には実行できないようなことでも、よいアイデアは押し進めなければならない時があるんです。

この本のPart2のp.217に、この指標に関してあなたの組織がどこまで達成できているのかをふり返るために役立つ質問が設けられています。

3. 物理的環境：ここは、認知症とともに生きる人たちにとって快適で、安全で、くつろげるような場所ですか？

　より進行した認知症をもつ人たちは、自分たちの物理的環境の管理について、ほとんどの場合、他の人たちのなすがままになっています。あなたが、認知症とともに生きる80代の人で、もう歩くことができなくなったので、椅子に座らされたままになっていることを想像してみてください。同じラウンジの同じ椅子に同じ姿勢で毎日10時間ずっと座ったままです。隣のラウンジにあるラジオからは、覚えのないポップミュージックが絶えず聞こえます。あなたのいるラウンジにあるテレビは、メロドラマと子どもの番組が代わるがわるに、それも大音量で設定されています。どの窓もあなたの目の高さよりも上にあるので、窓の外はまったく見えません。いつ鳴るとも知れない呼び鈴が、何度も何度も、大きな音を立てて鳴り響きます。誰かが正面玄関を出たり入ったりするたびに、また違うベルの音がします。カーペットが敷かれていない廊下には、足音が響いています。あなたの隣に座っている人の補聴器から一日中、笛の鳴るような音が出ています。室内の温度は調整されておらず、座っているととても寒く感じます。これが、ケア施設に暮らす多くの人が経験している現実です。このような施設の物理的なデザインには多くの注意が払われたに違いありません。もしかしたら、建築学的な賞をとったかもしれません。しかし、もし認知症をもつ人たちが快適であるように、環境の細かいところまで配慮を徹底しなければ、そのような努力は価値がないのです。

　日々の生活の中で、スタッフが共感をもって接する能力を使って、認知症をもつ人たちの快適さや安らぎに対するニーズに積極的に気づくことが重要です。多くの場合、認知症をもつ人たちは、自分の不快感や不安をスタッフに直接伝えることができないかもしれません。そして、不快感や不安を軽減する方法を、自らが考えて解決できないかもしれません。こういうことは一日のうちに、繰り返し何度も起きていることでしょう。

　午前中に起きる可能性がある出来事をいくつか考えてみましょう。朝ごはんの時、湯呑みの位置が遠すぎて、手が届かないことに気づいてもらえず、飲むことができず、のどが渇いたままです。着替えの時に衣服を適切に着ることができていないせいで、皮膚がひりひり傷んでいます。日が照っている窓際の椅子に座っていると、つらくなるほど体がほてってしまいます。太陽のぎらぎらした光が部屋に射し込むために、すぐそばにあるテーブルに置かれた飲み物がまぶしくて見えないかもしれません。のどの渇きは続

きます。その人は、不安になり、不快感からどうにか逃れようとして、行ったり来たりし始めます。これらの出来事のどれをとっても、1つだけであれば、重大な出来事を誘発するようなものではないかもしれません。しかし、起きるままにまかせておけば、積もり積もった結果、その人に重大な影響を及ぼし、昔は、"問題行動" と称され、最近では "BPSDと呼ばれている状態" にまで達し、急激に身体の衰弱を招くことになる恐れもあります。

　上述のような出来事は、認知症とともに生きる人たちのニーズを理解しているケア現場にいる人ならば、誰でも気づくことができます。このような現場のスタッフたちは、自分たちの観察スキルや、観察したことに対応する能力があることがきわめて重要であることを知っています。もしかすると、彼らの観察スキルや対応能力が、苦痛と安らぎ、幸福感と不安感、あるいは，生と死を分けるという、天と地の差をもたらすことになってしまうかもしれません。多忙なケア環境では、このようなことが起きるリスクを最小限にするために何らかの措置がとられない限り、いとも簡単に大きな問題に発展してしまうのです。

　しかも、環境の細部にまで、その人の視点に立つという意識をもって配慮をすることが、生命に関わるほど重要なのです。多忙なスタッフたちが性急にあちこち走り回るのではなく、騒音レベル、明るさ、におい、温度について、認知症をもつ人たち自身がどのように感じているのかということに、思いを巡らせているでしょうか？　観察すること、または、認知症をもつその人の靴を履いてみるような意識をもって、自分自身をその人の立場に置いてみること以外に、確実に、環境の細部についての配慮がなされ、改善がなされる道はないということを、重ねて述べます。

　よいケアの文化では、これらの重要性が強調されています。なぜならば、常に、配慮を怠らず、**人々が日々過ごす場所を楽しめるように支援する**ことが、そこで当然とされているケアの典型的行動様式となっているからです。それは、スタッフが常にこの要素の指標の課題について考え、認知症とともに生きる人々にとって恩恵や利益をもたらすように改善するための行動をとるということを意味しています。なぜ、そこで当然とされているケアの行動様式が相互に緊密に関連しているのかという理由はまさに、環境の細部に対応するためには、**変化する日々の生活において、ケアを受ける人々の人生がよりよいものになるように目指して取り組み、また、人々が日々人生を楽しめるように支援する**という典型的行動様式も必要だからです。

　組織としての意思決定が、現場に及ぼす重大な影響については、現場のスタッフの裁量を超えている問題であっても、臨機応変に対応できるような柔軟性をもって考慮することが、組織の文化にとっては重要です。よくあるような画一的な配色や、どんな設備や備品を置くか、またその配置などを含め、組織が決定したことといえども、認知症を

もつ人たちに重大な影響を与えていることを、果たして考慮に入れているでしょうか？日々認知症をもつ人たちのニーズに応えるスタッフたちが能力を発揮しやすいように、スタッフたちに意見を求めているでしょうか？　画一的にペンキを塗り装飾をするような取り組み方は、パンフレットでは立派に見えるかもしれませんが、それによって佐藤さんが自分の居室がわからなくなるとしたら、どうでしょうか？　また、これは、これらの決定と現場のスタッフたちの間の仲介役として、**管理者は、ケア実践を最重要なものとして、現場のケアに影響を与える外的要因から守らなければならない**ということも意味しているのです。

　　以下に挙げる2つの例は、スタッフと組織が、入居者たちのために環境をどれほどまで活用することができるかという点で、非常に対照的です。最初の例では、ケアスタッフが、自分の職場である入居施設の環境を最近変えたこと、そしてそれが認知症をもつ人たちのためになったことについて、話してくれました：

　　　　最初に下の階で働いていた時には、周囲には何にも置かれていないし、殺風景でした。私たちがお茶を入れる時も、お茶が終わるたびに、やかんを片付け、トースターを片付け、扉には全部、鍵をかけていました。本当に、何にもなかった、棚もなければ、散らかっているものもないし、周囲には、まったく何もありませんでした。でも今は、散らかっていればいるほど、いいことがあるんですよ。それに、入居者さんたちがいろんなものをかき回してくまなく探していると、とてもいいことがあるんですよ。そんな時には、入居者さんについて、もっといろんなことがわかるんです。古田さんのように、トランプを一組渡すと、トランプで1人遊びしたりできるんですものね。

　　しかしながら、別の入居施設では、次のようなことを観察しました。それは、よい考えがあったとしても、重要なのは、そういう考えがどう活かされたかということです：

　　　　入居者のお部屋の前には、メモリー・ボックスが置いてあります。弘子さんのメモリー・ボックスには、指でさわった跡がいっぱいついていて、汚れています。私は、彼女が箱をさわっているのを、しょっちゅう見たことがあります。箱の中には、弘子さんが自分の名前を見つけるとどんなにうれしいか、ということを書いた詩が入っています。その詩には、彼女が自分の名前を見ると、それを指さして、笑顔になる、と書いてあります。しかし、私が、弘子さんの部屋のドアに目をやった時には、なぜか、それほど重要な意味をもっている彼女の名前が、そのドアには書かれていませんでした。

　　この本のPart2のp.218に、この指標に関してあなたの組織がどこまで達成できているのかをふり返るために役立つ質問が設けられています。

4. 身体の健康：私たちは、人々の健康やよい状態に絶えず注意を払い、適切に対応し、それらを最も望ましい状態に維持していますか？

　第4章で述べたように、認知症をもつ人たちは身体的な健康に問題を抱えているものです。特に急激に混乱がひどくなったような場合には、周りにいるスタッフたちが、その原因を絶えず注意深く調べていなければ、身体の健康の問題があっても、長い間それに気づかずに見落としたままになってしまう恐れがあります。認知症をもつ人たちへのケアでは、このような場合、一般的に、混乱の程度の急激な変化は身体の健康問題に一因があるという疑いをもって、取り組まなければなりません。身体的に健康で快適な状態を維持することについては、真剣にとらえる必要があります。身体の健康状態がよくないと、認知症による障がいを非常に悪化させます。認知症をもつ人たちの疼痛は、多くの場合気づかれることがなく、その不快感がいろいろな形で現れると、それは、いわゆる"問題行動"の出来事として誤解される可能性があります。認知症をもつ人たちにとって疼痛があったことを記憶していたり、その症状を訴える言葉を見つけるのが困難なため、この点について積極的に先を見越して働きかける責任は、ケアにたずさわる人の側にあるのです。

　認知症をもつ人たちは、視力にあった眼鏡があってもかけていなかったり、故障したままの補聴器をつけていたりすることがよくあります。こういった感覚障がいが対応されないままになっていることが、多くの場合、コミュニケーション障がいの原因になっています。視力や聴覚が低下していても、認知症のために、思うように訴えることができない人は、メガネや補聴器など、それらを補完する道具の助けを得なければ、私たちとの関係は悪化するばかりです。繰り返しになりますが、認知症が原因で、彼らは、眼鏡を失くしたということや、補聴器が故障していてよく聞こえないということを訴えることができない人たちなのです。専門家やスタッフたちは、この人たちの代わりに、絶えず注意を払っていなければなりません。

　認知症をもつ人の健康とよい状態に対して注意を払うことが容易にできるように支援するためには、よいケアの文化の2つの特徴が必要とされます。第一に、最前線のスタッフたちが気がかりなことに対する行動をとるためには、スタッフたちは、**自分たちの責任で判断できるよう一定の裁量権が与えられ、実践できるよう支援されなければなりません**。これは、彼らが必要なスキルをもっており、自分自身の仕事の役割の限界を知っていて、認知症をもつ人にとっての心配事を代弁し、必要に応じて、治療や処置をできる人たちや、それらが適切に行われるよう見届ける責任のある人たちに任せることが、求められます。

第二に、医療上の初期対応や、救急の対応が得られない入居施設や、デイケア、在宅ケアにとって特に大事なことなのですが、これには、一般医や、救急隊員などの外部の医療サービス機関と適切にコミュニケーションをとり、交渉する能力を、施設の管理者がもつだけではなく、施設のスタッフたちもそうできるように支援することが、必要です。これは、**管理者はケアの実践を最重要なものとして、現場のケアに影響を与える外的要因から守る**ということの側面であり、また、当然のことながら、コミュニケーションのプロセスは双方向から行われるものです。すなわち、入居施設やデイケアのケアスタッフたちは施設内の健康管理スタッフに、そして、健康管理スタッフはケアスタッフたちに積極的にコミュニケーションをとり、相互に連絡をとり合わなければならないということを意味しています。外部からの医療サービスにたずさわる人たちもまた、自分たち自身の役割を認識し、最大限に遂行しなければなりません。認知症とともに生きる人たちのための適切な健康管理の支援を確保することが、日常的に困難な問題となっていることを、私たちは依然として耳にしています。そのような支援の仕事を代わりにすることに、しばしば、現場のスタッフたちが傾けなければならない時間とエネルギーは、どこか別のところから補填されなければなりません。施設の管理者たちがそうした補填をして最前線のケア実践を守らなければ、認知症とともに生きる人たちに重大な影響を及ぼすことになるのです。

　次の例では、ある入居施設のケアスタッフが、スタッフ間の日々のコミュニケーションが、入居者の身体の健康とよい状態を維持するためには、どれほど重要であるかを語っています：

　それはとても重要なことです。もし看護師が、ある入居者が薬を飲んでくれなかった、というような情報を申し送りする場合、看護師とのコミュニケーションが十分でなければ、私が「その方に、こうやってみましたか、あのやり方を試してみましたか」と言う機会さえないということです。そして、看護師も、「私は、そのやり方を試してみましたが、うまくいきませんでした」と言う機会がないということです。コミュニケーションをとっていれば、こういった話し合いができるんです。こういった形のコミュニケーションがあれば、解決策が出てくる可能性があるんです。おわかりでしょうけど、入居者本人が薬を飲むのを急にやめてしまった場合には、看護師が、その後どんな点に気をつけて見守っていたらよいか、その投薬を中止すると、どんな影響が出る可能性があるかを、私たちに教えることができます。そのような情報がなかったら、そして、看護師に対して、入居者にどんな影響が出ているかという情報をフィードバックできなかったら、どうして入居者を支援できるでしょうか？　誰かが、昨夜、精神不穏だったと書くだけでは、入居者が必要とするケアを提供するために十分な情報ではないのです。それ以上のことを知る必要があるのです。背景や前後の状況や、その人は、ベッドに横になっては起き上がり、ベッドから降りたりしていた、トイレに何回も行っていた、何かを飲んでいた、あるいは、お母

さんを呼んでもらいたいと言っていたかなどを、詳しく知る必要があります。私たちは、なぜその人が精神的に不安定になったのか、今日、その人を助けるために何ができるかについて、考える必要があるのです。

この本のPart2のp.219に、この指標に関してあなたの組織がどこまで達成できているのかをふり返るために役立つ質問が設けられています。

5. コミュニケーションとして理解すべき "BPSDと呼ばれている状態"：私たちは、常に、その人が、言語だけでなく、行動によるコミュニケーションを通して何を伝えようとしているかを考え、そして行動していますか？ "BPSDと呼ばれている状態" を単に "管理" するのではなく、その行動の根底にある理由を探し出し、理解しようとしていますか？

　認知症をもつ人たちの視点に立って，私たちが問題だと思う行動を理解する必要性があることについて書かれたものは、非常に多くのものがあります（Power 2014）。これらの行動は、最近では、"BPSD" と称されています。これは、認知症の二次的症状を包括的に指す言葉です。この中には、焦燥、徘徊、幻覚、妄想、うつ状態、不安、攻撃的な行動、大声で叫ぶことなどが含まれ、認知症では非常によく見られるものです。こういった行動は、NPI（Neuro Psychiatric Inventory）と呼ばれる行動障がいのリスト[注1]に挙げられている行動のタイプで、時には，神経精神医学的症状とか、いわゆる "問題行動" とか、強い苦痛による行動などと呼ばれています。これらは、認知症をもつ人々が、抗精神病薬を処方されたり、身体拘束が行われたり、鎮静剤を飲まされたりすることにつながる問題なのです。

　パーソン・センタード・ケアでは、あらゆる行動に意味を見出そうとし、これを、苦痛を経験している認知症をもつ人たちを支援する取り組みの出発点とします。その第一歩は、その人のある行動は、その人にとってどんな意味をもっているのかを考え、その人はその行動によって何を伝えようとしているのかを理解しようと試みることにあります。これは、認知症をもつ人たちが、苦痛を経験しているけれども、それを普通のコミュニケーションの方法では説明できない場合に、特にはっきり表れます。このように理解しなければ、従来、"問題行動" としてレッテル貼りされてきた行為、例えば、言語や行動による攻撃、自傷行為、大声を上げる行為、同じことを何回も聞く行為、逃げ出す行為、妄想による行動、非難する行為、社会的に不適切な行為、性的に不適切な行為を、認知症の人だから行っているだけだと、私たちはつい見なしてしまうかもしれません。こういった行為は、ケアにたずさわる人たちに大きな苦痛を与えるものですが、それを

行っている認知症をもつ人自身にとっても、大きな苦痛を伴うものなのです。

　"BPSDと呼ばれている状態"を、認知症をもつ人たち自身ではなく、私たちケアをする者が取り組むべき課題としてとらえることこそ、パーソン・センタードな対応のあり方と言えます。ケアチームとしての私たちが取り組むべき課題は、"BPSDと呼ばれている状態"の根底にある理由を見つけ、その人がよい状態になれるように手助けすることです。私たちは、どのニーズが満たされず、その行動に至ったのかを理解する必要があるのです。このような理解に基づいて、もし私たちが、その人がよい状態になるように手助けできたなら、行動は起きたとはいえ、コミュニケーションによって伝えられた"ニーズ"は満たされたということになります。認知症とともに生きる人の視点を理解し、それを私たちの綿密な分析の一部として活用すれば、パーソンフッドを支え、維持するための支援の計画を立てることができ、それによって、おそらく、対応するのが難しい行動の多くを減らすことができるでしょう。

　"問題行動"とか"BPSD"などのような言葉を使うこと自体、議論すべきことです。ケアチームとの全般的な仕事の中では、私たちは、四六時中起きている本人を取り巻く状況に対して反応しているような出来事だととらえているために、普通、"本人なりの苦痛の表現"、あるいは、"苦痛によって引き起こされる行動"という言葉を、使っています。"異常な状況に対する異常な反応は、正常な行動"なのだ、という考え方もあります（Victor Frankl 2004, p.32）。"BPSDと呼ばれている状態"は、しばしば認知症それ自体から発生する、病状の一部であると解釈されています。しかしながら、"BPSDと呼ばれている状態"の大半は、治療されていないせん妄や苦痛、認知能力に対する理解の欠如、不十分な栄養や水分の補給、乏しいコミュニケーション、その人の生活歴についての知識の欠如、全般的に劣悪なケア、退屈、満たされていない感情面のニーズなどの結果です。加えて、これらの問題の多くは、認知症とともに生きる人であるということは、どんなことなのかに対する理解の欠如から起きるのです。このような理解は無意識に生じるわけではありません。多くの場合、認知症とともに生きる人たちと、ケアや支援を提供している人たちの間には、その経験に隔たりがあります。この隔たりは、認知症が進行するにつれ一層広がるのです。

　これが、優れたスキルによるケアが非常に重要な役割を果たす場面であり、真に、差異をもたらす場面でもあります。なぜ苦痛が起きているのかという理由を理解し、認知症をもつ人たちが、誠実な温かさ、輪の中に招き入れられること、尊重され、共感をもって迎え入れられるような、支持的な相互の人間関係を提供することによって、その人たちの混乱は減り、よりくつろぎを覚え、人間関係により自信をもち、楽しくすごせるでしょう。ニューヨーク在住の老年科医である、アル・パワーが、繰り返し、このことを証明するために、その人の強みに基づいた取り組み（strengths-based approach）[注2]につ

いての、多くの実例を示しています（Power 2014）。

　その人の強みに基づいたこうした取り組みは、"BPSD と呼ばれている状態"を引き起こす根本にある、そのような感情を、直ちに転換したり、なくしたりするでしょう。これは、認知症がなくなったという意味ではありません。しかし、その人が、自分はおかしくなったと感じることがほとんどなくなるということを意味します。

　クリスティーン・ブライデンが書いているように：

　　　世界は私たちのテンポよりもずっと速く、目の回るようなスピードで動いているというのに、私たちは、やれこれをしろ、早く答えろ、ゲームをしろ、グループ活動に参加しろと言われている。あまりにもスピードが速すぎるので、本当は、向こうへ行ってほしい、もっとゆっくりやってほしい、私にかまわないでほしい、とにかくあっちへ行ってほしい、と言いたいのだ。私たちが扱いにくくて協力的でなくなるのは、たぶんそういう時かもしれない。

　　　これは「問題行動」と呼ばれている。だが私に言わせれば、これは自分のケア環境に適応しようとしている「適応行動」である。

　　　　『私は私になっていく─認知症とダンスを』改訂新版、クリスティーン・ブライデン著、
　　　　馬籠久美子・桧垣陽子訳、p.169

　苦痛の根底にある理由は、認知症のパーソン・センタード・モデルを参考にすれば、多くの場合は理解できます。例えば、ある認知症をもつ人の認知障がいについて考えてみると、その人が何かを誤って解釈しているとか、その人のいる状況に圧倒されているといったことを示すようなサインはありませんか？　現在の苦痛を引き起こす引き金が、何か過去の生活歴にありましたか？　今の環境が提供しているものが、その人の好みやニーズと食い違っていませんか？　混乱や痛みをさらに増す原因となるような身体的な病気で、治療されていないものはありませんか？　他の人との相互の人間関係やたずさわりは、その人のパーソンフッドのニーズを満たすものですか？

　認知症をもつ人にとって、ある状況がどのように見え、どのように感じられるかを常に考え、積極的に先を見据えてケアを実践することは、彼らの苦痛を引き起こすのを減らすことにつながります。私たちは、比較的落ち着いた雰囲気が特徴的な、多くの専門施設と取り組んできました。時折来訪する人たちの目には、スタッフは必要な時だけ認知症をもつ人と時間を過ごす以外、ほとんど何もしていないかのように見えたかもしれません。実際には、スタッフチームが、時間をかけて、ケアをしている相手の人たちの視点をすべて把握し、それを日々実践しているのですが、そのような事実には誰も気づ

かないのです。けれども、認知症をもつ人がそのような取り組みを行っていない以前の環境に戻され、スタッフたちにケアをする相手の人の立場に自分を置き換えて考えようとする力がない場合には、たちまち以前生じていた苦痛が、繰り返し起きるのです。

　なぜ認知症をもつ人が、"BPSDと呼ばれている状態"を経験しているのかを理解するために、機能分析や行動分析を用いたアプローチがあり、臨床心理学では説得力のある実績があります。機能分析をもとにした介入は、ABCアプローチと呼ばれることがあります。なぜなら、これらの介入は、対象とする行動/B (Behaviour)、先行する出来事/A (Antecedents)、その結果どういうことが起きるか/C (Consequences)、についての非常に明確な説明から始まるからです。先行する出来事 (A)、行動 (B)、そして、結果 (C) の間にある関係は、多くの場合、単純な一本の線ではなく、複合的であるということを認めているという点で、機能分析は、行動分析をより一層洗練されたレベルまで高めています (James 2011)。

　よいケアの文化は、行動によるコミュニケーションに対して、この思慮深く、内省的で、信頼できるアプローチが実現できるよう支援するものです。特に、**自分たちの責任で判断できるよう一定の裁量権が与えられ、実践できるよう支援されている**現場のスタッフたちは、責任をもって、苦痛によって引き起こされる行動を予防し、適切に対応するための意思決定ができるでしょう。加えて、彼らは認知症をもつ人の、よい状態でいるというニーズについて常にふり返り、また、どうすれば、そのニーズが満たされるのか、あるいは満たされないのかについても考察できるようになるでしょう。スタッフたち自身が、日々、このような挑戦について考え、対応する上で支援を必要とするかもしれない、ということを認識することは重要なことです。

　スタッフであるあなたの身体的外傷や心理的な痛みを引き起こしているかもしれない人、あるいは、すでにストレスでいっぱいのあなたの仕事をますます困難に感じさせるようなことをしている人に、思慮深く、忍耐強く対応することは、まさに、言うは易く、行うは難しです。スタッフ自身のパーソンフッドに対するニーズが満たされるためには、スタッフたちも、実際的、また、感情面でのサポートを、必要としているのです。それは、彼らが、認知症をもつ人のニーズを深い洞察をもって丹念に探し、見つける努力をし、満たすことができるようにするための手段や資源を確保するために必要だからです。スタッフたちが適切に支援され、思慮深いチームワークがあれば、たとえ"BPSDと呼ばれている状態"であっても、多くの場合、よい状態をさらに促進するための機会としてとらえ、定義し直すことができるでしょう。

　変化する日々の生活において、ケアを受ける人々の人生がよりよいものになるように目指して取り組み、人々が日々過ごす場所を楽しめるように支援し、日々周囲の人や生活に関わって充実感を得られるように支援することが普通である文化は、苦痛に対応す

ることを容易にするだけではなく、そもそも苦痛が引き起こされる可能性を防止するためにも役立ちます。私たちが、環境の重大な影響について考え、彼らが退屈しないように対応し、また、彼らのニーズに応えるために私たちがすることを変えることが、普通に行われる文化があるならば、"問題"とされる行動の根底にある原因の多くが、先を見据えた積極的な取り組みによって取り除かれるでしょう。

次に挙げる例では、ある入居者の姪が、スタッフたちのアプローチが彼女の叔父の経験にどのように大きな差異をもたらしたかについてふり返りながら述べています。特に、その叔父は、以前暮らしていた施設では、"問題が多く、困った人"というレッテルを貼られていました：

スタッフたちは、叔父を、"認知の人"なんていうふうに決めつけていないんです、だから、まったく普通の人として接してくれ、異常な考えをしたり、おかしなことをしたりするという決めつけがないんです。それって、本当にすばらしいことなんです…。時々、叔父のそばで、スタッフが膝をついていたり、椅子を引いてきて腰かけたりして、そして、叔父の手を握って、叔父の思いつくまま、いろんなことを2人で話しています。最初にここに来た頃は…、戦争中の出来事のフラッシュバックだと思いますが、「あ、あいつらが俺を殺しにくる」とか、「あいつらに銃で、殺される」などと言っていました。

「他人のことを悪く言うつもりはないけど、施設にいる人たちの2人ぐらいの人が怖い」と言っていました。そうすると、ケアスタッフが、まるで「大丈夫、そんなことは起きないです」と言っているかのように、叔父を落ち着かせてくれるんです。

この本のPart2のp.220に、この指標に関してあなたの組織がどこまで達成できているのかをふり返るために役立つ質問が設けられています。

6. 人権擁護：私たちは、認知症をもつ人たちの権利、名誉、尊厳が確実に擁護されるように、彼らの代弁者として声を上げていますか？

最も困難な状況は、一人の人の権利が、他の人たちの安全や快適さと対立する時です。このような状況が起きる一例としては、入居施設で見当識を失ったある入居者が、隣人たちの部屋のドアをノックしているような場合です。もう1つ例を挙げると、また別の入居者が性的な抑制を失ってしまい、他の人たちに言い寄り、迷惑がられている場合があります。このような状況で最初に生じる反応は、問題を起こしている人が、他の施設に移されるべきだというものです。この反応の問題点は、関係する当人にとっては問題を悪化させる可能性があり、単に他の人に責任を転嫁するだけのことだという点です。ただし、どこか他の施設には、より充実した研修を受けたスタッフがいたり、より適切

な環境であったり、より多くのスタッフがそろっていて、そこに移されることで、その人のニーズがより満たされるという場合も、実際にはなくはないかもしれませんが。

　こうした状況に対する単純な解決策はありませんが、こういった問題は非常に頻繁に起きるので、実際に起きてしまう前に、その対応に役立つ何らかの仕組みを設けておく必要があります。このような状況が起きると、普通は、ケースカンファレンスを開くことになりますが、自分の立場を主張することが難しい認知症のあるその人を代弁する人にも、出席してもらうべきです。ある状況では、この代弁者はソーシャルワーカーかもしれませんし、地域で活動する看護師の場合もあるでしょう。また、別の状況では、施設が、正式に弁護士に相談し、依頼することもあります。

　相反する権利や状況に対する有効な解決を導き、認知症をもつ人々の権利を擁護するためには、**組織に関わる人全員が、お互いにとって重要な存在である**という意識がある組織の文化が非常に重要です。人々が、組織というコミュニティーとつながりや関わる機会があるなら、“コミュニティー”を機能させるための彼らの役割や責任感がより明確になり、それに基づいて行動することもより容易になります。そのような組織というコミュニティーの中で、他の人たちを理解しようとする意識や、お互いにつながっているという意識があれば、両立が非常に難しい可能性がある“あの人たち⇔私たち”といった両極に隔てられた立場が生じるのを阻止することができます。これは、つながりのあるコミュニティーでは、問題がなくなるという意味ではなく、つながりがあることで、早期に、問題を提起して解決策を見つける機会をつくり、それも、関係する人々のそれぞれに異なる観点を受け入れるようなやり方で解決するという意味です。

　管理者は、ケアの実践を最重要なものとして、現場のケアに影響を与える外的要因から守るという文化は、また、問題の機先を制し、先を見越した積極的なやり方で、相反する立場やニーズを解決するという点でより有利な立場に立つでしょう。ここで言う外的要因とは、移譲されている権限の範囲や、融通の利かない規則、様々な専門分野からの介入や、家族や友人たちからの期待などが含まれます。

　　次に挙げる例は、入居中の母親のニーズが変化し、認知症も進行したために、今いるフロアから、認知症専門フロアに移動させられるのではないかと、心配していたある家族の話です。しかし、施設側は、母親の代弁者として、より、本人に合った環境で過ごすことができるように、母親の人権を守ったのです。そして、その入居施設は、母親の人権を守っただけではなく、その家族の心配を和らげ、より適切なフロアへの移動ができるような方法を見出し、実際に、管理者と現場のスタッフたちが一致協力して、その実現に取り組んだのです。

　　その時のことを、娘さんが思い出して語っています。

　　　母の認知症は、確かに進行していました。でも、だからといって、母は、今いるフロアか

ら、認知症の専門フロアがある下の階には行かないだろうな、という予感めいたものがありました。そんな悩みを、各フロア全体を統括している主任さんに話したところ、「そうですよね。でも、本当に、お母さんにとって必要なのは、下の階の認知症専門フロアではなくて、その逆の、もっと上のほうのフロアに、すぐに移っていただくことだと思いますよ」と言ったんです。それを聞いて私は、ちょっと混乱してしまいました。だって、てっきり、母は、重度認知症専門のフロアに移動しなければならないと思っていたのに、その逆を言うんですもの。それに、専門フロアのスタッフ全員を本当によく知っていますしね。でも、主任さんが薦めてくださった、この上のフロアに移ってきてから、母が、実際、よくなったことは素直に認めますわ。1つには、ここは前にいたところよりも静かだからだと思います。このフロアに上がるのを心配していたのが、嘘のようです。主任さんの言う通りでした。本当に、皆さんの対応には脱帽ですわ。今は、本当に、よかったと思っています。母には、「お母さん、ここに移ってきてとても幸せね」と言っています。先週、母は何かの活動に参加していましたけど、スタッフが、母の様子をビデオに撮ってくれたんです。スタッフの皆さんは、母の様子を見て、それはそれは、興奮したようなんです。それだけでなくて、実際、そのビデオを、気を利かせて、私のパソコンに送ってくれたんですよ。

この本のPart2のp.221に、この指標に関してあなたの組織がどこまで達成できているのかをふり返るために役立つ質問が設けられています。

▶ まとめ

パーソン・センタード・ケアの第3の要素は、いかに、認知症とともに生きるその人の視点から、生活を何とか理解しようと努め、そのようなケアに取り組むかについてのものです。認知症をもつ人たちのよい状態を促進することを最も重視した方法でケアを実践するのです。組織が、認知症をもつ人たちの視点をどれぐらい真剣にとらえているかは、彼らの苦痛への対応や、日々のコミュニケーション、共感をもって相手を理解するスタッフの能力、身体の健康に対する注意、人権擁護についての対応を見れば明らかになるでしょう。

注

1 ：博野信次、森悦朗、池尻義隆、他「日本語版Neuropsychiatric Inventory痴呆の精神症状評価法の有用性の検討」脳と神経 49（3）：266‑271, 1997.

2 ：Strengths‑based approachとは、認知症をもつ人たちができないこと（障がい）ではなく、彼らができること（強み）に基づいた取り組みである。例えば、その人はお箸を使っては食事を食べられないけれども、スプーンを使えば食べられるかもしれない。

Chapter 6

相互に支え合う社会的環境

> パーソン・センタード・ケアの第4の要素は、心理的ニーズを満たし、相互に支え合う社会的環境を提供することです。
>
> 相互に支え合う社会的環境を提供すること：私たちは皆、人と人との関わりやつながりに基づいて生きていることを認識すること、そして、認知症をもつ人たちもまた、認知機能の障がいを補い、かつ、一人の人として成長し続ける機会を創り出すような豊かな人間関係と社会的環境を必要としていることを理解することです。

▶ ケア提供者のための重要な指標：相互に支え合う社会的環境

- **共にあること**：認知症をもつ人たちが、周囲で起きていることに関わっていると感じられるように手助けされ、その人にできるような方法で参加できるよう支援されているでしょうか？
- **尊敬すること**：私たちが提供する支援は、唯一無二のアイデンティティーや、強みや、ニーズをもつ一人の人として認知症をもつ人が尊敬されていると、明らかに感じられるものでしょうか？
- **思いやり（優しさ、暖かさ）**：私たちが創り出す雰囲気は、認知症をもつ人たちが、歓迎されている、望まれている、受け入れられていると感じるために役に立っているでしょうか？
- **共感をもってわかろうとすること**：認知症をもつ人たちの感情や気持ちが理解され、真剣に受け止められ、対応されているでしょうか？
- **関わりを継続できるようにすること**：私たちが提供する支援は、認知症をもつ人たちが、可能な限り積極的にその生活や活動に関わることができるために、助けとなっているでしょうか？　私たちが支援をする時に、認知症をもつ人たちは、対等なパートナーとして遇されていると感じているでしょうか？
- **地域社会の一員であること**：認知症をもつ人たちが、地域社会とのつながりを保てるよう、私たちのケア現場では、可能な限りのことを行っているでしょうか？　また、地域社会の人たちも、施設とのつながりを保っているでしょうか？
- **家族や友人たちとの人間関係**：私たちは、その人にとって重要な人たちについて知っ

ており、彼らを歓迎し、彼らの関わりを価値あるものと考えているでしょうか?

　あなたが私たちにどう接するかが、病気の進行に大きな影響を与える。あなたの接し方によって、私たちは人間らしさを取り戻し、自分たちはまだ必要とされている、価値のある存在なのだと感じることができるのだ。「人間は他人を通して人間になる」というアフリカのズールー族のことわざがあるが、これは真理だと思う。私たちに自信を与え、抱きしめ、励まし、生きる意味を与えてほしい。今の私たちと、その私たちがまだできることを認めて尊重し、社会的なつながりを保たせてほしい。

　私たちが以前の私たちになることはとても大変だ。だから今のままの私たちを受け入れて、なんとか正常に機能しようと努力していることを理解してほしい。

『私は私になっていく―認知症とダンスを』改訂新版、クリスティーン・ブライデン著、馬籠久美子・桧垣陽子訳、p.167

　パーソン・センタード・ケアを提供するためには、日々の生活の基盤に、認知症の人を支え、温かく育むような社会的環境があることが、パーソンフッドを支える重要な鍵となります。パーソンフッドは、人と人の相互の関わりがあってこそ、維持することができます。カール・ロジャーズは、人と人との関わりのあり方を、心理療法における成長と変化の鍵と考えました。彼は、その人を中心としたカウンセリングの中で、人と人との関わりのあり方、カウンセラーとクライアントの協力関係の重要性に注目しました。認知症をもつ人へのパーソン・センタード・ケアは、人と人との関わりがあってこそ存在すると、トム・キットウッドは考えました。『人と人』(Person to Person) は、キットウッドとブレディンが初めて、パーソン・センタード・ケアの実践について書いた著書の題名です (Kitwood and Bredin 1992a)。ジョン・ボンドもまた、パーソンフッドに関する記述の中で、人との関わりについて次のように述べています:

　…孤立した状態では、人は人として生きていけない、どの人も他者との関わりをもち、あらゆる人の生活は相互につながり、相互に依存しあっている (Bond 2001, p.47)。

　人との関わりを維持することは、言語的な能力に依存するわけではありません。言語的な能力が失われるにつれて、非言語的な方法での、温かく受容的で人間的なふれ合いがより一層重要になってくることが、以前より指摘されています (Morton 1999)。また、認知症の人たちは非言語的コミュニケーションにより多く依存しているので、言語的コミュニケーションと非言語的コミュニケーションの間の不一致には、私たち以上に敏感

でもあります。認知症をもつ人たちが社会でどのような立場に置かれているかということについて、人と人との関わりのあり方が、認知症をもつ人の自己の感覚を強めることもあれば、また損なうこともある、ということについて、実際の経験に基づいて説明し、本人の視点に立って記述している研究者もいます (Sabat 2001)。そして、認知症をもつ人たちが、どのように他の人たちに扱われているか、それに対して自らどう対処しているかについても研究し、根拠を示しています。

　認知症をもつ人とはどのような存在なのだろうか、と考えた場合に、他の人たちとの関係から理解することが、重要であることがわかります。そして、この考え方は、"人間関係を中心としたケア"という新たな用語を生み出すことによっても強調されてきました。安心して過ごせること、過去と現在とのつながり、皆と同じ集団にいるという気持ち、何かをやろうとする意欲、できたんだという喜び、自分は大事な人間なんだと思える気持ち、などを高めることが、入居施設における人間関係の基盤になることが指摘されており、こういった人間関係をわかりやすく概念化する枠組みも示されています (Nolan, Davies and Grant 2001)。言うまでもなく、これは、人々が長期にわたって暮らす入居施設のような組織にとっては、特に重要なことであり、人々のコミュニティーの一員であるという意識や、世界と結びついているという感覚は、その組織によって強く影響されるでしょう。入居施設とコミュニティーの間のつながり、また、入居施設内部における人間関係は、そこに住む人たちや、働く人たち、訪問する人たちの生活の質を向上させるために重要なものであると、長く認識されてきました。このことは、『入居施設での私の生活』運動というレポートの中で明らかにされています (Owen & Meyer 2012)。しかしながら、このコミュニティーの重要性は、人々が、そこに暮らしているにせよ、働いているにせよ、また一時的に滞在したり、時々訪問するにせよ、入居施設以外のサービス組織にも大きく関わることです。

▶ パーソンフッドを維持する

　認知症をもつ人たちが、一人の人であると感じることができるようにするためには、パーソンフッドを維持することが必要であり、そのためには、彼らの周囲にいる人たちには、どんなことが求められているか、という彼らのニーズについて、キットウッドが書いています (Kitwood 1997a)。これらのニーズを明らかにするために、彼は、花びらが重なり合っている1つの花を例に選び、愛を最も重要なニーズとして、その花の中心に据えました。これらのニーズが満たされることを目指して、パーソン・センタードな組織がどのように支援ができるかを示すために、この花の図を、図2-1 (本書第2章、組織の文化とパーソン・センタードな認知症ケア、p.43) に組み込みました。ここで言

及されている愛とは、寛大で、慈悲深く、報いを求めない、無条件にその人を受け入れる愛のことです。

　自分がケアをする人たちに対する愛を、このように示すことができるケアスタッフや専門家はたくさんいます。このような愛を、彼らに教育する必要はありません。しかし、実際には、時として、私たちは専門家や熟練者になることを急いでしまうあまり、愛情に満ちたケアを提供するという初心を、ともすれば、途中で見失ってしまうことがあるのです。

　　私たちがより感情の世界に生き、認知の世界を生きることが少なくなっているので、記憶に残るのはあなたが何を言ったかではなく、どんなふうに話したか、ということだ。私たちには感情はわかるが、話の筋道はわからない。あなたの微笑み、あなたの笑い声、私たちにふれるあなたの手が、私たちに通じるものだ。共感することが私たちを癒してくれる。ただあるがままの私たちを愛してほしい。（中略）私たちの感情とスピリチュアリティはまだここにあるのだ。あなたが私たちを見つけてさえくれるなら！

　　　『私は私になっていく―認知症とダンスを』改訂新版、クリスティーン・ブライデン著、
　　　馬籠久美子・桧垣陽子訳、p.183

　キットウッド（1997a）は、5つの重要な心理的ニーズについて、詳細に説明し、これらのニーズが満たされれば、認知症をもつ人たちが自分は一人の人として存在しているという感覚を、非常に高める助けとなると述べています。すでに述べましたが、特別な教育を受けなくても、愛情を示すことのできるスタッフがたくさんいるように、実は、ケアの実践家たちの大半は、認知症とともに生きる人たちとの日々の取り組みの中で、そのようなニーズを満たし、パーソンフッドを維持するように支える方法を認識することができているのです。

"くつろぎ（やすらぎ）（Comfort）"

　最初のニーズはくつろぎ（やすらぎ）に対するニーズです。"くつろぎ（やすらぎ）"のニーズは、思いやりや親しみ、和らぎを感じられるように支えてほしいというニーズです。このニーズを満たすには、相手に対する慈しみや親しみをもって、相手の気持ちを和らげるように接する必要があります。そうすれば、不安が和らぎ、より安心感が増し、相手がリラックスしやすくなるでしょう。"くつろぎ（やすらぎ）"は、身体にふれることや心地よい言葉かけ、しぐさなどを通して得ることができるでしょう。また、"くつろぎ（やすらぎ）"には、身体的なくつろぎも含まれます。痛みのある人は、くつろぐ

ことはできないでしょうし、病気や気分のすぐれない人、また、不快な場所にずっと座ったままにされている人、あるいは寝かされたままの人も、くつろぎのニーズが満たされていないでしょう。

　　ストレスに対する私の耐性は非常に低く、ほんのちょっとしたトラブルでも大げさに反応して、叫んだり、悲鳴を上げたり、あわてふためいて、おろおろと歩き回ったりする。私には驚きや突然の変化ではなく、静けさが必要だ。
　　この病気の根底には常に不安感がある。何かしなければならないことがあるのに、それが何なのか思い出せない。何か大変なことが起こるような気がするが、それが何だったか忘れてしまったように感じる。一度にたくさんのことをやらなければならなくなると、集中しようとして残っている脳を総動員して夢中になる。そんな時は休めと言っても無駄だ。その仕事をやり終えられるように手伝ってもらうしかない。

『私は私になっていく―認知症とダンスを』改訂新版、クリスティーン・ブライデン著、馬籠久美子・桧垣陽子訳、pp.142-143

"アイデンティティー（自分が自分であること）(Identity)"

　これは、いったい自分は何者で、自分がどう感じているのか、自分が何を考えているかをわかっていたいというニーズです。認知症をもつ人は、最近の記憶が薄れ、言語に問題が生じてくるにつれて、自分自身であるためには、しばしば、周囲の人々からより一層補ってもらい、支えてもらう必要があります。"アイデンティティー（自分が自分であること）"は、自分が誰であるか知っていることと、過去との連続性があると感じているということに関係しています。自分が自分であることは、また、認知症をもつ人自身か、またはその人の代わりに周囲の人が覚えている、その人の人生の物語にも関係しています。例えば、これを読んでいるあなた自身が認知症になったとしても、他の人々が、あなたのことを知っていて、そういうあなたをあるがままに尊重するということです。"アイデンティティー（自分が自分であること）"のニーズは、特に、認知症をもつ人たちが、子ども扱いされている、あるいは、好ましくない区分け（レッテル付け）をされている、あるいは、侮辱されていると感じる時に、損なわれます。反対に、尊敬の気持ちをもって遇され、心から受け入れられることによって、支えられるのです。

　　どうか私たちを「呆け」と呼ばないでほしい。私たちは病気そのものとは別の人間だ。ただ脳の病気にかかっているだけなのだ。もし私ががんを患っているならば、あなたは私を「がん」とは呼ばないだろう。

『私は私になっていく─認知症とダンスを』改訂新版、クリスティーン・ブライデン著、
馬籠久美子・桧垣陽子訳、p.191

彼女は、自分の家の中でさえよく迷子になるのよ、と言った。道がわからなくなる
というよりも、自分を見失ってしまうのだと言う。（中略）どうしたわけか頭の中では、
自分がこの空間に存在しているという感覚がないという。彼女によれば、ひとりでい
るとよけいに悪くなるが、夫やケアワーカーや友達が一緒にいて彼女にかかわってく
れれば、迷子になっている場所からなんとか戻って来られるのだと言う。おそらく彼
らは、ヘレンにとって鏡のような役割を果たしていて、彼女の存在を映し出し、彼女
が彼女であることを再確認することができるようにしているのではないだろうか。

『私は私になっていく─認知症とダンスを』改訂新版、クリスティーン・ブライデン著、
馬籠久美子・桧垣陽子訳、pp.51-52

"愛着・結びつき（Attachment）"

人はまさに社会的な生き物であり、非常に強い不安や変化にさらされた時などは、誰
か他の人に結びついていると感じることが必要です。"愛着、結びつき"は、きずなや
つながりを保つことや、お互いに育み合い、信頼し、関わり合うことなどに関係してい
ます。それはまた、人との関係における安心感や、困った時など、必要な時に助けを求
めることができる、信頼できる誰かがいるという感覚とも関係があります。人々は不安
になると、親しみのある誰かや何かに愛着や結びつきを求めるニーズが、非常に増しま
す。愛着や結びつきのニーズは、尊重すること、誠実であること、共感をもってわかろ
うとすること、などによって満たされます。逆に、"愛着、結びつき"は、非難されるこ
と、欺かれること、人々の強い感情が軽視されることなどによって損なわれるのです。

認知症の人にとって、将来は暗澹としたものに見える。そう見えるだけではない、
事実そうなのだ。だから、この病気を旅する過程で経験するありとあらゆる感情を
どう扱ったらいいのか、そこのところに援助の手をさしのべなければならない。

『私は私になっていく─認知症とダンスを』改訂新版、クリスティーン・ブライデン著、
馬籠久美子・桧垣陽子訳、pp.172-173

どうか、あなたから私たちのゆがんだ現実の中に足を踏み入れてほしい。私たち
があなたの現実に押し込められると、さらにストレスを感じてしまうのだ。

『私は私になっていく─認知症とダンスを』改訂新版、クリスティーン・ブライデン著、
馬籠久美子・桧垣陽子訳、p.197

"たずさわること (Occupation)"

　"たずさわること"は、人生で起きる様々なことと、自分が与り、関わっているということです。そして、それは、自分を取り巻く世界や、人々に何かを起こすことができる、という心の奥底にある気持ちを満たすものなのです。"たずさわること"は、その人にとって意味のあるやり方で、活動に従事することに関係しています。そして、それは、物事の進展に自分も関わり、周囲の世界に影響を与えることができるという感覚でもあります。そして、何が、どう行われるかについて、自分が影響力をもつことができるという感覚とも関係しています。"たずさわること"は、"能力を発揮できるようにすること"、"関わりを継続できるようにすること"、"必要とされる支援をすること"、"共に行うこと"などのスタッフの技量によって支えられます。反対に、"能力を使わせないこと"、"中断させること"、"強制すること"、"物扱いすること"などによって損なわれます。

　　それはまるで、ぱっくり開いた暗い穴に飲み込まれないように、崖っぷちで必死にしがみついているような感じだ。以前のようにパッパッと自動的にできることは何もなくなってしまった。あらゆることが、初めて習うことのように感じた。(中略) みんなから、その質問は前にもしたでしょう、と言われてしまうけれど、自分では記憶がない。過去は空白になってしまい、奇妙な感じがして怖い。それなのにまわりの人は私にイライラしている。

　　もし私たちの手や足が欠けていたのならば、私たちの努力は賞賛されるだろう。でも、脳がどれぐらいなくなっているかは目に見えないし、なんとかしてやりくりするのがどれだけ大変かもわかってもらえない。だから私たちの必死の努力は理解されないのだ。

　　　　『私は私になっていく―認知症とダンスを』改訂新版、クリスティーン・ブライデン著、
　　　　馬籠久美子・桧垣陽子訳、pp.123-124

"共にあること (Inclusion)"

　グループの一員であることは、人に深く埋め込まれたニーズであり、人として生きていくこと、それ自体に関わるものです。認知症とともに生きる人たちは、たとえ施設で共同生活をしていたとしても、社会的に孤立するという大きな危険性を抱えています。もし他の人々が努めて援助しなければ、認知症をもつ人たちが、自分だけで、共にあることができるようにしていくことは、ますます難しくなっていくでしょう。そして、抑うつと引きこもりの状態が生じてくるのです。

　"共にあること"は、自分を取り巻く社会に実際に参加したり、参加を促されたりす

ることばかりではなく、会話で共通の世界を感じたり、招き入れられたりすることをも意味しています。こちらから働きかけなければ何も起こりません。だからこそ、関わりを引き出し、認知症をもつ人が、自分はグループの一員であり、歓迎され、受容されていると感じることができるようにすることが重要なのです。人々の価値を認め、話し合いや活動に参加を促すこと、グループの一員であることを強調すること、一緒に楽しむことなど、すべてが、認知症をもつ人たちが"共にある"と感じるニーズを満たし、支えます。反対に、差別をすること、無視すること、のけ者にすること、あざけることなどは、"共にある"というニーズを損なうものです。

　　あなたの名前、つまりあなたの名札が見つからないこともよくある。私にとっては、あなたとの出会いがあまりにせわしすぎるので、あなたの顔は見覚えがあるように思うが、あなたの名札や、なぜあなたを知っているのかという脈絡、私があなたについて知っていることに関連しそうなあらゆる情報を、バラバラになった私の記憶から探し出してくることができないのだ。私が必要なのは質問することではなく、時間と手がかりだ。私たちがお互いに共有している経験について、ちょっとおしゃべりしてみてほしい。そうすれば、なぜあなたを知っているのかわかるかもしれないし、あなたの名札も出てくるかもしれない。（中略）人を認知する方法についてとても大切なことに気づいた。私の場合、よく知った人の顔を見る時は認知のひらめきがあり、知っているという喜びがわくのだ。私は微笑んで、この親しい人たちと抱き合った。彼らがありのままの私を愛してくれていることがわかった。

　　『私は私になっていく―認知症とダンスを』改訂新版、クリスティーン・ブライデン著、馬籠久美子・桧垣陽子訳、pp.139-140

▶ "悪性の社会心理"と"パーソンフッドを維持する積極的な働きかけ"

　パーソン・センタード・ケアのすべての要素と同じように、認知症をもつ人の誰もが、周囲にいるすべての人々と愛をもってお互いに関わり合い、支持し合う機会を確実にもてるようにすることは、誰の目にも当然のことのように思えます。だからと言って、達成すべきガイドラインに加える必要はないのでしょうか。残念ながら、認知症とともに生きる人たちのための実際のケア現場を見れば、それが自宅での介護であっても、コミュニティーの中で支援を受けている場合であっても、あるいは、長期介護施設に入居している場合であっても、多くの場合、相互に支え合うような関わり合いは、決して、そこで当然となっているケアの典型的行動様式にはなっておらず、普通に行われていることではないということがわかります。"悪性の社会心理"（Malignant Social Psychology: MSP）と"パーソンフッドを維持する積極的な働きかけ"（Positive Person Work: PPW）は、キットウッドが明らかにした心理的ニーズと直接に関係するものです。"悪性の社会心理"についてのキットウッドの論文は、なぜ、"悪性の社会心理"を減らし、"パーソンフッドを維持する積極的な働きかけ"を増やし、相互に支え合うような関わり合いを達成することが困難に見えるかを、理解する手がかりとなります。

　キットウッドは、ケアの"悪性の社会心理"によって、認知症をもつ人たちが、周囲から差別され、わかろうとされず、無視されるといった、人間性を奪われるような、相互作用を経験し、パーソンフッドが損なわれていることについて、書いています（Kitwood 1997a）。これらの"悪性の社会心理"の行為や行動は、悪意によって生じることはまれであり、むしろケアの文化に織り込まれたものです。認知症という脳の障がいをもちながらも、自分であり続けようとして、もがき苦しんでいる認知症の人は、この"悪性の社会心理"によって、さらに心理的にも傷つけられ、非常に悪い影響を受けていると、キットウッドは考えたのです。

　キットウッドは、またパーソンフッドの維持によい効果をもたらすような社会心理とは、認知症をもつ人たちにとってどのようなものかについても述べています。もしパーソンフッドが"悪性の社会心理"によって損なわれるのであれば、その反対に、日々の関わりのあり方によっては、維持を助け促すこともできるでしょう。そのような関わりについて、キットウッドは、"パーソンフッドを維持する積極的な働きかけ"と呼び、様々な関わりのあり方を説明しました。これらは、尊重する、話し合う、共に行う、楽しむ、感覚を刺激する、喜び合う、リラックスする、共感をもって理解する、包み込む、能力を引き出し何かかができるようにする、などの概念によって分けられています。（Kitwood 1997a, pp.90‐93）。

　私たちは、これまで長い間、教育や研究の中でこれらの概念について取り組んできました。また、認知症ケアマッピング（DCM）（巻末資料 p.234参照）の第8版の開発を通しても取り組んできました。DCMの第8版では、いろいろなタイプの"悪性の社会心理"と"パーソンフッドを維持する積極的な働きかけ"をキットウッドの心理的ニーズと関連づけて考えてみました（Brooker & Surr 2006）。それらの"悪性の社会心理"と"パーソンフッドを維持する積極的な働きかけ"が、アメリカとオーストラリアそれぞれの国で、第一線のケアスタッフたちや家族のためのコミュニケーションの実用手引書として出版されています（Verity & Kuhn 2008、McCarthy 2011）。

　"悪性の社会心理"と"パーソンフッドを維持する積極的な働きかけ"について検討することは、組織のふるまいや態度に作用し、影響を与えている可能性のある文化的影響力について、私たちが考え、取り組む助けとなります。第2章では、組織の文化や、"そこで当然となっているケアの典型的行動様式"（疑問の余地なく受け入れられた、考え方、

感じ方、行動のとり方）が、よい文化もよくない文化も両方を強化する上で果たす役割について議論しました。典型的行動様式によって、私たちは、日々の実践の中で、私たちが直面する問題や、課題など様々な困りごとを処理しているので、知らずしらずのうちに、その行動様式が、定着してしまうようになるということを心に留めて忘れないでください。そこで当然となっているケアの典型的行動様式は、いつも見慣れていて、誰でもしていることです。そのため、かえって、常日頃、習慣的にしてきたことをやめることや、あるいは、対応する方法は他にもあるかもしれないと考えることさえ難しくしてしまうのです。日々の問題に対応しながら、そのような習慣の罠にはまってしまう、と言ってもよいでしょう。

キットウッドが、"悪性の社会心理"について説明する時、次のように述べていました。認知症とともに生きる人たちを支援する時、日々の問題や挑戦に対する答えとして、軽率に"悪性の社会心理"が行われている場合には、私たちは積極的に、それに注意を払い、そういった日々の問題や挑戦を解決する別の方法、すなわち、よりパーソン・センタードな方法を見つける必要があります。この別の方法が"パーソンフッドを維持する積極的な働きかけ"です。あなた自身にも、また他の人たちにも、日々の課題には"パーソンフッドを維持する積極的な働きかけ"の方法を実践するよう説得することによって、やがては、文化そのものを変革する循環を始めることができます。

"悪性の社会心理"と"パーソンフッドを維持する積極的な働きかけ"の行為や行動がどんな時に生じ、その人のよい状態をさらに高めたり、損なったりする可能性があるか、例を挙げながら、1つずつ順番に考えてみましょう。これらの行為や行動に精通していることは、相互の関わり合いや施設の状況について、あなたが抱いているよい"感情"、あるいはよくない"感情"をもたらしている原因が何であるかを確認しようとする際に、非常に役立つでしょう。以下の表に、"悪性の社会心理"と"パーソンフッドを維持する積極的な働きかけ"を一組にして紹介します。よく起こる"悪性の社会心理"の行為や行動が、より"パーソンフッドを維持する積極的な働きかけ"による行為や行動と対比されています。それらの行為や行動は、厳密に正反対ではありませんし、いろいろな行動や対応は、重なっている部分があります。しかし、それらをこのような方法で吟味することは、長く慣れた習慣や深くしみついた方法に代わる、新たな実践方法を考えるための助けとなります。

ここで使われている例は、私たちの研究の中で、ケアや支援を提供する施設で過ごした時間の中で、私たちが日常的に見てきたものです。そして、これらの例について、様々な施設における認知症をもつ人たちに直接ケアや支援を提供する現場で働く人たちが、共通して感じるジレンマや難しい状況について、私たちに説明してくれました。

その人の心理的ニーズ：くつろぎ（やすらぎ）	
ニーズを損なう"悪性の社会心理"： 怖がらせること	ニーズを満たす"パーソンフッドを維持する積極的な働きかけ"：思いやり（優しさ、暖かさ）
脅し文句や力づくでもって、威嚇したり、人に恐怖心を抱かせること。	心からの愛情、配慮、気遣いを示すこと。
背景：治さんは、毎日、地区看護師の訪問を受けています。傷口の状態を調べて、手当てをしてもらい、包帯を巻いてもらっています。治さんは、治療は痛いことがあるということを理解することが難しく、しばしばどなり声を上げて看護師を押しのけてしまいます。	
"悪性の社会心理"による対応： 看護師は治さんを見下ろすように立って、「治さん、これは今すぐ、手当てをしなければならないの。もし、治療させてくれないなら、ドクターに言わなければならないの。そしたら、病院に入院させられちゃうわよ」と、言います。	"パーソンフッドを維持する積極的な働きかけ"による対応： 看護師は治さんのそばに座って、「あなたが心配するのはわかるわ、私だって心配すると思うもの。でも、手当てが済んだら、後で、ずっと楽になるわよ」と、これからどんなことをするかを説明します。それから看護師は、治さんの好きなCDをかけて、傷口の状態を調べながら、音楽と一緒に歌うように励まします。

その人の心理的ニーズ：くつろぎ（やすらぎ）	
ニーズを損なう"悪性の社会心理"： 後回しにすること	ニーズを満たす"パーソンフッドを維持する積極的な働きかけ"：包み込むこと
認知症の人が接触を明らかに求めているのに、気づかないふりをして注意を向けなかったり、対応しなかったりすること。	その人に、安全、安心感、くつろぎを与えること。
背景：あわただしい雰囲気の病棟で、昌夫さんが、「誰か、助けて、助けてくれ、頼むから助けてくれ」と、大声で叫んでいます。スタッフたちは、病棟の他の患者さんたちの介護や介助に非常に忙しくしています。	
"悪性の社会心理"による対応： 看護助手が同僚に向かって、「あの人、どうせ自分の順番まで待たなきゃだめね」「外科の先生がもうすぐ来るから、先に4番ベッドを準備しないとね」と、言いました。	"パーソンフッドを維持する積極的な働きかけ"による対応： 看護助手が、同僚に次の患者さんのケアを、先に始めてくれるように頼んでいます。彼女は、昌夫さんのそばに膝をついて彼の手を握りながら、「昌夫さん、大丈夫ですよ、今日はとても時間がかかっていて、お待たせして、すみませんね」と言いながら、少しの間彼をなだめています。それから、「8時半までには、来ますから、時計を見ていてくださいね」と言って再び、同僚との仕事に戻ります。

その人の心理的ニーズ：くつろぎ（やすらぎ）	
ニーズを損なう"悪性の社会心理"： 急がせること	**ニーズを満たす"パーソンフッドを維持する積極的な働きかけ"：リラックスできるペース**
認知症の人が理解できないような速さで、情報を与えたり、選択肢を提示すること。	リラックスできるペースと雰囲気を創り出すような支援の重要性を認識し、行動すること。
背景：中田さんが娘さんと一緒に、血液検査の結果を聞き、重症の貧血症に対する継続的な治療について話し合うために、一般医の診療所に診察に来ています。	
"悪性の社会心理"による対応： 一般医は、血液検査の結果をコンピューターのスクリーンに目を向けたまま、一気に読み上げます。その後、治療方針を一方的に話し、中田さんに処方箋を渡しました。中田さんが、血液検査なんてしたことがないと言うと、一般医は、「まあ、そんなことはどうでもいいから、錠剤を飲んでくださいよ。それじゃ、2、3週間したらまた来てください」と、答えました。	**"パーソンフッドを維持する積極的な働きかけ"による対応：** 一般医は、中田さんと娘さんに、説明する時間をもっととれるように、次回は、倍の時間の診察予約をとるよう勧め、検査結果を中田さんに説明しました。「疲れを感じませんか？」と聞かれた中田さんは、「いつもとても疲労感がある」と答えると、一般医は「私が処方する錠剤を飲むと、ひどい疲れが多少よくなるはずですよ」と説明し、中田さんも納得しました。

その人の心理的ニーズ：アイデンティティー	
ニーズを損なう"悪性の社会心理"： 子ども扱いすること	**ニーズを満たす"パーソンフッドを維持する積極的な働きかけ"：尊敬すること**
認知症の人を、まるで幼児であるかのように、庇護者ぶった態度で、扱うこと。	その人を社会の価値ある一員として認め、その人のもつ経験や、年齢に見合った対応をすること。
背景：恵美子さんは、数人の入居者たちと一緒にテーブルについて、日曜日のディナーを食べています。彼女の食事のスピードは、とてもゆっくりなので、スタッフからの促しを非常に多く必要としています。	
"悪性の社会心理"による対応： テーブルに座っているケアスタッフが、恵美子さんのディナー皿を指さして、「ねえ、早くしてよ、全部食べてよね、あら、お利口さんだこと」と、言います。	**"パーソンフッドを維持する積極的な働きかけ"による対応：** テーブルに座っているケアスタッフが、恵美子さんに「妹さんが、日曜日のランチは、あなたが家族みんなの分を作っていたって、言っていたわ。このローストポテトは、あなたの作っていたのと比べてどうかしら？」と、言います。ケアスタッフは、恵美子さんに試しに食べてみてはどうかと勧めています。

その人の心理的ニーズ：アイデンティティー	
ニーズを損なう"悪性の社会心理"：好ましくない区分け（レッテル付け）をすること	ニーズを満たす"パーソンフッドを維持する積極的な働きかけ"：受け入れること
認知症の人をその特徴や、それとわかるような好ましくない区分け（レッテル付け）で、呼んだり、扱ったりすること。	その人を受け入れ、あるがままに認める態度で関わりをもつこと。
背景：デイセンターを見学している訪問者たちに、管理者が、毎日どんなことが起きるかを説明しています。そのそばを、デイセンターのメンバーである、明子さんが何回か行ったり来たりして、センターの廊下を歩き回りながら、楽しそうに独り言を言っています。	
"悪性の社会心理"による対応： 明子さんがそばを通り過ぎる時に、管理者は、訪問者たちに向かって「あれが明子さんで、徘徊者の1人です」と言い、そのまま案内を続けます。	"パーソンフッドを維持する積極的な働きかけ"による対応： 管理者は、明子さんに近づいて、「こんにちわ、明子さん、この人たちにこの中をご案内してるんですよ。私たちと一緒に歩きませんか？」と、言います。明子さんはそのまま行ってしまいますが、管理者は、訪問者たちに向かって、「あれが明子さんです。またすぐ彼女と合うかもしれません」と、言います。

その人の心理的ニーズ：アイデンティティー	
ニーズを損なう"悪性の社会心理"： 侮辱すること	ニーズを満たす"パーソンフッドを維持する積極的な働きかけ"：喜び合うこと
認知症の人を、無能である、役に立たない、価値がない、障がいがあるなどと、言うこと。	できることや、やったことを認め、励まし、共に喜ぶこと。
背景：在宅サービスのケアスタッフが、斎藤さんのためにスープとサンドイッチを用意しました。彼女が食卓に戻ってくると、斎藤さんは、サンドイッチをちぎって、スープに浸していました。スープが食卓全面にこぼれていて、サンドイッチは床に散らばっていました。	
"悪性の社会心理"による対応： ケアスタッフはため息をついて、「こんなに汚しちゃって、見てごらんなさいよ。あなたからは、5分も目を離せないわ」と、言います。そして、スープのボウルを取り上げ、布巾でテーブルを拭きます。	"パーソンフッドを維持する積極的な働きかけ"による対応： ケアスタッフがそばに来て、「おいしそうに食べていただいてうれしいわ！　私も、パンをスープに浸して食べるのが大好きなんですよ」と、言います。彼女は、キッチンに戻って布巾を持ってきますが、斎藤さんが、自分のやり方で食べ終わるまで待ってから、テーブルを片付けて拭きます。

その人の心理的ニーズ：愛着・結びつき	
ニーズを損なう"悪性の社会心理"： 非難すること	**ニーズを満たす"パーソンフッドを維持する積極的な働きかけ"：** 尊重すること
認知症の人がしたこと、できなかったことについて、その人を責めること。	唯一無二の人として認め、受け入れ、支援し、尊重すること。
背景：アクティビティー担当の職員が2人の入居者の買い物に付き添っています。安藤さんが、赤い靴を気に入って、履いてみたりしたのですが、お金を十分に持っていなかったので買うことができず、取り乱して、腹を立ててしまいました。アクティビティー担当の職員は、施設に戻った時に、どんなことが起きたのか、最新情報を、スタッフに伝えなければなりません。	
"悪性の社会心理"による対応： アクティビティー担当の職員は、「私は、安藤さんをもう二度と連れて行きません。隅田さんが、新しい靴を買ったので、安藤さんはすごくねたんじゃって。怒ってしまった彼女を連れて帰ってくるのは、最悪でした」と、言います。	**"パーソンフッドを維持する積極的な働きかけ"による対応：** アクティビティー担当の職員は、「買い物に行く時は、必ず、安藤さんが十分なお金を持っていることを確認する必要があります。隅田さんが買えたのに、安藤さんが靴を買えなかったことはとても耐えがたいことだったんです」と、言います。

その人の心理的ニーズ：愛着・結びつき	
ニーズを損なう"悪性の社会心理"： 騙すこと、欺くこと	**ニーズを満たす"パーソンフッドを維持する積極的な働きかけ"：** 誠実であること
認知症の人を、嘘やごまかしでもって、注意をそらしたり、思うように操って、何かをさせたり、または、やめさせたりすること。	その人が何を望み、どう感じているかに気を配り、誠実で隠し事をしないこと。
背景：菅さんは、1か月前に妻が亡くなってから、施設に入居しています。彼は、いつも玄関に行き、妻に会いたいから家に帰らせてくれと頼んでいます。ドアが開いていると、彼は家に向かいます。ドアが閉まっていると、外に行かしてくれと誰かに頼んでいます。	
"悪性の社会心理"による対応： ヘルパーが、菅さんのところに来て、「奥さんは、すぐ来ますよ。私たちとお茶を飲みましょう」と、言います。菅さんは、彼について行きお茶を飲みます。	**"パーソンフッドを維持する積極的な働きかけ"による対応：** ヘルパーが、菅さんのところに来て、「菅さん、とてもご心配なことがあるようですが、私にできることはありますか？」と、言います。菅さんが、妻に会いたいと言うと、そのヘルパーは、「奥様がいらっしゃらないと寂しいですよね。奥様はどんな方か教えてください」と、言います。そして、菅さんと一緒に座り、アルバムをめくって家族の写真を見ながら話しています。

その人の心理的ニーズ：愛着・結びつき	
ニーズを損なう"悪性の社会心理"： わかろうとしないこと	ニーズを満たす"パーソンフッドを維持する積極的な働きかけ"：共感をもってわかろうとすること
今、認知症の人が体験している現実について、わかろうとしないこと。	今、その人が体験している現実を理解し、支持すること。その人が何を感じ、何に心を揺り動かされているのかを感じ取ろうとすること。
背景：久美子さんは、自宅で転倒し、救急病院に運ばれました。車椅子に座って待合室にいますが、おびえてしまい、家に帰りたいと、大声で叫んでいます。	
"悪性の社会心理"による対応： 入院担当の看護師が久美子さんのところにやってきて、「そんな大きな声を出さないでください、怖いことはありませんよ。大声を出しても、あなたの治療の順番は早くなりませんからね」と、言います。	**"パーソンフッドを維持する積極的な働きかけ"による対応：** 入院担当の看護師が、「騒々しくて、とても落ち着きませんよね。誰でも、お家に帰りたくなってしまいますよね」と、言います。そして、久美子さんがなぜ待っているのかを説明し、受付係から、彼女の車椅子が見えるような位置に移します。すると、受付係が、久美子さんに、手をふったり、時々、席を立って近寄ってきて、久美子さんがなぜここにいるのかを思い出させてくれています。

その人の心理的ニーズ：たずさわること	
ニーズを損なう"悪性の社会心理"： 能力を使わせないこと	ニーズを満たす"パーソンフッドを維持する積極的な働きかけ"：能力を発揮できるようにすること
認知症の人がもっている能力を使わせないこと。	管理しようとするのではなく、その人のできることを見出し、その能力や技能を発揮できるように手助けすること。
背景：聡子さんは、自宅で暮らしていて、彼女が、規則的に食事をとり、薬を飲むことを忘れないように、訪問ケアスタッフの支援を受けています。聡子さんはお料理が大好きですが、重要な手順を忘れることがあるので、食事を最初から最後まで全部作るのは難しいと感じています。	
"悪性の社会心理"による対応： 訪問ケアスタッフは、聡子さんの家に着くと、自分が食事の支度をする間、居間に座ってテレビを見ているように促します。聡子さんが台所に入ると、かえって時間がかかるから、と言います。	**"パーソンフッドを維持する積極的な働きかけ"による対応：** 訪問ケアスタッフは、聡子さんを促して、一緒に台所に入ります。ケアスタッフは、聡子さんに、一つひとつ、手順を示し、わからなくなってしまったように見える時は、手助けします。時間はかかりますが、昼食時の訪問で、前もって2回分の食事の支度ができるので、その日の2回目の訪問時間が、より短くなることがあります。

その人の心理的ニーズ：たずさわること	
ニーズを損なう"悪性の社会心理"： 強制すること	ニーズを満たす"パーソンフッドを維持する積極的な働きかけ"：必要とされる支援をすること
認知症の人の望んでいることや意思を無視し、選択の余地も与えずに、何かを強制すること。	その人が何かをスムーズにできるように、どんな援助をどれだけ必要としているかを見極めて支援すること。
背景：身の回りのケアを受けた後、文子さんがハンドバッグの中身を、かき回し、探りながら、「口紅が見つからない」と言っています。	
"悪性の社会心理"による対応： ヘルパーが、文子さんを車椅子に乗せて、部屋からラウンジに連れて行く前に、文子さんからハンドバッグを取り上げて口紅を見つけ、前かがみになって文子さんの唇に口紅を塗ります。	"パーソンフッドを維持する積極的な働きかけ"による対応： ヘルパーは、「やっぱり、文子さんは、おしゃれですね。お化粧もしないで、部屋を出れませんものね。私が探しましょうか？」と、言います。それから、口紅を見つけ、ふたを開けて文子さんに渡し、「文子さん、すぐ鏡を持ってきますね」と言います。

その人の心理的ニーズ：たずさわること	
ニーズを損なう"悪性の社会心理"： 中断させること	ニーズを満たす"パーソンフッドを維持する積極的な働きかけ"：関わりを継続できるようにすること
認知症の人がしていることを、邪魔したり、干渉したりすること。あるいは、関心を寄せているものを乱暴に中断させること。	その人が、どの程度深く関わったり、たずさわりを継続したいかを見極め、励まし、手助けをすること。
背景：デイケアセンターの数人の参加者が、テーブルに一緒に座って絵を描いています。次郎さんが、絵筆を容器から取り、それをズボンでこすって拭き始めます。	
"悪性の社会心理"による対応： 介護助手が次郎さんから絵筆を取り上げ、「そんなふうにしたらだめですよ、ほら、私のやり方をよく見て」と、言います。	"パーソンフッドを維持する積極的な働きかけ"による対応： 介護助手が、「パンくずをはらっているんですか、次郎さん？　とても上手ですね」と、言います。介護助手は、次郎さんが絵の描き方がわかるように、自分の絵筆を使って紙に絵の具をつけて見せています。

その人の心理的ニーズ：たずさわること	
ニーズを損なう"悪性の社会心理"： 物扱いすること	ニーズを満たす"パーソンフッドを維持する積極的な働きかけ"：共に行うこと
認知症の人を、あたかも厄介な物のように扱い、物体のように扱われること。	何かをする時に、その人を完全かつ対等なパートナーとして認め、意思を確認し合い、共に行うこと。
背景：入居施設の入居者である百合子さんは、手を思うように動かすことができないので、食事をするために支援が必要です。	
"悪性の社会心理"による対応： スタッフが百合子さんのすぐ隣に座って、頻繁に、「あーん、して」と、言いながら、食べ物ののったスプーンを彼女の口の中に入れようとします。	**"パーソンフッドを維持する積極的な働きかけ"による対応：** スタッフが百合子さんのすぐ隣に座って、「次はフォークで何を食べたいですか？」と、言います。百合子さんが指さすと、スタッフは、「ポテトですね？　グレービーも少しかけましょうか？」と、聞きます。すると、百合子さんは、うなずきます。

その人の心理的ニーズ：共にあること	
ニーズを損なう"悪性の社会心理"： 差別をすること	ニーズを満たす"パーソンフッドを維持する積極的な働きかけ"：個性を認めること
認知症の人を、あたかも汚れた物、私たちとは違う世界に住むヤツ、社会のくずであるかのように、差別すること。	一人ひとりの認知症の人の個性、特性を認識し、先入観のない寛容な態度で接し、関わること。
背景：遠藤さんは、一般医の診察予約があったため、やってきたのですが、パソコンの入力画面の方法がわからず、右往左往してしまいます。いろいろ試した後、思い切って遠藤さんは受付のカウンターに行き、予約があるので来たのですが…と助けを求めます。	
"悪性の社会心理"による対応： 受付係は、うんざりしたようにため息をつき、「パソコンで入力して」と、遠藤さんに言います。遠藤さんが「やり方がわからない」と言うと、受付係は、目をくるくる回しながら、声を潜めて、「また、来たわ」とつぶやいてから、遠藤さんに、後ろに列ができるから、あっちに座っているようにと、言います。	**"パーソンフッドを維持する積極的な働きかけ"による対応：** 受付係は、笑顔で遠藤さんに対応し、「こんにちは、何かお手伝いできることはありますか？」と、言います。予約をしている遠藤さんだとわかると、「先生に知らせるので、待合室で腰かけて、待ってください」と、言います。遠藤さんがためらっていると、受付係は立ち上がって椅子まで案内しながら、「この前、見えた時から、ここはすっかり変わってしまいましたものね」と、言います。

その人の心理的ニーズ：共にあること	
ニーズを損なう"悪性の社会心理"： 無視すること	ニーズを満たす"パーソンフッドを維持する積極的な働きかけ"：共にあること
認知症の人がそこにいるのに、まるでいないかのように、周囲で会話や物事を進めること。	その人が、物理的にも心理的にも、会話や活動の輪に入っていると感じられるように支援し、励ますこと。
背景：2名のスタッフが翌日の当番のスケジュールについて話し合っています。すると、1人の患者さんがやってきて、机をバンバンとたたきながら、「和子さんは来るの？　どうなのよ！」と言っています。	
"悪性の社会心理"による対応： スタッフは、患者さんに、「私たちはスタッフのスケジュール係なので、訪問者やお見舞いに来る人のことは、わかりません」と言って、座っている椅子をくるっと反対に回し、患者さんに背を向けてしまいます。患者さんは立ち去ります。	"パーソンフッドを維持する積極的な働きかけ"による対応： 座っていたスタッフは、顔を上げて、「和子さんのことは、よくわかりませんが、できたらお手伝いしてもらってもいいでしょうか？」と、言います。スタッフは椅子をもう1つ持ってきて座ってもらい、患者さんに当番表を掲げてもらって、スケジュール作成を手伝ってもらっています。

その人の心理的ニーズ：共にあること	
ニーズを損なう"悪性の社会心理"： のけ者にすること	ニーズを満たす"パーソンフッドを維持する積極的な働きかけ"：その場の一員として感じられるようにすること
認知症をもつ人を、物理的、心理的に、遠くに追いやったり、仲間はずれにすること。	能力や障がいにかかわらず、その場の一員として受け入れられていると感じられるようにすること。
背景：倉持さんは毎日デイケアセンターに行っています。彼は、何とか自分で食事を食べられますが、時々、非常に散らかしたり汚したりすることがあります。仲間の通所者の何人かは、不愉快になって食事をしたくなくなるので、彼の近くに座らなければならないことに対して苦情を言ったことがあります。	
"悪性の社会心理"による対応： 介護助手たちは、それについて話し合いをし、他の仲間が、倉持さんの食事風景を見るのも嫌なので、他の人たちから倉持さんの顔が見えないように、ランチルームの隅っこに座らせることにしました。	"パーソンフッドを維持する積極的な働きかけ"による対応： 介護助手たちは、倉持さんにランチはどこに座って食べたいかを尋ね、彼が座りたい場所を選んでもらいます。他の参加者が誰も彼のそばに座らない場合には、介護助手が自分のランチを持って倉持さんと一緒に、隣の席に座り、彼が1人ぼっちにならないようにします。

その人の心理的ニーズ：共にあること	
ニーズを損なう"悪性の社会心理"： あざけること	ニーズを満たす"パーソンフッドを維持する積極的な働きかけ"：一緒に楽しむこと
認知症の人を、からかったり、屈辱を与えたり、ダシにして冗談を言ったりして、馬鹿にすること。	自由で創造性に富んだ過ごし方を共に見つけ出し、一緒に楽しいことをしたり、ユーモアを言い合ったりして、過ごすこと。
背景：幸子さんは、施設に入居していて、朝、起きた時、自分で服を着ることが好きです。しかし、しょっちゅう、何を着るのかがわからなくなります。ある朝、薄いペチコート（スカートの下にはく下着）をはいただけで、共用のラウンジにきました。ペチコートのままくるくると回りながら、それを数人の他の入居者たちに見せています。	
"悪性の社会心理"による対応： 幸子さんが入ってくると、数人の介護助手たちがクスクス笑いながら、「彼女、またやってる。つまんないもの、見せびらかしてる！」と、言います。申し送りの時に、彼らは、またその出来事をもち出して、幸子さんのことを、"露出狂"と呼んでいます。	"パーソンフッドを維持する積極的な働きかけ"による対応： 介護助手が1人、幸子さんのところに来て、「なんて素敵なペチコートをはいてるの、幸子さん、ダンスをするには完璧ね、一緒にダンスしてもいいかしら？」と、言います。介護助手は、幸子さんとダンスをしながら部屋の隅まで行き、「この上にスカートをはくお手伝いをしましょうか？」と、言います。

▶ パーソンフッドが損なわれる時、支えられる時、人はどのように感じるものでしょうか

　次に、キットウッドが、彼の著書*Dementia Reconsidered*の中で書いている2編の詩を紹介します。1つ目の詩は、ケア施設の認知症をもつ人が感じている内的世界をイメージしたものです。そこではパーソン・センタード・ケアが提供されず、パーソンフッドが損なわれている状況が描かれています。

　　薄暗く、そして霧が立ち込めている。なんだか知っている場所のような気もするし、初めての場所のような気もする。ここがどこかわからないまま、ただ歩き続けている。暑いのか寒いのか、昼なのか夜なのか、見当がつかない。たまに、もやが引くと、そのときだけ、周りのものがはっきり見えたりもする。でも、わかったかと思うと、ドッと疲れを感じて、また同じようにわからなくなってしまう。
　　濃いもやの中を歩いていると、周りの人が何か不気味な話をしながら過ぎ去って行くような気がする。その人たちは、とても元気でなにかをしようとしているようにみえるが、なにをしているのかはわからない。ところどころ、ことばの端々に自分のことを話しているようにも思える。

　ときどき、懐かしいものがあるのに気づいて、近づくと、急にそれは姿を消したり、得体のしれないものに姿を変えてしまう。全てを失った感じがして、ひとりぼっちだ。どうしてよいかわからず、すべてがこわい。

　そのうえ、トイレや食事も満足に自分ではできない。自分の体が自分の思うように動かず、なにか自分が、汚くていないほうがよいのではないかという感じがする。昔の元気な自分はどこか遠くに行ってしまい、ここにいるのが果たして自分なのかわからない。

　あっ、取り調べが始まった。偉そうな人たちが来て、私には到底できないような、わけのわからないことをしろというのだ。100から逆に数字をいうように強要したり、『50歳より年上の人は、両手を頭の上に上げて』と言ったり、彼らは、それでいて、その尋問が何のためかは、決していうことはないし、その結果をどのように思うかもいうことはない。もしも、何のためにするのかを教えてくれて、だれかが適切に導いてくれるのなら、喜んで、できることはしようと思うのに。

　しかし、これが現実なんだ。すべてが散り散りで、何の意味があるのか、これからどうなっていくのかもわからない。かつて、自分がどこにいて、何をすべきかがわかっていたころ；ひとりぼっちじゃなく、もてる力で、誇りをもって、毎日の勤めを果たしていたころ；日は明るく自分を照らし、人生が味わい深く、変化に富んでいたころ；そのころのすばらしい時は、暗闇と霧にまぎれて、うすぼんやりしているだけだ。

　ところがどうだ。いまは、あらゆるものが、無残に壊され、混沌としたなかで、たったひとり取り残されている。あるのはただ、二度と立ち直れないような、喪失感だけだ。かつては、自分だって、まともな人間として扱われていた。でもいまは、ひとりの人間としての価値はなくて、ただの用なしだ。少しでも相手に強く出られると、裸同然といってよいほど無防備だ。そして、これは、これから先、ずっと見捨てられて、崩れ去って、人間じゃなくなるようなもんだ。

Kitwood, T. (1997) *Dementia Reconsidered*. Buckingham: Open University Press, p.77より；水野裕訳（The Open University Press/McGraw-Hill Publishing Companyの許可を得て、転載：『実践パーソン・センタード・ケア—認知症をもつ人たちの支援のために』水野裕著）

　2つ目の詩は、真にパーソン・センタードなケアが提供されるとしたら、認知症をもつ人の生活がどのようになるかを示しています。

　初夏のころ、
　あなたは、庭にたたずんでいる。

風は暖かくそよいで、花の甘い香りを運び、

あたりには、わずかのモヤが漂う。

あなたには、ものの形は、すべてわからないけれど、

いくつかの美しい色、青、オレンジ、ピンク、すみれ色はわかる。

芝生は、目の覚めるような緑色だ。

あなたは、自分がどこにいるのかわからないが、

なぜか、気にならない。

あなたは、くつろぎを感じ、ゆったりとして、幸せな気分だ。

あたりを散歩して、あなたは周りの人々に気づき始めた。

どこのだれかは、はっきりわからないが、何人かはあなたを知っているようにみえる。

だれかが自分の名前を呼んでいる。

やさしく声をかけられ、ホッとした。

たしかに、あなたが知っていると思う人が、2〜3人いる。

そして、特別な人が1人いた。

彼女は、とても温かくて、とてもやさしくて、とても思いやりがあるようにみえた。

きっと、お母さんに違いない。

また、会えることができるとは何とすばらしいことだろう！

うれしくて、体中がポカポカしてきた。

でも、いつもこうではなかった。

どこか心の奥深くで、孤独と氷のように冷たい恐怖のときの、

ほのかな記憶が残っている。

それがいつだったか、あなたにはわからない。

でも、いまは違う。

いまや、望めばいつも友だちがいて、温かい気分でいられる。

ここは、すばらしい人々といっしょに、あなたが暮らしていける場所である。

まるで、昔から家族だったかのようだ！

今が、これまでの人生で一番幸せである。

時間は自由だし、することすべてが楽しい。

人々といっしょにいることは、あなたがいつも楽しみにしていたことだった。

どんなにせかされることもなく、あなたはまったく自分のペースですることができ、気が進まなければ、しなければよい。

そうだ！

時々、あなたに会いに来る紳士がいる。

不思議なことに、彼の名前はあなたの夫の名前と同じだ。

彼は、あなたに会いたいらしく、あなたといっしょにいると楽しそうだ。

あなたも、彼といっしょにいることが楽しいし、リラックスできる。

あなたが鏡の前を通るとき、年老いた人を垣間見ることがあるけれど、

あなたのおばあさんだろうか。

昔、近所に住んでいた人だろうか。

あなたは、少し疲れた。

あなたは、ソファーに1人で座っていると、

すぐに、こころに、寒々とした感じに気づき、ふたたび、死ぬほど恐ろしい恐怖が
あなたに近寄る。

あなたは、大声で叫びそうになる。

そのとき、あなたのかたわらに座っていた、あのやさしい母親のような人を見る。

彼女の手があなたに差し伸べられ、あなたが握るのを待っている。

話をするうち、その恐怖心は霧が晴れるように消えて、まばゆい日差しの中にくつ
ろぎ、ふたたび、あなたはその庭にいる。

あなたは、それが天国でないことはわかるけれど、

時々、ここは天国に近いかもしれないと感じることがある。

Kitwood, T. (1997) *Dementia Reconsidered*. Buckingham: Open University Press, pp.84–5より；
水野裕訳（The Open University Press/McGraw-Hill Publishing Companyの許可を得て、転
載：『実践パーソン・センタード・ケア―認知症をもつ人たちの支援のために』水野裕著）

▶ パーソンフッドを支える社会的環境を実現する

　その人の視点に立つという要素でも、そうであったように、本来、直接関わるスタッ
フや、サービス現場の日々の管理運営の責任者たちが、心理的ニーズを満たす社会的環
境が、どの程度提供できているかを示す指標を定め、実践できるようにリードしなけれ
ばなりません。この指標を使って、現場のスタッフが認知症をもつ人たちに対してどの
ように対応しているか、サービス利用者とのコミュニケーションのスキルと価値観をふ
り返ることができます。

　前の章でも述べたように、サービス現場の日々の運営管理に責任をもち、各現場のシ
フトを調整することはたやすい仕事ではありません。そして、時間を割かなければなら
ない非常に多くの要求がある中で、人と人との関わり合いを尊重したケアを優先させる
ことは、まさに挑戦と言うべきでしょう。

　私たちが、現在どんな状況にあり、将来どのような状況でありたいか、そして、そこ

に向かう上でどんなことが障壁になるかについて認識することが、私たちが、小さくても一歩ずつ前進していくために役立つことでしょう。

　以下に挙げるのは、パーソン・センタード・ケアの相互に支え合う社会的環境という要素について、あなたの組織がどの水準まで達成できているかをふり返り、また、組織の文化が、どのようにして、その達成を強化し、あるいは、難しい課題を突きつけてくる可能性があるかを考えるために役立つ一連の質問です。

1. 共にあること：認知症をもつ人たちが、周囲で起きていることに関わっていると感じられるように手助けされ、その人にできるような方法で参加できるよう支援されているでしょうか?

　ケア施設の中には、認知症をもつ人たちを、あたかも、掃除をしたり、片付けたり、磨き上げたりする必要がある家具の一部のように見なしているところさえあります。こういった施設では、認知症をもつ人たちは対等の人として尊重されず、また、コミュニケーションをとる必要のない"物"として扱われます。周囲で起きていることにはまるで関係のない、単なる"扱われるべき"物とみなされています。このようなことは、人々の介護が行われる多くのサービス施設で起きており、言うまでもなく、認知症をもつ人たちのための介護施設においてはなおさらのことです。病院の救急外来で人々が診察を待っている時のことを思い起こしてください。まるで"椅子"のように扱われ、また、退院を待つ時も、"ベッドをふさぐもの"のように扱われています。

　"愛着・結びつき"や"共にあること"のニーズが満たされるためには、認知症をもつ人たちが生活の社会的ネットワークに確実に参加できるように、支援の提供者たちが、頻繁に、積極的に、励まし働きかけるという役割を果たす必要があるでしょう。認知症をもつ人たちが、様々なレベルにおいて共にあると感じることができるためには、スタッフたちは効果的に手助けする役割を担っているのです。このことは、他の人と関わりがもてるように、また活動の中心にいられるように、物理的に移動することを手伝うことでもあります。また、彼らの人生の鍵となる重要な物語を知っていて、会話の中でその活用を促すことかもしれません。例えば、洗濯物を集めるスタッフを手伝うなど、施設の中で行われる仕事や活動に参加するよう、その人を励まし働きかけることもできるかもしれません。

　共にあることは、次のような形で、組織の文化によって促進されたり、逆に阻まれたりする可能性があります：第一に、**認知症とともに生きる人たちが、日々、人生を楽しめるように支援され**、どの程度まで、積極的に関わりをもつよう励まされ、働きかけを受けるかということが、共にあることに大きな差異をもたらします。認知症をもつ人た

ちが、一日中、彼らにとって意味のある形で何かにたずさわれるように目的や活動を提供しているのが常に観察され、それが、みんなの仕事の重要な部分であると理解されている施設ならば、共にあることは、その施設では、仕事のあらゆる側面において当然期待されているということになります。加えて、**組織に関わる人全員がお互いに重要な存在であり、連帯感がある**ことを認識していれば、共にあることを真に実現するための助けとなります。なぜなら、それは、組織の隅々まですべての人がお互いのことを知っていて、みんながそれぞれに、認知症をもつ人を支援するために果たす役割をもっていると、確実に感じられるようにしているからです。ですから、スタッフが、清掃係であれ、医師であれ、管理者であれ、看護助手であれ、自分たちの役割の一部は、できる限りの最善の方法で、認知症の人たちと関わることによって、その人たちが、共にあると感じられるように支援することであると自覚しているのです。

　以下の例では、ケアスタッフが、見たこともないような巧みなコミュニケーションのスキルを発揮し、入居施設の中を歩き回って一日の大半を過ごし、めったに他の人たちとの関わりをもたない入居者が何とか関わりをもてるように働きかけています。

　　弘子さんが廊下を歩いてくると、ケアスタッフが彼女に笑顔を向けます。弘子さんは笑顔を返し、ダンスをするように両腕を上に上げます。私がこれまで見た中で、これが最も自然で生き生きとした彼女の姿です。ケアスタッフは、また笑顔を向けて、「大丈夫？」と言い、椅子をトントンとたたいて座るように勧めると、弘子さんはコンピューターのそばにある、彼の椅子の隣の椅子に座ります。彼女が使い古したティッシュペーパーを手に握っていることに気づき、「新しいのと、とりかえましょうか？」と言います。そして、彼女の手をとって、椅子から立ち上がれるよう手助けし、それから、キッチンに向かって、少しだけ彼女の先を歩いていきます。ケアスタッフは、弘子さんに、「こちらを差し上げますから、代わりにそれをもらえますか？」と言って、新しいティッシュを渡します。

　以下の、その人の独自性に非常によく合わせた気配りのある働きかけが、大半の時間を自分の居室で1人で過ごし、めったに、他の人たちにはあえて近づこうとしない男性にも示されました。

　　ケアスタッフが椅子に座ってパソコン画面に何やら打ち込みながら、努さんの話を聞いています。ケアスタッフは、時々、「ああ、そうか、それで？」と言い、努さんが話し続けられるように、時折、促しています。ケアスタッフが、「じゃあ、今日は忙しくないんですか？」と言います。ケアスタッフは、いつも努さんが話す内容をすっかり心得ているような感じで話しています。話し方は丁寧ですが、同僚に接するような打ち解けた感じです。ケアスタッフは、努さんに、「今日はどうでしたか？」「サッカーはどうなってますか？」と聞きます。努さんはサッカーのおしゃべりを始め、「どのチームのファンなんで

すか?」とケアスタッフに聞いています。

この本のPart2のp.223に、この指標に関してあなたの組織がどこまで達成できているのかをふり返るために役に立つ質問が設けられています。

2. 尊敬すること : 私たちが提供する支援は、唯一無二のアイデンティティーや、強みや、ニーズをもつ一人の人として認知症をもつ人が尊敬されていると、明らかに感じられるものでしょうか?

　敬意をもって、礼儀正しい態度で人に接し、対応することは、その人を社会の価値ある一員として見なしていることや、その人を尊敬しているという強力なメッセージを伝えています。誰か尊敬している人に対しては、私たちは、肯定的に相手を認め、受け入れる姿勢をもって人間関係を築いていきます。それは、相手を認め、心に留め、そのスキルや成果を共に喜ぶことでもあります。

　認知症をもつ人たちに対するこのような尊敬の念がないところには、彼らに対して庇護者ぶったり、軽蔑的な態度をとったりする傾向が現れ、その人たちが叱りつけられたり、おとしめられたり、彼らの気持ちや望みが軽視されたりします。尊敬するという文化がないところでは、認知症の人たちが十分にできないことや、困難なことは、誇張され、その人を区分けしてレッテル付けして、例えば、"徘徊する人"、"叫ぶ人"と言った呼び方さえするかもしれません。

　もし自分が他の人から尊敬されていると感じたならば、その人は自分自身や周囲の人々に対しても、自尊心や尊敬の念を示すようになるでしょう。これは、認知症とともに生きる人たちや、彼らを支援している人たちにとっても当てはまることです。ケア組織で働く、最前線のスタッフたちはどうでしょうか?　管理者や組織は、彼らを、独自性をもった、強みや感情をもつ人として尊敬し、スタッフたちは、自分たちが尊敬されていると感じているでしょうか?　答えが、いいえなら、その組織のいたるところで、尊敬することが普通に見られる文化を創ることは難しいでしょう。

　尊敬の念を伴う取り組み方は、**現場のスタッフたちが自分たちの責任で判断できるよう一定の裁量権が与えられ、実践できるよう支援されている**という組織の文化によって育まれます。なぜなら、権限を付与することは、その人たちの強みを認識し発揮できるようにするとともに、彼らのニーズについても支援することを通して、より大きな成果を創り出すことができるからです。敬意をもって遇されているとスタッフ自ら感じることは、認知症とともに生きる人たちに対しても同様に、尊敬の念をもって支援するため

の、より大きな力となることでしょう。認知症の人たちに対する尊敬の念を表し、それを実践するためには、このように、それを支える力が与えられなければ、スタッフ一人ひとりがもともともっている素質にのみ、頼らざるを得なくなるでしょう。これは、心理的にスタッフを疲弊させることにつながり、時の経過とともに、あるいは、ストレスの多い状況の中では、最も責任感のある善意の人であっても、組織からの尊敬の気持ちを感じることなく、認知症の人たちに尊敬の念をもった実践を継続して行い続けることは不可能です。

　私たちは、**卓越したケアを実践するために、すべての人たちが、皆、一致団結して取り組んでいる**という特徴も、尊敬の念に満ちた文化を持続させるためにきわめて重要なものです。なぜなら、それは、具体的に、尊敬することについて思いが巡らされ、実践され、そして、全員が自分たちの義務の一部であるという認識をもつことを、確実にするからです。**組織に関わる人全員が、お互いにとって重要な存在になっている**という特徴は、この尊敬することを促進します。なぜなら、それは、彼らの行為・行動が、他の人たちにどのように影響を与え、他の人たちが様々な状況についてどう感じるか、どう見ているかについて、考える責任があると理解していることを意味するからです。

　以下の例は、ある入居者と、スタッフたちとの会話の場面です。その入居者は、必要な身体的ケアに苦痛を感じている様子でした。その入居施設では、非常に忙しい時間帯ですが、思いやりのある、尊敬の念に満ちた相互の関わり合いを見ることができます。

　　憲一さんが、いつものように、ゆるゆるのズボンの端を持ちながら、薬を配るカートのそばにいるケアリーダーのところに来ます。ケアリーダーが、憲一さんに、「今度ベルトをプレゼントしますよ」と、話しかけると、別のケアスタッフもやってきて、「憲一さん、その格好、なかなかイケてますね」と言っています。今度は、ケアリーダーが、これからくる夕食の話題を出し、「あなたのポテトチップスを、少しつまんじゃおうかな、憲一さん？」というと、憲一さんが、「じゃ、黙っててあげるね」と答え、2人で笑顔になって声を出して笑います。「憲一さん、何かご用はないですか？　お手洗いは？　誰かを呼んでお手伝いしてもらいましょうね」、ケアリーダーはもう1人のケアスタッフに声をかけ、そのケアスタッフが来て憲一さんの肩に手を置き、「私が一緒に行ってお手伝いしますよ」と、言います。

　この本のPart2のp.224に、この指標に関してあなたの組織がどこまで達成できているのかをふり返るために役に立つ質問が設けられています。

3. 思いやり（優しさ、暖かさ）：私たちが創り出す雰囲気は、認知症をもつ人たちが、歓迎されている、望まれている、受け入れられていると感じるために役に立っているでしょうか？

　思いやりや暖かさを示し、無条件に、あるがままのその人を受け入れることは、認知症をもつ人たちを支える社会的環境の核心をなすものです。それは、とりわけ認知症をもつ人たちが快適で、自信をもって、リラックスしていることを感じる助けとなります。もし周囲の人々に歓迎され、望まれていると感じることができないなら、その時、その人のパーソンフッドはしぼんでしまうでしょう。認知症により、思いやりを示された時のことを自ら思い出したり、今、起きていることを理解してそれに最も適切に応じたりする能力が低下するため、周囲の心理的環境は、認知症をもつ人にとって非常に重要なことなのです。もし彼らが、その場で心地よく受け入れられていないと感じれば、その場から立ち去って、もっと受け入れられていると感じられるところに行ってしまうことは、非常に自然な反応でしょう。もしその人が、予約のある一般医の診療所から診察を受ける前に立ち去ってしまったら、その健康がより悪化してしまうことになるでしょう。また、認知症とともに生きる人が、病院や入居施設から出て行こうとすると、多くの場合、彼らは阻止され、"脱走者"、"徘徊者" などというレッテルを付けられてしまうでしょう。

　提供されるケアは、笑顔や歓迎の気持ち、その人への心からの関心や手助けに満ちたものとなっていますか？　スタッフたちは、自分たちが支援をする認知症をもつ人たちや、彼らにとって大切な人たちに対して、愛情を表し、配慮と関心を示していますか？　一方で、人々が暖かさや優しさを求めている時に、スタッフが無視したり、ちょっと、放っておいたりすることはありませんか？　何かを伝えたり、何かを選んでもらったりする時に、認知症をもつ人たちが早すぎてついていけないようなペースで、選択肢を示していることはありませんか？　システムやテクノロジーなど、認知症をもつ人たちが理解するのが難しく、表示がわかりづらいために困って助けを求めたり、こちらが思った通りにできない場合に、苛立ったりしていませんか？　認知症をもつ人と衝突することはありませんか？　そういったことは、認知症の性質を理解していなかったり、お互いに責任をなすり合ったり、非難することが、日常的な体験になっているような文化の中で働いている最前線のスタッフチームに、よく起きることです。スタッフたちが認知症に対して適切な理解をしていれば、自分たちの対応を通してその人の脳の障がいを補うことができるということも自覚されるので、思いやりのある行動をとる可能性ははるかに高くなるでしょう。また、自分たちのストレスや不安に対して、スタッフ自身が、

暖かい思いやりに満ちた対応を経験していれば、感情面での素養も自然と備わり、自分たちが他の人たちのニーズに対応する際も、同じように暖かい思いやりをもって行動できるようになるのです。

　明らかに、思いやりにあふれる社会的環境というものは、認知症をもつ人たちを支援するために実際的行動をとる、**現場のスタッフたちが自分たちの責任で判断できるよう一定の裁量権が与えられ、実践できるよう支援されている**文化の下で、初めて実現可能です。繰り返しますが、尊敬することが実現される社会的環境と同じように、これには、最前線のスタッフたちが、実際面でも感情面でも支援され、そのような思いやりを実践し、自分たち自身もそのように遇されるということが、不可欠なのです。また、思いやりを実践するには、スタッフたちは、**日々変化する生活において、自分たちがケアをする認知症をもつ人たちの人生がよりよいものになるように目指して取り組み、人々が人生を楽しめるよう支援をする**ことも求められます。

　組織に関わる人全員が、お互いにとって重要な存在になっていることを認識することもまた、思いやりに満ちた雰囲気を創り出すでしょう。なぜなら、それは、コミュニティーのすべての人が、彼らが果たせる役割と、肯定的であれ、否定的であれ、他の人たちに与える影響を理解することに役立つからです。ここでは、**管理者がケアの実践を最重要なものとして、ケアの現場に影響を与える外的要因から守っている**ことも、重要であり、これは、特に認知症をもつ人たちの家族や訪問者にとって、実際的な重要性があります。管理者たちや現場のリーダーたちは、単にこの責任を最前線のスタッフたちに委ねるのではなく、家族のニーズや不安に、思いやりをもって対応する必要があります。これに関しての責任を管理者たちがとらなければ、スタッフたちが家族や友人たちと認知症をもつ人たちの両方のニーズの板ばさみになり、孤軍奮闘しなければならないでしょう。これは、しばしば、周囲の人と本人のニーズが相反する状況があり得るので、同時に行うことが非常に困難である可能性があるからです。例えば、あなたのお父さんが、あなたの知っているお父さんとは別人のように思える行動をとっているのを見るのは、つらいことです。このような経験は、あなた方ご家族に不安や悲しみをもたらす可能性があります。その場合、不安や悲しみを感じている家族には、思いやりや理解に満ちた対応が求められます。しかしながら、お父さんのためにもまた、彼のニーズが思いやりと理解をもって満たされるようなよいケアが提供される必要があります。ということは、最前線のスタッフたちは、**現在の状態のままのお父さん**と関わることを求められるのです。このような状況は、両者それぞれのニーズが満たされることを確保するために、全スタッフからの慎重な注意と対応能力を必要とします。

　以下の例では、１人の入居者が、食事時間中、いつも決まったように他の入居者たちの辺り

をウロウロするので、周囲の人たちがイライラしてしまうようです。ケアスタッフは、その人が、食事時間中に一緒に食事に参加できるようにし、あまり他の人たちが、嫌な思いをしないように、思いやりをもって支援しています。

　　彼女が立ち上がるたびに、ケアスタッフが来て、やさしい笑顔で接し、時々は、自分の洋服について話してもらうように勧め、今いる一番近い席に座れるようにして、そこに食事を運び、食べるように勧めました。その入居者は動揺しやすいようでしたが、ケアスタッフのおかげで、彼女の気持ちはそのたびに、落ち着きを取り戻しているように見えました。そのケアスタッフは、彼女が立ち上がるそのたびに、食事の席に着くように根気強く促す必要がありました。しかし、そのたびに、まるで初めての時のように接していました。暖かい笑顔で、まるでその人と一緒にいることを楽しんでいるかのようでした。

　　この本のPart2のp.225に、この指標に関してあなたの組織がどこまで達成できているのかをふり返るために役に立つ質問が設けられています。

4. 共感をもってわかろうとすること：認知症をもつ人たちの感情や気持ちが理解され、真剣に受け止められ、対応されているでしょうか?

　共感をもってわかろうとすることは、その人の世界の中での現実を認め、支えることであり、認知症をもつ人たちの感情や情緒的な状態に、とりわけ思いやりをもつことです。支援を受ける人たちの気持ちを理解し、認めようとする誠実な努力が求められます。その人の情緒的な状態が受け入れられると、彼らが非難されることがなくなります。また、他の人と違う感じ方をしているからといって、自分が愚か者と感じさせられることもないのです。

　もし自分の情緒的なニーズが尊重され、理解されていると感じたならば、情緒的によりよい状態がその後も持続する可能性はより高いでしょう。もし苦痛がすみやかに共感をもって対応されれば、長い間対応されないままになっている場合よりは、情緒的苦痛はずっと早く解消されるに違いありません。

　思いやりと同じように、共感をもってわかろうとする取り組みには、日々、実際的また情緒的な支援を提供することによって、**現場のスタッフたちが自分たちの責任で判断できるよう一定の裁量権が与えられ、実践できるよう支援されている**組織の文化が不可欠です。裁量権を与えられたスタッフたちは、認知症をもつ人の情緒的な状態に気づき、対応するという責任を担うことができます。しかしながら、スタッフたちに、そういった情緒的な状態に気づくための十分なスキルがなければ、あるいは、それに応じる行動を

172

遂行する能力がなければ、共感をもってわかろうとすることを実践するのは、ほとんど不可能になるか、もっぱらスタッフ自身が蓄積してきた能力に頼ることになるでしょう。

　そこで当然となっている、3つの典型的な行動様式も、入居施設の文化の中に、共感をもってわかろうとすることを定着させる助けとなります。なぜなら、ケアに関するこれらの典型的な行動様式は、**スタッフたちが、変化する日々の生活において、ケアを受ける人たちの人生がよりよいものになるように目指して取り組んでいる**という期待を生み出し、また、その人が感じている世界の現実に対応するために、**認知症をもつ人たちが日々過ごす場所を楽しめるよう支援する**からです。認知症をもつ人たちが**日々周囲の人や生活に関わり、充実感を得られるように、スタッフたちが支援する**ことを、私たちが期待するなら、どんなことがその人にとって意味があり、よい状態を高めるかということに共感をもって、注意を払うことでしょう。また、これら3つの典型的行動様式は、最前線のスタッフが、組織や、事務手続きや、経営、規則を守ることなどに関するニーズに、自らの仕事の焦点を当てるのではなく、認知症をもつ人のニーズを満たすためのケアに向けられるよう、**管理者には、ケアの実践を最重要なものとして、現場のケアに影響を与える外的要因から守っている**ことが最重要なこととして求められます。

　認知症をもつ人たちが、どんな感情を抱き、どんな経験をしているかについて、スタッフたちが、自らの共感に基づいて行動をとることが、彼らを共感をもってわかろうとし、よりよい経験をしてもらうためにいかに重要であるか、以下の例が示しています。共感をもってわかろうとして対応するスタッフたちの能力が、何らかの圧力によって制限されてしまうと、どのようにして、多くの場合、スタッフたちが耐えられないような苦境に取り残されてしまうかも、よくわかります。

　隆司さんは認知症をもつ男性です。彼は、身体ケアを受ける間じゅう、非常に動揺してしまい、時々、担当のケアスタッフがけがを負ってしまうこともあるため、ケアスタッフたちは、身体的にも多大な試練を感じていました。また、隆司さんのように、混乱しているのに、誰の世話にもなりたくない気性の男性にとって、ケアのためとはいえ、自分の体を触られることが、いかに恐ろしく、困惑するものであるかについて、彼を主に担当するワーカーは見事な洞察をしています。そして、隆司さんのひげを剃る時に、非常に苦労した経験について、以下のように語っています。

　隆司さんの場合は、カミソリより、ひげ剃り用のはさみを使うほうが、ずっとやりやすいです。どうしてかというと、2週間も、ひげを剃らせてくれないこともあるし、伸びすぎた時、カミソリを使うと、痛がるんです。だから、私は、できるだけあんまり長くならないように努力しているんです。ひげが長くなりすぎると、ひげ剃り用のハサミでないと、とてもひげを剃るのが難しくなるからです。それで、ご家族に、ひげ剃り用のハサミを買っ

てもらったのですが、壊れてしまったのです。でも、そのハサミは、結構、値段が高いの
で、また、新しいのを買うのを、ご家族は嫌がっているし、施設では買ってくれないし…。
だからといって私が買っても、代金を払ってもらえないんです。それで、ちょっと…私は、
10ポンド（約1500円）なら自分で払ってもいいかな、と思って、あちこちバーゲンセー
ルがないかなと、見ています。もし、それで状況がよくなればと思って…自信はありませ
んけどね。でも…最初のは、壊れてしまったし、2つ目のはどこにいったかわからないし。
こんなことは、しょっちゅう起きていることなんですけどね。

この本のPart2のp.226に、この指標に関してあなたの組織がどこまで達成できているの
かをふり返るために役に立つ質問が設けられています。

5. 関わりを継続できるようにすること：私たちが提供する支援は、認知症をもつ人たちが、可能な限り積極的にその生活や活動に関わることができるために、助けとなっているでしょうか？　私たちが支援をする時に、認知症をもつ人たちは、対等なパートナーとして遇されていると感じているでしょうか？

　関わりを継続できるようにすることは、相手の視点に立って関わりの深さを確認し、
継続できるために必要な励ましと手助けを提供することを意味しています。忙しいケア
環境において、食べる、着る、お風呂やシャワーを使うといった日課を、部分的であれ
認知症をもつ人が自分でできるようにしないで、スタッフが肩代わりして行うことは、
大変たやすいことです。しかし、認知症をもつ人たちが自分の能力を使う機会がないま
までいると、極端な場合には、彼らの能力を奪うことになってしまいます。
　身の回りのことをするという個人のニーズについては、どれだけ手助けをすればよい
かということは、時が経つにつれて変化していきます。どんな支援をどこまで行えばよ
いかを見極めて、適切に援助が行われれば、その人は自分の力を発揮したと感じること
ができるようになります。援助が少なすぎると、とてもやれそうもないと感じたり、不
安を抱くかもしれません。援助が多すぎても、自分は劣っているという感じや怒りをも
つかもしれません。関わりを継続できるようにするには、次の2つのスキルが不可欠です。
まず1つは、スムーズに関わりを継続できるように支援するというスタッフのスキルで
あり、これは、その人ごとにどの程度支援が必要か、そのレベルを見極め、必要十分か
つ、適切な支援を提供することです。もう1つは、共に行うというスキルで、今、起こっ
ていることについて、その人を1人の対等なパートナーとして認め、遇し、話し合い、
一緒に取り組むことです。

極端な場合、認知症をもつ人たちが何かをしようとしても、何もできないケア環境もあります。このような環境では、ある人が何かをしようと望んでも、それは、他の人たちに無視され、環境に妨げられます。このようなことは、長い時間歩きまわる人たちに、時々起きる可能性があります。この行動が、いわゆる、止めるべき“徘徊”行動として見なされる組織では、その行動を束縛し、さえぎるために、現場のスタッフの取り組みや物理的な環境が使われ、それも、しばしば非常に拘束的で不適切な方法で行われています。しかしながら、認知症をもつ人の同じ行動が、ニーズの表れや、その人がまだもっている能力とみなされる組織では、ニーズを満たし、安全な方法でその人の能力を促進することに焦点を絞った対応がなされます。

場合によっては、転倒のリスクを危惧するあまり、ケアプランが、その人のよい状態を守るためではなく、転倒を防ぐためのものにすり替わってしまうことさえあります。しかし、拘束は、身体的なものであっても、薬剤によるものであっても、最後の手段であるべきです。さらに、リスクについての懸念と、リスクを冒すことがその人のよい状態に与える肯定的な影響とのバランスを、考慮する必要があることを、まず認識した上での取り組みである場合に限ってのみ、使われる選択肢であるべきです。能力を発揮できるようにすることのニーズを満たすための取り組みについては、第5章の指標“その人の視点に立ったリスク管理”（リスクが発生する可能性があっても、それを両者が理解し、受け入れ、その人が何かができるように支援すること）の中で述べました。

認知症をもつ人たちの関わりを継続できるようにし、能力を発揮できるようにするためには、スタッフたちが支援する認知症をもつ人たちに代わって日々の意思決定をする責任を担えるように、**スタッフたちは自分たちの責任で判断できるよう一定の裁量権が与えられ、実践できるよう支援されている**という組織の文化が不可欠です。その理由は、スタッフたちが、認知症をもつ人たちの能力の変化を見極め、その変化に応じた行動を、その都度、自分たちの裁量でとる必要があるからです。そのように、関わりを継続できるようにする取り組みを現場に根付かせるためには、ケアの典型的行動様式が役立ちます。なぜなら、**認知症とともに生きる人たちが人生を楽しめるような活動**にたずさわっていることが当然のことであると理解されているということは、現場でそれぞれの人の能力に注意が払われ、常に彼らの能力が引き出されていることを意味するからです。スタッフたちが、認知症をもつ人たちのために、**その人の人生がよりよいものになるよう**彼らを取り巻く様々な状況に常に気をつけている、そして、**彼らが日々過ごす場所を楽しめるよう支援する**というケア文化の下では、繰り返しになりますが、支援者であるスタッフたちが、距離を置いて見守り、必要に応じて介入しながら、確実に、支援のあり方を、その人のニーズに合わせているのです。

以下の観察では、1人のケアスタッフが、すばらしいスキルと忍耐をもって、入居者の公子さんが、様々な薬剤を飲む手助けをしている様子が見られます。この2人のやり取りは、計15分続きました：

　　ケアスタッフが公子さんに、水の入ったグラスを見せて「はい、どうぞ。これは、この薬を飲むためのお水ですよ。まず、こちらの錠剤を口に含んでから、お水を飲んでくださいね」と言います。非常に、根気よくやり取りしています。公子さんは、水をゆっくりと少しずつ飲んでから、「多すぎて、こんなにも飲めない」と、言います。ケアスタッフは、「確かに多いですよね、でも、いいこともあるんですよ。たくさんお水を飲んだほうが、腎臓や膀胱の働きがよくなって、ご気分も晴れますよ」と、答えてから、公子さんの犬の話をしてみます。それから、もう一度、グラスを公子さんの口に持っていって、「あと、ちょっとだけ残っていますよ」と、言います。公子さんは水を、もう一口飲みます。すると、ケアスタッフが、「あら、次は、あなたの大好きなお薬です！」と、言います。公子さんは、歌い始め、ケアスタッフが笑います。そして、公子さんの口の中に錠剤を入れると、公子さんはふり向いて、立ち止まり、また、おしゃべりを始めます。ケアスタッフが、公子さんと肩を寄せ合って、笑顔で公子さんの表情を真似して見せます。そして、ケアスタッフは、また、公子さんの口に、次の錠剤を持っていきます。公子さんが、口を開けて錠剤を飲み込むと「あなたって、本当に最高！　素敵、残さず全部飲んだんですもの」と、ケアスタッフは言います。

　この本のPart2のp.227に、この指標に関してあなたの組織がどこまで達成できているのかをふり返るために役に立つ質問が設けられています。

6. 地域社会の一員であること：認知症をもつ人たちが、地域社会とのつながりを保てるよう、私たちのケア現場では、可能な限りのことを行っているでしょうか？　また、地域社会の人たちも、施設とのつながりを保っているでしょうか？

　英国では、認知症をもつ人たちが、長年、生活してきた大規模施設の多くは閉鎖され、代わりに地域のより小規模な施設が多数開設されました。けれども、大規模収容施設で行ってきた、私たちの体に染みついたケアのやり方は、たとえ、より小規模な施設に代わっても、今もなお、認知症をもつ人たちへのケアの中に生き続けています。私たちが今でも目にするのが、認知症をもつ人たちの生活を、"サービス提供者"が提供できることに合わせるように要求するサービス施設が、あまりにも多いということです。これは、認知症をもつ人たちの、コミュニティーや日常生活との関わり合いにとって不利益となるものです。地区の看護師やケアスタッフからの1回限りの訪問の予約ならば、通常の

日課の多少妨げとなったとしても、大した害にはならないかもしれません。しかし、施設の都合で、いつもの日課や人々のネットワークが度々中断させられるようなことがあったなら、認知症をもつ人たちの生活の一部であるコミュニティーの人間関係が、非常に急速に崩れてしまいます。さらに、自宅で暮らす人々を支援するサービスでさえ、"子どものおもりをするように、家の中でお世話をするだけのサービスにとどまり"、地域社会の一員であり続けられるようにするサービスにはなっていません。

　入所施設では、閉鎖的な施設という考え方は、いまだに残っており、例えば、利用者が建物や敷地から出て行くことは、ありえません。多くの人々が、外出のための帽子やコート、靴を履いて、バスに乗って出かけたり、パブやお店、教会に行ったりする機会すらないのです。こういった多様な活動は、私たちが、ごく普通に行っている生活の一部であり、私たちが自分自身であることを支え、人生における自分の興味関心を維持することを助けてくれています。認知症をもつ人たちも、他の人たちと同様に、この多様性を必要としています。

　加えて、地域社会の人々も、また、自分たちの地域にある施設やデイサービス、病院と関わりをもち、気軽に立ち寄ることが、必要です。中には、古い収容所を囲っていたような大きなレンガ塀が、まだあるかのように思わせる施設もあります。誰もが気軽に訪問できるような施設では、入所者の生活も活気づいているに違いありません。そこに住む人たちを訪問する療法士や芸術家、いろいろな分野の趣味をもった人たちによる新しい試みも数多くあり、地域の友だちやボランティアの人たちができることもたくさんあります。外から来た人たちも利用できるカフェをつくったり、保育園や遊び場を地域の施設と共同で運営することも、認知症をもつ人たちが当たり前の生活に関わっているという感覚を維持し、認知症を取り巻く差別をいくらかでも取り除くことに役立つでしょう。

　組織に関わる人全員が、お互いにとって重要な存在になっていることは、よいケアの文化には重要な特徴であり、それがなければ、よい文化を持続することは不可能です。それなしでは、自分が、その施設というコミュニティーの一員であるという感覚や、施設の中で起きていることの一端を自分も担っているという感覚が築かれることはなく、関わっている人たちは、一致協力して働くどころか、バラバラな方向に向かって進んでしまうからです。施設自体が、1つのコミュニティーであるという感覚は、外部の地域社会とのつながりによって、非常に活性化され強化されます。なぜなら、ボランティアや訪問者などといった形で、外部に対する開放性や、外部から入ってくる情報や考え方が、新しい機会や刺激を与えるからです。施設や、住宅サービスや、デイサービスが、外部の地域社会とのよいつながりをもっていれば、そこは、理解され、受け入れられる場所となります。理解され、受け入れられる場所は、今度は、働いたり、生活したり、訪問したりする場所として望ましい場所となるのです。

次に示す例は、施設に、地域社会にある資源をもち込むことの重要性を明らかにしています。1人のアクティビティー担当のケアスタッフが、最近、小さな移動動物園をホームに呼んだ時のことを語りました:

> そうなんです、ロバが調教師と一緒に、みんなのところを1人ずつ回りました。みんな、どうしたらいいのかわからなかったんですが、調教師が、「はい、お手をどうぞ」と言って、始めたんです。すると、入居者とのコミュニケーションもとてもうまくとれ、彼らは、みんなが、どんな気持ちなのかもよく理解していました。「私の手の上にあなたの手をのせてください。一緒にやりましょう」と、言っていました。ロバだか、ポニーだかよくわからないんですが、頭を入居者の膝にのせていました。そんな光景は、今まで誰も見たことがなかったんです、今までにない素敵な感触を得ました。先輩のスタッフが、「この10年で、私たちが経験した中で、これが一番よかった」と、言ってくれました。私は、「どうもありがとう」と答え、それなら、またやろう、と思いました。

同様に、この例では、外の世界とのつながりを維持することの重要性が、アクティビティーの責任者によって語られています:

> 私たちは土曜日に外出しました。私はただボランティアとして行っただけです。合唱団がメサイア（クリスマスの時期に教会などでよく歌われる曲）を歌うのを聞きに行きました。入居者を15人、ミニバスで連れて行きました。帰りのバスの中で、彼らが、歌ったり、涙を流していたりしているのを見ましたが、そんな光景はめったに見たことがありません。バスの後ろのほうでガヤガヤ言って、みんなお互いにおしゃべりに花が咲いていたんですよ。あそこに皆と外出するには大変で、バスを降りてからも、1マイル（約1.6km）も歩いてエレベーターも3回乗り換えて、やっと、会場にたどり着きました。戻ってからみんなが喜んでいるのを見て、がんばったかいがあったな、と思いました、それに、彼らにとっては実に意味深いことだったんですよ。

> この本のPart2のp.228に、この指標に関してあなたの組織がどこまで達成できているのかをふり返るために役に立つ質問が設けられています。

7. 家族や友人たちとの人間関係：私たちは、その人にとって重要な人たちについて知っており、彼らを歓迎し、彼らの関わりを価値あるものと考えているでしょうか？

認知症が誰かの身に起きると、本人を取り巻く様々な人たちの人間関係にひずみが生じることがあり、それは時に、安定した関係に襲いかかる嵐に例えることもできます。

それは、健康や生命に関わる重大な出来事のどんなものでもそうであるように、認知症をもつ人と、その人の親しい人たちにとっては、苦悩をもたらし、脅威となるものです。確かに、認知症をもつことになった後の新たな人間関係の再構築に、認知症をもつ人たち自身が貢献する可能性はあるのですが、そのような新たな環境や人間関係に、本人や親しい人たち全員が適応するまでには、時間と適切な支援を要します。例えば、母親であれば、子どもが小さい頃は、家族の要となって、子どもたちの仲がうまくいくように、相互の主張を聞いたり、なだめたりして、仲立ちをし、口げんかをやめさせたりしてきたかもしれません。

しかし、認知症になった今では、もし、彼女が、以前のように、子どもたちがやり取りをする会話を覚えていられなくなり、他の人たちからの支援を必要としているなら、彼女の与える影響力や相互作用にも変化が生じ、さらに、このことは、子どもたちだけではなく、彼女に関係する人たち全員に、何らかの影響を及ぼします。認知症をもつ人に支援を行う時には、その人にとって大切な人間関係を尊重し、維持できるようにすることが、パーソン・センタード・ケアの不可欠な部分であることを、理解して受け入れなければなりません。どんなに複雑な関係があったとしても、認知症をもつ人たちにとって重要な親しい人たちに対しては、十分な配慮をもって大切にしなければ、私たちは、認知症とともに生きる人たちによいケアを実践することはできません。

しかしながら、認知症とともに生きる人たちにとって、人間関係の維持という点で重要な家族や友人たちが、そのアイデンティティーを否定され、認知症を揶揄する時のように、しつこい人、洗濯運び人などとあだ名をつけて呼ばれたり、「あんなふうになりたくない」などと、私たちと違う世界に住む人たちのように扱われたりすることが、残念ながら、頻繁に起きています。さらに、多くの場合、家族や友人たちは、業務上、どんな人かという、非常に限られた観点からしかその存在を認められていません。彼らは、単なる認知症をもつ人の"何かあった時に連絡する相手（書類上必要な人）"、（連絡先としての）子どもたち、たまたまよく来る人として認識されているだけで、その人の人生にとって、他の誰よりも、重要であり、様々な役割を果たす可能性を秘めた人々として、その真価を認められていないのです。私たちにとって、友人たちは、親しい友人も、少し遠ざかってしまった友人も、また昔からの友人も現在の友人も、家族と同じように、私たちの人生をより有意義なものにする点において、重要な存在なのです。私たちの家族形態はそれぞれ多様であり、大家族もあれば、核家族もあります。また、それらを構成している人たちやその歴史という点でも複合的で、非常に異なっています。血がつながった家族だけとは限らず、再婚などによって、血縁のない兄弟がいるような家族もあれば、同性婚や内縁関係など、様々な形態の家族もあります。そして、時として、従来重要視されてきた血縁家族より、後者のような関係の家族のほうが、私たちが、有意義

な人生を送るためには、より重要な家族である可能性すらあるのです。私たちの人間関係は複雑であり、常に変化し、またそれらが、多くの場合問題をもたらすこともあります。しかし、これは、見方を変えれば、家族や親しい友人たちとの関係が、私たちのアイデンティティーや、私たちの有意義な人生にとって、どれほど重要であるかを、明白にしているということです。

　いかなる施設あるいはサービスにおいても、認知症をもつ人に支援を提供する時には、私たちの適切な関わりによって、認知症のために、そういった大切な人間関係が、壊れてしまうのを防げることもあるでしょうし、残念ながら、できないこともあるでしょう。そして、あまりにも多くの場合、支援を提供しようとして、悪気はなくても、ちょっとした不注意のために、認知症の嵐の中に落雷が落ちるように、すでに疲弊しきった人間関係に、追い打ちとなり、一層のプレッシャーとなってのしかかったり、さらなる要求や期待を押し付けることになってしまうことがあります。そうならないように、私たちは、支援や、情報を提供することにより、また、他の人たちと協力して働きかけることによって、認知症をもつ人たちと彼らにとって大切な人たちが、その下に安全に宿ることができる傘となるような行動を遂行すべきです。

　認知症をもつ人たちにとって重要な友人たちや家族についての情報を収集し、彼らに関わってもらえるようにするためには、どのように努めればよいのでしょうか？　それぞれに異なる背景や人間関係をもつ人たちに、家族は“こうであるべき”とか、“こうするべき”であるなど、私たち自身の価値観や決めつけを押し付けることがないように、私たちは細心の注意を払っているでしょうか？　こういった親族や、大切な人たちに、彼らにとって可能な限り関わること、あるいは関わらないことは、どちらも適切なことであるということを、どのように伝えて理解してもらえるようにしていますか？　私たちは、移民のような、私たちと異なる文化背景をもつ人や、ゲイ、レズビアン、バイセクシュアル、トランスジェンダーなど、多様な性の人々を、不注意に遠ざけるようなことが絶対にないように、言葉遣いや、働きかけ方を深く考慮しているでしょうか？　会話や、趣味や活動にたずさわる機会を通して、人々が新しい人間関係を得ようとして真剣に試みるための支援をしているでしょうか？　こういった支援は、大切な人との死別によって、人との付き合いが急激に減ってしまう老年期には、特に重要なことです。

　大切な人たちとの結びつきを保てるように、**積極的に働きかけることは、組織に関わる人全員が、お互いにとって重要な存在になっている**という文化によって促進されます。なぜなら、そのような文化があるコミュニティーでは、一人ひとりが、多様性にあふれ、それぞれに異なる方法で関わる機会が提供され、そうすることで、その時々に、その人の人生にとって重要な意義をもつ人たちが、必要とする支援を望む時はどんなことにでも応じられるからです。さらに、このようなコミュニティーがあれば、それ自体

が、そのコミュニティーの中での新しい人間関係を創り出すための助けとなります。なぜなら、スタッフと家族たちは、認知症をもつ人を通して、自分たちのつながりを認識し、認知症をもつ人は、そのコミュニティーの一員である他の人たちによっても認識され、受け入れられるからです。また、結びつきがあるということも、他の人たちの価値観やスキルを理解する助けとなります。その人の最も古い友人は、生活歴についての情報という点で、多くのものを提供できる人です。そのような情報は、支援スタッフにとって非常に貴重である可能性があります。同じように、最も古い友人もまた、認知症をもつ人たちのニーズの変化に応じて、どのように彼らを支援すればよいかについてのスキルや知識をもつスタッフたちに対して、感謝の念を抱くことでしょう。

　卓越したケアを実践するために、すべての人たちが、皆、一致団結して、取り組んでいるという文化の特徴は、ここでも重要です。なぜなら、それは、支援スタッフであっても、家族であっても、友人であっても、皆が、パーソン・センタード・ケアの目標を理解し、共有し、彼らのスキルに最もよく適した方法で貢献できるように助け合うことができるからです。どんなことが、認知症をもつ人のよい状態を高めるかということについての一致した見解に向けての不断の取り組みがなければ、施設、スタッフ、家族たちが、つい、それぞれ異なる目標をもち、相反する目的に向かって取り組んでしまうことになります。

　以下の例では、母親が介護施設に入所した当初、大切な人間関係をよりよいものにすることができるよう手助けした、スタッフとの重要な関わり合いを親族が思い出しています：

　　母が入所した当初のことですが、私は…母と一緒に座っていました。その日は、彼女は機嫌が悪かったことを、覚えています。周りには、他の人は誰もいなくて、大きなラウンジには、私と母だけで、彼女は何を聞いても、話してくれないし、私は涙をこぼして泣いてしまいました。すると、1人のケアスタッフが、どこからともなくそばに来てくれ、私の肩に手を置いて、力強く握って、「お気持ちわかりますよ…大丈夫ですか？」と、言ってくれました。
　　そして、それは、間違いなく、私の気持ちを大きく変えたんです。ケアスタッフは、母のことだけを気遣うのではなく、家族に対しても同じように気遣いをしてくれることがわかりました。とても心が温かくなりました。その後すぐ、私にお茶を持ってきてくれました。それも、とても自然でさりげなく、です。私は、お母さんが話してくれないくらいのことで取り乱してしまうなんて、自分はなんて馬鹿なんだろうと思ったんですが、決して、馬鹿にされたとか、軽んじられたとか感じることはありませんでした。そして、あの時に私が必要としていた励ましと支援を与えてもらったと、感じたんです。そして、ちょっとしたあの気遣いを、絶対に忘れません。それ自体は、彼にとっては、毎日していることをやっただけ、かもしれないけれど、私にとっては本当にありがたく、大きな意味があった

んです。

この本のPart2のp.229に、この指標に関してあなたの組織がどこまで達成できているのかをふり返るために役に立つ質問が設けられています。

▶ まとめ

パーソン・センタード・ケアの第4の要素は、他の人々との関わりを保てるように認知症をもつ人を支え、一人ひとりが地域社会の一員として存在し続け、人生に関わり続けることを手助けするようなケアを提供することです。もしそのようなケアが、認知症の人とのよいコミュニケーションや共にあり続けるような関わりを通して実現できれば、認知症をもつ一人ひとりが、安心し、受け入れられ、共感をもって理解され、関わりを継続できていると、実際に感じることができるはずです。認知症をもつ人たちへのケアサービスは、たとえ小規模な施設であろうとも、真の意味で、地域社会の一部でなければなりません。

Chapter 7

VIPSを実践し、よいケア文化を育む

　パーソン・センタード・ケアという言葉を最初に用いたのはキットウッド（1988）です。それは、認知症の医学的・生物学的モデルや単なる技法的なモデルの枠組みを超えて、認知症をもつ人たちとともに、より広くより豊かに取り組む、新たなケアの方法を示すためでした。以後、今日まで、パーソン・センタード・ケアについての理解は深まり、それを実践するための専門的な知識・技術も著しく発展してきました。この本の第1版では、パーソン・センタード・ケアの異なる要素をVIPSとして明確に表現し、これらの要素が実践されると、ケア現場が、どのような感じのものになるかを説明しようと試みました。ケアを提供する組織内部の異なるレベルの管理者やリーダーたちは、パーソン・センタード・ケアを実践する上で、様々な立場での責任を担い、また、影響力をもっているということがわかりました。この第2版では、これらのことをさらに強調しながら、なおかつ、VIPSの異なる要素が美しい花として咲き誇れるような、力強いケアの文化を育成することがいかに重要であるかを強調したいと考えます。

　理想は、VIPSのすべての要素が働き合って相互に効果を高め、よい文化をもたらすことです。こういうことは、時々、偶然に、あるいは、意図せずに起きます。例えば、さほど大きくないケア組織に、強固なパーソン・センタードな価値基盤をもっているリーダーがいる場合には、ケアチーム全体に徹底的に組織の理想像を伝えることができるので、よいケアの文化が芽生え、成長します。その間に、新しいスタッフが採用され、すぐにそのような働き方を身につけるので、時の経過とともによいケアの文化が継承されるのです。また、強いパーソン・センタードな価値基盤があるということは、スタッフの離職率が低いことであると言っても過言ではないでしょう。それがまた、よいケアの文化を長い間、堅固に保持する助けとなります。しかしながら、このような比較的小規模の組織内であっても、いつもこのようなことが起きるとは限りません。そして、このようなことは、自然に起きると決めてかかるのは危険なことです。

　より大規模のケア提供組織や、いくつかのケアサービスを提供する組織全体で、よいケアの文化を成長させ、維持することは、単なる偶然で起きる可能性はおそらくないでしょう。ケアが、確実にパーソン・センタードであり続けるためには、組織内のあらゆるレベルの管理者たちが一致団結して取り組むことが不可欠です。VIPSの要素と指標は、このための戦略を提供するものです。よい文化とは、どんな感じのものになるかに

ついて、組織が明確に理解するための青写真を得るために、VIPSの要素と指標が役に立ちます。

　パーソン・センタード・ケアのある特定の要素だけが実践され、他の要素が無視されるような場合に、どのようなことが起きるのでしょうか？　それを予測しやすくするモデルとして、このVIPSという定義は、果たして役に立つのでしょうか？　それは、とても関心をそそる問いです。以下にまとめた観察内容は、これまで認知症とともに生きる人たちのための多くのケア施設と一緒に取り組んできた経験に基づくものであり、さらに、第2章で検討されたよいケア文化の特徴の相互の関係性を説明する上でも、役立つものです。以下の表7-1にまとめられています。

表7-1

この要素が重要視されず、取り組まれない場合	要素	この要素だけに力を注ぎ、他の要素との関連を考慮していない場合
認知症の人たちやケアにたずさわる人たちに対する差別が起きる。認知症の人たちは、よい質のケアを得る権利を享受できない。	V：人々の価値を認める	ケアの理想ばかり唱えている。人々が賛同するもっともらしい考えだが、どう実践すればよいのかわからない。パンフレットの体裁はよいが、実践が伴わない。
アセスメントやケアプランが個々の複合的なニーズや生活歴をふまえて適切に行われておらず、整合性にも欠ける。生活の中でケアがつながりをもって実践されておらず、ニーズに合致したケアが提供されていない。	I：それぞれの人の独自性が尊重された生活	事務処理に追われ、大量の情報が収集されているが、それらの情報は、ただ、保管されているだけか、あるいは、日々の現場では、実際のケアに活かされることがない。
認知症とともに生きる人たちにとって最も優先すべきことにケアの焦点が当てられておらず、彼らの求めているニーズにマッチしていない。認知症をもつ人たちの行動に、苦悩や苦痛が表れ、無気力状態が非常に頻繁に見られる。	P：その人の視点に立つ	身体的にも情緒的にも、スタッフが疲弊し、バーンアウトが生じる。認知症とともに生きる人たちの苦痛が、非常に頻繁に確認されるが、疲弊しているスタッフには効果的に支援する余力がない。
コミュニケーションが乏しく、スタッフに、認知症を意識した対人関係のスキルがない。施設は安全性と見た目の美しさに重点を置いている。	S：相互に支え合う社会的環境	よく考えずに技術・技法に追随する。最新の技法を試みては投げ出し、頻回にケアの方向性を変更する。

▶ V：人々（認知症をもつ人たちとケアにたずさわる人たち）の価値を認める

この要素が重要視されず、取り組まれない場合

　第1の要素（V）は、私たちが行うすべてのことにおいて、認知症をもつ人たちの価値を認めることに関するものです。第3章では、認知症とともに生きる人たち、その家族や友人たちの誰もが、質の高いケアを受ける権利を有しているにもかかわらず、そうした権利を行使することができないリスクにさらされていることを確認しました。歴史的に見ると、認知症をもつ人たちが今よりもはるかに少数であった時代には、彼らに対するサービスは、特別な専門的な対策として考えられていました。トム・キットウッドが最初に論文を書き始めたころは、これが実情でした。しかし、現在では、成人のための医療・福祉サービスを提供する組織はことごとく、認知症をもつ人たちとその家族たちが、中核をなす主要な事業の一部であることを認識する必要があります。ということは、今では、ごく一般的な、診療医であっても、病院であっても、ケアホームであっても、あるいは、在宅看護・介護のサービス提供者であっても、利用者の中の重要な中核をなしているのは、まさしく、認知症をもつ人たちとその家族であるということです。

　しかし、これらのサービス提供者たちの多くは、自分たち自身も、実際は、認知症ケアサービス提供者であるということを、いまだに認識していません。サービス提供組織が、包括的に、認知症の有無にかかわらずあらゆる利用者に対してサービスを提供するために存在していることを、誰もがわかるように示していないことは、様々な危険性をはらんでいます。重大な認知障がいをもつ人たちは、これらのサービスを利用できなくなり、サービス提供者たちは、おそらくこうした人々のニーズを満たしていない危険性があるということを意味しているのです。最悪の場合、認知症とともに生きる人たちは、例えば、"ベッド塞ぎ"などと呼ばれ、サービス提供者の資源に関する問題の原因であると見なされてしまいます。しかし、実際には、認知症をもつ人たちのニーズに合わせようと努力しないサービス提供者こそが問題であり、認知症をもつ人たちのほうがその犠牲者なのです。もし、パーソン・センタード・ケアを推し進めようとするのであれば、ケアのサービス提供者たちは、認知症をもつ人たちの価値を認めるという要素を実現することに、積極的に、また断固として、取り組まなければならないのです。現場の第一線にいるスタッフたちは最善を尽くしているかもしれません。しかし、認知症とともに生きる人たちの人生に価値があるということが実際に認められなければ、スタッフたちは日々最前線で苦闘することとなり、ケアの質を持続させることは困難となるでしょう。

この要素だけに力を注ぎ、他の要素との関連を考慮していない場合

　それに対して、もしパーソン・センタード・ケアが、単に抽象的な価値基盤としてだけ理解されると、表面的な言葉の寄せ集めか、知識体系の裏づけがなく、実践に応用できない理想主義と見なされる可能性があります。価値基盤からどう実践すればよいかを容易に考えつく人もいますが、大半の人は、具体的な言葉を使って、もっと詳しい説明を必要としています。こういった状況は、ケア組織が作った見た目のよいサービス案内のパンフレットが、美辞麗句や、価値を認められている生活を請け合う約束をするかのような言葉であふれている場合に起きうるのです。しかし、事業者が、本気でこれらの約束を果たすという目標に向けて、準備を整え推し進めなければ、"人々の価値を認める"といくら表明しても、空虚に響くだけで、パーソン・センタード・ケアの実現に近づくことはできません。

人々の価値を認めることの実現を促進する

　パーソン・センタードな認知症ケアを実行し、持続できるケア提供組織を創り出すためには、V（価値を認める）の要素の指標にあるすべてを満たす必要があります。組織のトップにいる指導者たちに、その目的や成果について明確な認識がある時、真の変革が起きるのです。言い換えれば、体裁のよいパンフレットの中の文言が、飾り文句だけにとどまらず、指導者によって解釈され、真に実践に移され、そこで表れた結果を通して、今、実践されていることの問題点が明らかになり、その上で、解決に向かって進むことになるのです。組織の戦略的な計画とは、これがどのように達成されるかについての長期的な指針を示すものです。この計画は、パーソン・センタードな認知症ケアの実行を確実なものにするために、最後まで遂行されるべきです。組織内の様々なレベルの実践に影響を及ぼすことのできるように、特に関連の深い職務の人たちの間で緊密なコミュニケーションや協力体制、よい人間関係があることが、変化を創り出すには、不可欠なのです。つまり、組織内に、認知症ケア戦略に合致したスタッフの役割や職務計画が存在し、機能していることが、効果的に変革を実現するための手段となることが少なくありません。

▶ I：それぞれの人の独自性が尊重された生活

この要素が重要視されず、取り組まれない場合

　第2の要素（I）は、それぞれの人の生活の独自性に焦点を当て、尊重することです。第4章で、認知症とともに生きる人たちが直面する、自分は誰であるかという感覚を保

持することが困難になるということ、そして、それがパーソンフッドにどのように強い影響を与えるかということを、私たちは学びました。特に、認知症が進行し、その人の複雑なニーズが評価されず、対応されなければ、パーソン・センタード・ケアは実行不可能となり、大混乱を招きます。"I"の要素のすべての指標を目指そうと思えば、どんなスタッフたちでも、ケアすべき人々を、瞬時にわかりやすく、"理解"できるような適切な手順と枠組みがあり、それらが機能している必要があります。さらに、これらの手順を設定し、適切に機能させ、実際に活用されているかどうかをチェックする職務をもった人や、責任をもってチェックする仕組みがないのなら、ケアは基本的には、行き当たりばったりのケアに終わってしまいます。時には、それでもうまくいくでしょうが、ほとんどの場合はうまくいかないのです。

この要素だけに力を注ぎ、他の要素との関連を考慮していない場合

　もし、パーソン・センタード・ケアが、他の要素を重視せずに、ただの個別ケアという意味だけに受け取られると、ケアは非常に狭い範囲でのニーズに対応するものに陥ってしまい、認知症の人の生きた経験に、ほとんど変化をもたらさないものになってしまいます。認知症の人それぞれに応じてケアに取り組むには、常に認知症をもつ人の視点から世界を見ようとすることが必要です。認知症をもつ人たちの視点をまったく考慮しなくても、個別アセスメントやケアは可能です。しかし、そうすると、アセスメントの内容は、すべて専門家が重要と見なすものだけに絞られてしまうことでしょう。たとえ、すべてのサービス利用者に対して、それぞれ異なる個別ケアプランがあったとしても、その人個人にとっては重要なことがまったく優先されていない可能性があるのです。

　現場での実践にどのような強い影響を与えるかを実際に考えずに、多くの評価の書式と手順を開発してしまうような人が、認知症リーダーに任命されてしまうと、その組織では、I（それぞれの人の独自性）の要素だけが偏って過度に強調されてしまう恐れがあります。手順のチェックリストはパーソン・センタード・ケアを実行するという目的のためにあるのに、チェックリストに記入すること自体が目的になってしまうという危険をはらんでいるのです。「私の今週の達成目標は、あと12件のライフ・ストーリーを仕上げてしまうことです」と言われても、パーソンフッドが維持されているという感覚を、誰がもてるでしょうか！　パーソン・センタード・ケアの意味することとは、チェックリストを記入し、完成させることだともしとらえられたなら、決して人々の生活の質をよりよくすることには関係ないような紙の束が、大量に作られているということになります。世界中のケア施設にある書類用の整理棚は、認知症をもつ人たちの生活についての情報が書かれたファイルであふれています。しかし、どんなたくさんのファイルがあっても、本人にとって意味のある情報でなければ、これから先も、ケアスタッフは彼

らについての最も基本的な真実ですら知ることはないでしょう。

それぞれの人の独自性が尊重される生活の実現を促進する

　"I"（それぞれの人の独自性）の指標と深く関わる手順の開発に集中することができる、"認知症リーダー"という立場で採用される多くのスタッフや専門職の人たちは、パーソン・センタード・ケアの提供に影響力を及ぼす非常に強い立場にいます。彼らは、しばしば組織内の最高意思決定機関の人たちとうまくコミュニケーションをとる立場にあり、また、最前線での実行に、直接、影響力を及ぼす立場にもあります。彼らは、組織の様々な部門に関係している人たちに、パーソン・センタードな実践とは、現実にはどのように見えるのかを伝える方法を創り出さなければならないのです。さらに、彼らは、上層部の人たちが、パーソン・センタード・ケアの実践を経営にも見合ったものとして確実に認識できるよう、コミュニケーションをとることができなければなりません。彼らは、組織内で、管理に関わる文化・気風や、スタッフの教育・研修のようなVの要素に関する指標の中に、変革しなければならないことがあることを見極めることができるかもしれません。そして、上層部の人たちと協調・連携し、彼らが前進するための支援を提供できなければなりません。

　また、彼らは、最前線のスタッフたちとともに取り組み、彼らに現場でパーソン・センタード・ケアを実践するためのスキルや資源があることを確認し、どこに実際的な障壁があるかを明らかにすることができなければなりません。あらゆる新しい書式、手順、あるいは記録に関しては、それが本当に認知症とともに生きる人たちの恩恵につながっているかどうかを確認するために、組織の隅々まで足を運ぶことが重要です。認知症リーダーの役割を果たし、組織に変革をもたらす進め方とは、まずは試行し、PDSAのサイクル（Plan-Do-Study-Action 計画―実行―評価―改善）にのっとって、ふり返りを重ねながら実践を進めるやり方です。

▶ P：その人の視点に立つ

この要素が重要視されず、取り組まれない場合

　第3の要素（P）は、出発点として認知症をもつ人の視点に立とうとすることに関するものです。スタッフがケアをする相手の視点からケアを考えるために真摯な努力をしなければ、ケアは単なる行き当たりばったりの試行錯誤のケアになってしまいます。認知症とともに生きる人たちは、自分たちの声に、何とか耳を傾けてもらおうとして苦闘するのですから、相手の視点に立とうとする努力が見られない現場では、苦痛や苦悩によって引き起こされる行動や、今は、"BPSDと呼ばれている行動や言動"は、より多く

観察されるでしょう。片や、そのようなケア環境に長期間にわたって暮らしている人たちは、わかってもらおうとして挑戦し続け、燃え尽きてしまい、段々、自ら学ぶことになる、無力感と無関心という状態に陥ってしまいます。最終的には、認知症をもつ人は関わることをあきらめて、周囲の世界から自分の世界にどんどん引きこもってしまうのです。

この要素だけに力を注ぎ、他の要素との関連を考慮していない場合

　最前線のスタッフたちが、彼らが支援している認知症をもつ人たちの感情面でのニーズに、より一層気づき、意識できる助けとなるよう、時間やエネルギーを投入し、取り組んでいる医療・福祉サービスの現場はあることにはあります。しかし、スタッフたちが、認知症をもつ人たちの感情面でのニーズを満たすために役立つ技能を習得する機会が十分提供されていなかったり、また、技能はあっても、それを現場で実践するために必要な人的資源や物的資源が十分確保できなかったり、それぞれの人の独自性が尊重されるケアを実行するための一連のプロセス（方法、手順）も確立されてこなかったといった状況に、現場ではしばしば遭遇します。これは、"意識"を高める研修は頻繁にしてきたけれど、実践的な技能や手順などについてはほとんど教育してこなかったという組織で起きうることです。このような場合、最前線のスタッフを、強い自責の念や無力感にさらしてしまうという状況に置くことになるのです。そして、それは時間とともに、スタッフたちを感情面でのバーンアウトや、引きこもりという状態に至らしめてしまいます。

その人の視点に立つことの実現を促進する

　認知症とともに生きる人たちの感情面のニーズや、その人たちが、どんな世界を経験しているかをわかろうとして、強い共感をもつことは、変革達成の強力な原動力となります。この動機づけは、スタッフチームの人たちと協力して取り組むために活用することができ、その結果、一人ひとりの生活の質を向上させることができます。例えば、通常あり得ないような行動や、苦痛や苦悩に起因する行動をとる人がいたとします。そんな時は、その人の環境や健康状態について、できるだけ多くの情報を得ることが、その人が、苦しみ、もがいている原因を解明する助けとなるかもしれません。専門家である地域保健チームからの支援を得ることが、その人の生活の質を向上させる助けとなり、さらに、そのチーム内のスキルも全般的に高めるかもしれません。ケア環境や一般的な手順の変更を、より大きな影響力のある立場の人たちに提案することは、その人の苦痛を軽減するために役立つ可能性があります。いきなり大規模な変更を提案するのではなく、試しに、ちょっとした変更案を提案するほうが、変化をもたらす方法としては、よ

り受け入れられやすいかもしれません。実際に成功した例を公表することが、変革をより広く普及させることになるかもしれません。

▶ S：相互に支え合う社会的環境

この要素が重要視されず、取り組まれない場合

　第4の要素（S）は、その人が人として尊重される人間関係がある社会的環境です。もし、ケアワーカーや家族、施設の職員が、認知症をもつ人たちにとってよい社会的環境、すなわちよい人間関係を提供するスキルや高度な専門性を兼ね備えていなければ、人々の間に苦痛や混乱がはびこることでしょう。パーソン・センタード・ケアを提供するにあたっては、人間関係を支持し育む社会環境が、日々、パーソンフッドを維持するための重要な鍵となるのです。自分は誰であるかという意識が衰えていくにつれ、認知症をもつ人にとって、以前と変わらず、周りの人々と人間関係を保ち、強い結びつきを維持していることが、いよいよ重要になります。言語を使う能力が失われていくにつれ、非言語によるコミュニケーションを通しての心温かく、包容力に満ちた人間的な関わりの重要さは、さらに増していきます。このような人間的な関わりがない時、組織はおそらく、過度に、安全性を追求したり、物理的環境の見た目の美しさを強調するようなケアの実践を遂行することになるでしょう。もし、これがケア施設や病院なら、訪問者にとって、初めのうちは、見た目がよいものかもしれませんが、そこで過ごす認知症とともに生きる人たちにとっては、パーソンフッドを傷つけるような、有害な社会心理をもたらすものとなるでしょう。

この要素だけに力を注ぎ、他の要素との関連を考慮していない場合

　本人が、自分自身よい状態にあるという感覚や、パーソンフッドが支持されているという感覚を育むケアや支援を、どう提供するかを、直感的にわかっているケアスタッフや専門家は世界中にたくさんいます。暖かい共感をともなったケアを実践することは、ケア分野で働く多くの人たちにとっては、非常に強い原動力なのです。日々のお互いの人間関係の中で、思いやりや、共にあるという感覚を備え、何かができるように励まし、力を与えるスタッフたちと一緒に働くことによって、どうすれば同じことができるかを学ぶことができる人たちも、他にたくさんいます。しかしながら、相互に支え合う堅固な社会心理があっても、他の要素による支えがないと、時が経過するにつれ、この要素をもちこたえていくことはおそらくできないでしょう。そのような施設では、個々のスタッフたち次第ということになってしまうでしょう。

　これらのスタッフたちのスキルが評価されず、よいアイデアをもっていても耳を傾け

てもらえないなら、彼らを正当に評価する別のケア提供施設に移ってしまう可能性があ
ります。共感をともなったケア実践が、気づかれずに見過ごされてしまう場合もありま
す。共感をともなったケアの代わりに、私たちはしばしば、新しい"その場しのぎの対
処法"や新しいテクニックを見つけて解決しようとします。パーソン・センタード・ケ
アとは、その人に関するものであって、ツールや技法に関するものではありません。そ
の人の価値観を最大限に尊重することがなければ、そもそもこれらのツールを使う理由
が不明瞭になり、技術・技法に従うだけの独創性のない実践となる可能性があります。

相互に支え合う社会的関係の実現のために変革を促す

　認知症とともに生きる人たちのために、相互に支え合う、緊密でゆるぎない人間関係
を創ることに秀でた技能を発揮することができるスタッフチームをもっていることは、
非常に貴重な財産です。ケア組織は、彼らを活用し、このような資質と力量を兼ね備え
ている人たちのチームを複数築く必要があります。これらの技能をもっているスタッフ
たちが、普段の実践の中で、その活動を評価されるだけでなく、昇進、勤務評定、表彰
などの公式な方法によっても評価され、確実に高い尊敬や評価を得られるようにするこ
とが、よい実践の普及をもたらすでしょう。

▶ パーソン・センタード・ケアが見失われたとしたら

　ケア組織の多くはよいケアを提供していると思います。しかしながら、そのようなケ
アが維持されているのは、往々にして、過酷な困難をものともせずによいケアを実践し
ているごく少数の実直なスタッフたちによるものであることを、私たちの経験は物語っ
ています。しかも、そういったケアを実践するための十分な支援を、施設側から受けて
いるからではなく、自らの決意、献身、自らの資源によって、スタッフたちはケアを支
えているのです。このような献身的なスタッフたちが退職したり、病気になったり、休
職中であったりすれば、ケアの質は瞬く間に悪化し、投げやりなケアが、問題にされる
ことなく、そのまま続けられる可能性があります。そして、いつか、虐待と言われる状
態にまで、エスカレートしてしまう恐れもあります。そのような明らかなネグレクトや
虐待と言えるような現場の光景が、どこかの施設で（倫理的には問題ですが）隠し撮り
された現場の映像に映っていたのを見たことがあります。

　ケアの質の低下にもがいているケアホームや病院を、ガラッと一変させて、よりよい
ケアが継続するための文化を育むためには、管理の面でも非常に力強い文化を必要とし
ます。"その場しのぎの解決策"などありません。この本の中で述べられているVIPSの
指標やケアの文化に対する不断の注意を確固たるものにし、継続的な取り組みを維持さ

せるためには何年もかかる可能性があるのです。ケアホームや病院に滞在する認知症とともに生きる人たちの健康やよい状態を促進するための最も効果的な方法は、質の高いスタッフやスタッフたちのリーダーたちを採用し、雇用の継続をすることです。学校の校長がそうであるように、彼らが、ケア文化を根付かせる責任を担うことになるのです。ケアホームや病院を経営するために、組織の理事会、上級管理者たち、施設の管理者たち、さらに、シフトリーダーたちまで全員が、よいケアとは実際にはどのような感じのものになるか、それを目指すためには、どのようにチームが高い質のケアを実践するよう管理するかを、知っていなければなりません。

▶ まとめ

　認知症は、本人にとっても、家族にとっても、誰にとっても重大な影響を与える、非常に厳しい問題です。しかしながら、パーソンフッドを支えるケアがないばかりに起きている苦悩に対しては、少なくとも私たちが、パーソン・センタードなケアの実践にもっと取り組んでいけば、いくらかでも減らすことができるでしょう。このVIPSのフレームワークは、認知症とともに生きる人たちのサービスだけに当てはまるものではありません。傷つきやすい状態にあり、支援を必要とする人なら、すべての人に当てはまるものです。言い換えれば、私たちの誰にでも当てはまるものです。

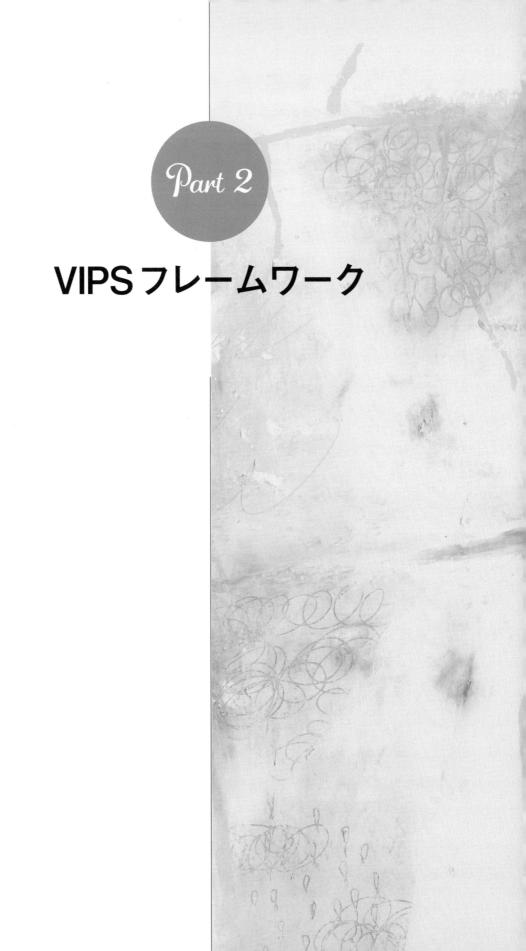

Part 2

VIPS フレームワーク

VIPSフレームワーク：
認知症と共に生きる人々への
パーソン・センタード・ケア

▶ VIPSフレームワークを用いる

パーソン・センタード・ケアのVIPSの定義には、4つの重要な要素があります：

V：年齢や認知能力にかかわらず、すべての人の存在自体に絶対的な価値があると認めること
　（価値基盤）
I：すべての人が唯一無二の存在であることを認識し、それぞれの人の独自性を尊重して取り
　組むこと
P：支援を必要とするその人の視点から世界を理解すること
S：心理的ニーズを満たし、相互に支え合う社会的環境を提供すること

これらの要素については、本書のPart1で詳しく述べましたので、このPart2では、VIPSフレームワークについてご紹介します。

このツールは、保健・医療・福祉サービス提供者が、認知症とともに生きる人たちへのパーソン・センタード・ケアに取り組む中で、どの部分が相対的にうまく達成できていて、さらに改善が必要なのはどの部分かを評価するのに役立つように考案されています。その中では、VIPSの各要素ごとに、パーソン・センタード・ケアとは何かを明らかに示す6つの重要な指標について、詳しく説明しています。Sの要素には、もう1つ、その人にとって、家族や友人との関係の重要性に関する指標も追加されました。それぞれの指標を使って、自分たちの組織が、実際に、どの程度パーソン・センタード・ケアを達成できているかをふり返り、サービスの質を向上させるためのアクションプランを導き出すことができます。

このVIPSフレームワークには、多くの異なる活用方法があります。初めて用いる場合は、すべての問いに1人で答えることは難しいでしょうから、ぜひグループで、できれば組織の中で異なった役割を担っている人たちといっしょに、ぜひ、サービス利用者からの意見を取り入れながら、このフレームワークに沿って最後まで評価してくださ

い。実際、特定の指標についての、それぞれ異なる視点やとらえ方が、ある領域のサービス向上の必要性を浮き彫りにすることもあるのです。

　ここでは、ケア提供者という言葉を、最も広い意味で使っています。それは、自宅や、デイケア、住宅サービス、入居施設、医療・保健施設（病院）などで、認知症をもつ人へのサービスを提供するすべての人々が含まれています。

　また、Care fit for VIPS（VIPSにふさわしいケア）のウェブサイトの利用も、ぜひお勧めします。www.carefitforvips.co.uk, は、すべての機能を利用するには登録が必要ですが、無料で利用できるウェブサイトです。本来は、特に施設介護の職員を対象に開発されましたが、最新版では、在宅サービスやデイケア、住宅サービスでも使うことができます。さらに広く、病院や保健サービスの職員にも使われています。それぞれ同じ25の指標を使っていますが、サービス提供の種類に応じて、それぞれ異なる具体的な用語を用いた表現に替えてあります。

　このウェブサイトでは、指標ごとにページが設けられており、各指標についてどの程度達成しているかを評価するための一連の質問が用意されています。これらの質問とふり返りのポイントは、この本のPart2に再掲したものに類似しており、ウェブサイトでは、指標の評定が上がれば、その指標の色が変わります。サービスの種類によって、同じ指標でも強調点や範囲が異なりますが、本書の紙面ではそうしたことはできませんので、幅広い保健介護サービス提供者が活用できるように、ふり返りのポイントの欄を設けました。

　また、ウェブサイトには、品質向上計画が求められるどんな領域でも用いられている、計画（P）、実行（D）、評価（S）、行動計画作成（A）のサイクルを用いて改善に取り組むのに役立つページも設けられてます。こうした質の向上を支援するために、有用な情報や資源が幅広く収集されており、書籍や論文、ウェブサイト、研修、動画など、様々な情報・資源、YouTube clipsが、各指標とリンクされています。ウェブサイトは、ケア向上に役立つ資源を見分けた上で、定期的に更新されています。すべての資源は、念入りに審査され、パーソン・センタードで適正な質のものであることが保証されています。

　各指標の表題は、次のページにある通りです。

V：人々の価値を認めることの指標

V1	ビジョン： どんな理念をもってケアに従事しているのか、自分たちのビジョンを、ケアに関わる人全員が共有していますか？
V2	人的資源／人材： スタッフがかけがえのない人材として、経営者から価値を認められていると、確かに感じられるシステムが機能していますか？
V3	運営・管理をめぐる組織の気風／文化： パーソン・センタードなケアが確実に実践されるようにするために、現場のスタッフたちが自分たちの責任で判断できるよう一定の裁量権を与えられ、実践できるよう支援されているような運営・管理が実際に行われていますか？
V4	研修とスタッフの能力開発： パーソン・センタードな認知症ケアを実践できるように、優れたスキルを身につけたスタッフの成長や能力開発を支援するシステムが機能していますか？　認知症とともに生きる人たちを支援することが、熟練したスキルを要する重要な仕事として周囲から認められていることを、スタッフは理解していますか？
V5	サービス環境： 認知障がいとともに生きる人たちの手助けとなり、誰でも利用できる物理的、社会的環境がありますか？　私たちの施設の環境は人々のために役立っていますか？
V6	質の保証： 認知症をもつ人たちや彼らの支援者たちのニーズや関心を把握し、それに基づいて継続的にケアの質を向上させるための仕組みが機能していますか？　私たちは、さらなる向上を追求し、絶えず努力していますか？

I：それぞれの人の独自性が尊重された生活の指標

I1	ケア・支援のためのケアプラン作成： ケア・支援のためのケアプランは、それぞれの人の独自性を尊重し、誰もが、希望や不安、強みやニーズをもつ唯一無二の存在であることを認識して作成されていますか？
I2	ケアの日常的な見直し： 一人ひとりの変化を認識し、それに対応するよう、ケアを常に見直していますか？
I3	それぞれの人の持ち物： 認知症をもつ人々が、自分自身のお気に入りの衣類や大切な持ち物を日常的に使用していますか？　なぜそれらの物が、彼らにとって重要であるか、どんな意味があるかを、すべてのスタッフが知っていますか？
I4	それぞれの人が好むこと： 人それぞれの好き嫌いやお気に入り、それぞれの価値観に基づいて選ぶことについて、スタッフの誰もが、それらに耳を傾け、共有し、対応していますか？
I5	生活歴： 一人ひとりにとって大切な人間関係や、重要な人生の物語、手がかりとなる出来事を、スタッフの誰もが知っていて、その内容が日常的にケアに活かされていますか？
I6	活動やたずさわること： ニーズや能力にかかわらず、人々の一日が、それぞれにやりたいことや、周囲の人々や世界との関わりで十分満たされていますか？

P：その人の視点に立つことの指標

P1	**コミュニケーションが重要な鍵である：** 私たちは、認知症とともに生きる人たちのあらゆるコミュニケーションの方法に絶えず注意を払い、適切に応じる優れたスキルを身につけていますか？
P2	**その人の視点に立ったリスク管理（リスクが発生する可能性があっても、それを両者が理解し、受け入れ、その人が何かができるように支援すること）：** 私たちは、支援を受けている人の立場に自分を置き換えて考え、その人の視点に立って世界を見、リスクについても考えているでしょうか？
P3	**物理的環境：** ここは、認知症とともに生きる人たちにとって快適で、安全で、くつろげるような場所ですか？
P4	**身体の健康：** 私たちは、人々の健康やよい状態に絶えず注意を払い、適切に対応し、それらを最も望ましい状態に維持していますか？
P5	**コミュニケーションとして理解すべき"BPSDと呼ばれている状態"：** 私たちは、常に、その人が、言語だけでなく、行動によるコミュニケーションを通して何を伝えようとしているかを考え、そして行動していますか？ "BPSDと呼ばれている状態"を単に"管理"するのではなく、その行動の根底にある理由を探し出し、理解しようとしていますか？
P6	**人権擁護：** 私たちは、認知症をもつ人たちの権利、名誉、尊厳が確実に擁護されるように、彼らの代弁者として声を上げていますか？

S：相互に支え合う社会的環境の指標

S1	**共にあること：** 認知症をもつ人たちが、周囲で起きていることに関わっていると感じられるように手助けされ、その人にできるような方法で参加できるよう支援されているでしょうか？
S2	**尊敬すること：** 私たちが提供する支援は、唯一無二のアイデンティティーや、強みや、ニーズをもつ一人の人として認知症をもつ人が尊敬されていると、明らかに感じられるものでしょうか？
S3	**思いやり（優しさ、暖かさ）：** 私たちが創り出す雰囲気は、認知症をもつ人たちが、歓迎されている、望まれている、受け入れられていると感じるために役に立っているでしょうか？
S4	**共感をもってわかろうとすること：** 認知症をもつ人たちの感情や気持ちが理解され、真剣に受け止められ、対応されているでしょうか？
S5	**関わりを継続できるようにすること：** 私たちが提供する支援は、認知症をもつ人たちが、可能な限り積極的にその生活や活動に関わることができるために、助けとなっているでしょうか？ 私たちが支援をする時に、認知症をもつ人たちは、対等なパートナーとして遇されていると感じているでしょうか？
S6	**地域社会の一員であること：** 認知症をもつ人たちが、地域社会とのつながりを保てるよう、私たちのケア現場では、可能な限りのことを行っているでしょうか？ また、地域社会の人たちも、施設とのつながりを保っているでしょうか？
S7	**家族や友人たちとの人間関係：** 私たちは、その人にとって重要な人たちについて知っており、彼らを歓迎し、彼らの関わりを価値あるものと考えているでしょうか？

本書のPart2では、各指標について、ケア提供者は、自分たちが以下の尺度に沿って、どの程度実施できているかをふり返るようになっています。

- **優れている**：ケア提供者の実践が、疑いの余地なく最高の水準に達している場合。そのような高い水準の実践が継続しており、サービス全体に一貫して行われている。
- **よい**：ケア提供者の実践が、高い水準に達している場合。しかし、サービスの領域によっては、継続性や一貫性に不十分な点が見受けられる。
- **可**：ケア提供者の実践が、大半の場合、最低水準を超えているという指標の根拠がある場合。よい実践の要素もあるが一部にとどまり、組織全体にはまだ普及していない。
- **改善が必要**：ケア提供者が、自分たちがどこまで行えているのか、把握していない場合や、課題を認識していても、まだ取り組んでいない場合。また、何が原因で一貫して取り組めないのかを明らかにしていないような場合。

　VIPSフレームワークは、次の、少なくとも3つの側面で用いることができます。

1. パーソン・センタード・ケアについて、組織全体の意識を向上させる

　パーソン・センタード・ケアについて、組織全体の意識を向上させる目的で、このフレームワークを用いる場合には、リーダーはフレームワークに沿って質問しながら、それぞれの指標について、グループが活発に話し合えるようにします。グループの構成は、ケア組織の規模やグループの目的によって変わりますが、普通は、病棟のチーム、在宅ケアのチーム、理事会といったような、すでにあるグループになりがちです。しかし、これら、既存の組織内のグループとは、別のレベルで働く、あるいは様々な領域で責任を担う、10~12名のメンバーで構成される場合が、おそらく最も効果的でしょう。サービスの種類や組織がどの程度、外部に開かれているかどうかにもよりますが、サービスを利用する人や、サービス利用者を支援する人にも、討議に加わってもらうことができれば、より実りある議論ができることでしょう。また、異なるグループのメンバーたちが、事前に各自で、ウェブサイトのCare fit for VIPS（VIPSにふさわしいケア）の質問項目に回答してから集まって討論すると、さらに理解が深まるでしょう。

　話し合うこと自体が、多くのことを生み出します。以前からの取り組みの中で、優れた成果をすでに上げた事柄については、組織全体で再認識し、喜び合い、外部の研究会などで発表を考えることもあるでしょう。その一方で、同じ組織の中であっても、グループのメンバー間で、それぞれの立場で経験したことにずれもあるでしょう。

　それは、決まりきった方針や、今まで通りの手続きに従っていれば起きるはずのないことが、実際にはしばしば起きるからです。だからこそ、パーソン・センタード・ケアのよい実践について話し合い、お互いに共通認識をもつ必要があるのです。また、同じ

組織内でも、パーソン・センタード・ケアの実践にどのような違いがあるかを明らかにし、それぞれにどのように取り組むか、グループで初めて話し合う機会になるかもしれません。このようにグループでの話し合いをスムーズに進めるためには、メンバーが気軽に遠慮なく意見を言い合うことができるように、グループの力を巧みに引き出す技能が必要となります。

2. エビデンスを収集し、基準と比較評価する

このような目的で用いる場合は、このフレームワークを組織内の正式な内部評価手段として使いながら、自分たちの実践がどの程度基準に達しているかを、実際に評価します。多くの施設では、実際に行っている以上に、自分たちはよく行えていると考えがちです！ エビデンスを収集する方法には、書類や報告書を見直すことや、スタッフやサービス利用者に対する聞き取りやアンケートなどの調査、特定の話題についてフォーカス・グループ会議を開くこと、ケア場面に行って観察すること、およびケアに関わる重要な指標やインシデントを追跡し、検討することなどが含まれます。こういったエビデンスの収集と分析には、評価を効果的に実施する技能が求められます。また、時間をとって、実際にケアや支援を受けている人たちや、現場でケアを提供している人たちから話を聞くことは重要ですし、何にも代えがたいものだということを心に留めておくことが必要です。

3. 重要な要素のうち改善を要するものについてアクションプランを立てる

ケア実践を現実に改善するためには、1つか2つの領域に焦点を絞って、組織として、取り組むことが必要です。言い換えると、ワーキング・グループや学習グループをつくり、ある要素あるいは指標について、組織全体で力を合わせて取り組みます。それぞれの指標を使って、どういう重要な領域を考慮すべきかを明らかにすることができます。このように指標を使うためには、プロジェクトを運営管理し、ケア実践向上のための人材を育成する技能が必要とされます。

パーソン・センタード・ケアを、いかなる期間であっても継続しようとするのであれば、組織全体が、決意をもって取り組むことが必要とされます。VIPSのそれぞれの要素は、異なったレベルのリーダーシップを必要とします。

- 一番目の要素V（人々の価値を認める）では、組織をリードする責任を負う上層部が、リーダーシップをとらなければなりません。
- 二番目の要素I（それぞれの人の独自性が尊重された生活）では、ケア組織の中でケ

アの基準と手順を定めることに責任のある人たちが、特にリーダーシップをとる必要があります。

・三番目の要素P（その人の視点に立つ）、および四番目の要素S（相互に支え合う社会的環境）では、日々の運営とケアの提供について責任のある人たちがリーダーシップをとることが求められます。

　この本のPart1を通して私たちが強調してきたように、自分たちのサービスを評価したり、変化、改善させる領域について検討する際に重要なことは、全体を覆っている組織の文化が、いかに、現場で起きることの助けとなったり、時に妨げとなったりしているかを検討し、熟考することです。さて、ここで、CHOICEプロジェクトにより確立された、認知症とともに生きる人たちとその複雑なニーズを支援、推進するよいケアの文化について、重要なメッセージを改めて示します。

1：卓越したケアを実践するために、すべての人たちが、皆、一致団結して取り組んでいる。
2：組織に関わる人全員が、お互いにとって重要な存在になっている。
3：認知症とともに生きる人たちの能力を引き出し、よいケアを実践できるように、管理者たちは、現場のスタッフたちが自分たちの責任で判断できるよう一定の裁量権を与え、実践できるよう支援している。
4：管理者たちは、ケアの実践を最重要なものとして、現場のケアに影響を与える外的要因から守っている。
5：変化する日々の生活において、スタッフたちが、ケアを受ける人々の人生がよりよいものになるように目指し、取り組んでいる。
6：人々が日々過ごす場所を楽しめるように、スタッフたちが支援している。
7：人々が日々周囲の人や生活に関わり、充実感を得られるように、スタッフたちが支援している。

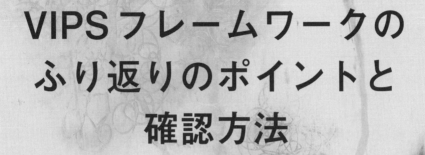

VIPSフレームワークのふり返りのポイントと確認方法

サービス提供者名 _____

日付 _____

サービス種別 _____

私たちのサービスの評価に協力した人たち

_____

_____

_____

_____

人々の価値を認める

　人々の価値を認めるとは、認知症とともに生きる人たち、そして、そのケアにたずさわる人たちに対して、年齢や認知障がいの有無に関係なく、あらゆる権利を擁護し、差別的な行為を根絶することです。

V1 ビジョン：
どんな理念をもってケアに従事しているのか、自分たちのビジョンを、ケアに関わる人全員が共有していますか？

☐ **ふり返りのポイント**

　人々の価値を認めることは、組織のトップから始めなければなりません。ビジョンは、あなたの組織が何を目指し、何を優先するかを表明するものであり、あなたたちの仕事の中心をなす価値基盤を表しています。明確で一貫した目標を目指して改善に取り組み続け、基準を維持するためには、大きな努力を要します。

　あなたの組織の文化の異なる諸側面が、実践におけるビジョンの達成に、どのように重大な影響を与えるかについて、十分考慮する必要があります。組織のトップがパーソン・センタード・ケアの実践に専念することを明確に伝達することによって、優先事項が何であるかを誰もが理解できるようになりますし、説明責任を負う根拠となる基準をつくることができるのです。

☐ **あなたの組織ではどうですか？　以下の点について、考えてみましょう**

＊パーソン・センタード・ケアを優先事項とする理念や使命が明らかに示されている。

＊私たちのビジョンは、あらゆるスタッフ、認知症とともに生きる本人、家族、友人など、知る必要のある人々にとって、わかりやすく、明らかに示されている。専門用語の使用を避け、平易な言葉や表現、また、絵/写真を使った、いろいろな形や方法で入手し、利用できるようになっている。

＊私たちのビジョンは、実践において、どの程度目的を達成しているか、誰もが判断しやすいものである。

＊スタッフや認知症とともに生きる人、家族、友人も、ビジョンを創り上げるために貢献できている。

＊すべてのスタッフが、私たちのビジョンの真髄について知っており、現場での日々の支援において、そのビジョンを達成するために、自分たちが何を実践できるかを理解している。

＊組織幹部は、彼らの決定に際してビジョンを指針として活用し、またサービス変更時にはビジョンに言及している。

☐ **以下の方法で確認・評価することができます**

• サービスに関して利用者が手に入れられる資料の内部評価をする
• スタッフへの聞き取り、アンケート調査をする
• 支援を受ける人々がどんな経験をしているかを観察する
• サービスの利用者や訪問者への聞き取り、アンケート調査をする
• どのような経路（ネット、チラシ、講演など）で、私たちの組織を知り、利用することになったかを調べる

　現状では、どこまでできていますか？　➡　優れている ／ 良い ／ 可 ／ 改善が必要

V2 人的資源／人材：
スタッフがかけがえのない人材として、経営者から価値を認められていると、確かに感じられるシステムが機能していますか？

☐ ふり返りのポイント

　人々にケアや支援を提供するいかなるサービスであっても、運営において最も重要なのは人であり、何よりも人を重んじる取り組みでなければなりません。スタッフは、自分たちが価値を認められていると感じていれば、自分たちがケアを提供する人たちに対して、同じように価値を認めるでしょうし、認められていないと感じていれば、その人たちの価値を認めることも難しいでしょう。スタッフが、人々の価値を認めてケアを提供するという仕事を行うためには、組織も、彼らの価値を認め、支援する必要があるのです。あなたの組織の文化の様々な側面が、日々、スタッフが受けることのできる情緒的あるいは実際的な支援に、いかに強い影響を及ぼしているかについて考える必要があります。もし組織がスタッフのニーズに耳を傾けて応じていれば、スタッフは自分たちが支援する一人ひとりに対しても、同じように、進んで耳を傾け、対応することでしょう。このことは重要であり、スタッフとの日々の関わり合いやインフォーマルな支援と同じように、募集や指導体制、職員研修や人材開発についての、組織の取り組みに影響を与えることなのです。

☐ あなたの組織ではどうですか？　以下の点について、考えてみましょう

＊職員募集のやり方は、自分たちが支援する人たちや、私たちが提供するサービス内容に最もふさわしい人材を募ることに焦点を当てている。

＊スタッフの指導や人事評価のシステムは、十分実施されている。また、日々のインフォーマルな支援の仕組みがうまく機能している。

＊現場スタッフの責任の範囲や、権限が明確で、チームとして協力し合って働きやすいように、勤務が適切に組まれている。

＊現場のスタッフが経験しているストレスや困難に対して、組織として十分認識し、スタッフに話を聞いたり、適切に対応、支援している。

＊利用者の支援について悩みを抱えたり、状況を改善する機会を見つけたような時、どんな行動をとればよいか、スタッフがわかっている。スタッフは自信をもって、自分の気持ちや考えを表現できるように支援されている。

＊スタッフは自分たちのスキルを伸ばし、キャリアを向上させるように励まされている。

☐ 以下の方法で確認・評価することができます

- スタッフへのアンケートや聞き取りなどの調査をして、話し合う
- サービスの企画や提供について、スタッフが自分で関わったり達成した実績を記録し（ポートフォリオ＊など）、提出するシステムがあるか、それが適切に利用されているか、確認する
  ＊ここで言うポートフォリオとは、サービスの企画や提供について、自分が達成した実績を記録したり、スタッフ自身の力量を証明するもの
- 人材募集や指導の体制が適切か、確認する
- 外部評価（例えば、能力開発優良企業の認証制度）を利用する

現状では、どこまでできていますか？　➡　優れている ／ 良い ／ 可 ／ 改善が必要

V3 運営・管理をめぐる組織の気風/文化:
パーソン・センタードなケアが確実に実践されるようにするために、現場のスタッフたちが自分たちの責任で判断できるよう一定の裁量権を与えられ、実践できるよう支援されているような運営・管理が実際に行われていますか?

☐ ふり返りのポイント

　優れた支援や質の高いケアを実践しようとすれば、優秀なスタッフが必要であり、優秀なスタッフには、優れた運営管理のある仕組みが必要です。誰かをパーソン・センタードな方法で支援しようとすれば、スタッフは自分たちの精神的、身体的な能力を源泉にして活かす必要があります。このことをうまく行うためには、スタッフは、自分たちの仕事に価値を認め、仕事が求める様々な要求に応えるのを支援してくれるような環境が必要なのです。私たちの組織の文化が、どのようにスタッフの能力を引き出し、あるいは妨げているかについて、私たちは考える必要があります。それは、日々の生活の中で、スタッフたちが支援する人々のために行動できるよう、自分の責任で判断・実行する裁量権を与えられ、支援されるためです。構造やシステム、日課などは重要ですが、それらは適正で、かつ柔軟なものでなければなりません。風通しがよく、やればできると思える文化であれば、スタッフはケアの仕事に向けて伸びていき、取り組みごとにより大きく成長していくことでしょう。

☐ あなたの組織ではどうですか? 以下の点について、考えてみましょう

＊自分たちの実践をふり返り、自分たちが提供するサービスをよりよいものにすることを目指す文化がある。スタッフだけでなく、利用者や訪問者もそれに関わっている。

＊スタッフが、いつも、先輩スタッフや管理者のところにきて、自分たちのサービスを、どうすれば向上させることができるかについて、質問やアイデア、挑戦すべき課題について助言を求めており、それらに基づいて取り組もうとしている。

＊チーム全体で、異なるシフトの人たちの間でもコミュニケーションがよく、十分な時間をとって情報を共有したり、一緒に問題解決や心配なことについて話し合っている。

＊関わるすべての人が、"あの人たち⇔私たち"といった、距離を置いた第三者的な関係でなく、自分たちの施設や組織を全員が所属する1つの共同体と見なしている。

＊スタッフたちが、自分たちの仕事は重要であり、自分たちは人々の生活によりよい変化をもたらすことができると感じている。

☐ 以下の方法で確認・評価することができます

• スタッフへのアンケートや聞き取りなどの調査や、話し合いをする
• スタッフ会議の議事録を作成し、どのような指導をしているか、その経過を記録し、確認する
• あらゆる意見をおろそかにせず、不満や苦情、賞賛の分析をする
• スタッフが、日々、どんな体験をしているか確認する

現状では、どこまでできていますか?　➡　優れている ／ 良い ／ 可 ／ 改善が必要

V4 研修とスタッフの能力開発：

パーソン・センタードな認知症ケアを実践できるように、優れたスキルを身につけたスタッフの成長や能力開発を支援するシステムが機能していますか？　認知症とともに生きる人たちを支援することが、熟練したスキルを要する重要な仕事として周囲から認められていることを、スタッフは理解していますか？

☐ **ふり返りのポイント**

　認知症の人を支援するには、熟練した技術を要します。認知症をもつ人たちにパーソン・センタードなケアを行うことは、精神的にも身体的にも、集中力を要する厳しい仕事です。スタッフは、確固たる価値観をもち、認知症について深い理解と、自己認識、そして、コミュニケーションやリスク管理についても特有の技能を必要とします。これらを継続的に向上させるためには、研修や指導、チームの話し合いを通して、自分たちの仕事をふり返りながら行う必要があるのです。私たちの組織には、スタッフたちがそのようなふり返りを行い、そうした難しい仕事に挑み続けることを可能にするような文化があるかどうか、私たちはふり返る必要があります。

☐ **あなたの組織ではどうですか？　以下の点について、考えてみましょう**

＊新人研修は、認知症をもつ人たちとともに働くことに、誰もが積極的に取り組むことを確実にするものである。否定的な態度や言葉、実践が起きた場合は必ず、それらに対して建設的な取り組みが行われている。

＊私たちの組織は、スタッフへの研修、能力開発について、支援を受ける人たちのためになる明確な戦略や資源を有している。

＊助言や指導、日々の支援を通して、誰もが自分たちの実践をふり返り、専門性を発展させ共有できるように支援されている。

＊認知症の人たちのケアは、専門的な技能として認識されている。それに応じてスタッフが研修を受けられるように、支援されている。

＊私たちが日常的に用いている実践やシステムは、スタッフたちが研修で学んだことを実践できるようにしている。

＊私たちは、訪問者や家族、友人が、ケアにおける自分たちの役割を発展させ、貢献できるように支援する方法を有している。

☐ **以下の方法で確認・評価することができます**

- スタッフへのアンケートや聞き取りなどの調査や、話し合いをする
- 研修や、実践経験の蓄積を通した学習の記録をする
- スタッフの技能と能力開発の必要性について分析をする
- 緊急事態の分析と実践をふり返る会議の記録を分析する

現状では、どこまでできていますか？　➡　優れている ／ 良い ／ 可 ／ 改善が必要

人々の価値を認める

V5 サービス環境：
認知障がいとともに生きる人たちの手助けとなり、誰でも利用できる物理的、社会的環境がありますか？ 私たちの施設の環境は人々のために役立っていますか？

☐ ふり返りのポイント

　車椅子を使う人や視覚障がいのある人がいれば、彼らが利用しやすくなるように、施設が、そのような人たちにふさわしいデザインを考案したり改造したりすることを、当然、私たちは、期待するでしょう。同じように、認知症をもつ人たちに対してケアを提供することを目指すなら、私たちは、建物や社会的環境が確かに彼らにふさわしく、彼らの身体的・精神的なよい状態を積極的に支援するようにしなければなりません。スタッフが日々、利用者のニーズに応じて適合できるよう、私たちの組織の文化がどのようにこれらの行動を支援しているかについて、私たちはふり返る必要があるのです。

☐ あなたの組織ではどうですか？ 以下の点について、考えてみましょう

＊施設の間取りや装飾、設備が、認知症をもつ人々ができる限り自立して行動でき、安全や安心を感じられ、必要な時に手助けを得やすいようにデザインされている。

＊施設の間取りや装飾は、人々が、混乱や記憶障がい、身体的、感覚的な困難さに影響されないように、むしろなじみやすく、移動しやすいようにデザインされている。

＊人々が望む時にいつでも過ごせる、快適で安全な屋外の場所がある。

＊間取りや設備が、人々のプライバシーと親しみやすさを守るとともに、2人で、あるいはグループで交流をもてるように使われている。

＊訪問者、家族、友人が歓迎され、人々の日常生活に関わりをもてるよう手助けし、励ましている。

＊認知症をもつ人に接するすべてのスタッフが、人々に適切に関わり、くつろぎを提供し、そのニーズに対応するために必要なコミュニケーション技能を身につけている。

☐ 以下の方法で確認・評価することができます

• 物理的環境を確認する
• 施設を利用する人々、訪問者、家族、友人との話し合いをもち、聞き取り、アンケート調査をする
• スタッフのケア実践の様子を観察する
• 支援を受ける人たちの日常的な体験を観察する
• 研修の記録と技能の分析をする
• 支援を受ける人たちのための活動や、たずさわることの記録をつける

現状では、どこまでできていますか？ ➡ 優れている ／ 良い ／ 可 ／ 改善が必要

V6 質の保証：
認知症をもつ人たちや彼らの支援者たちのニーズや関心を把握し、それに基づいて継続的にケアの質を向上させるための仕組みが機能していますか？　私たちは、さらなる向上を追求し、絶えず努力していますか？

☐ ふり返りのポイント

　　自分たちのサービスの中で、支援を受け、あるいは働き、また訪問する人たちにとって、どのような体験が起きているかを、意識的にふり返ることがなければ、どのようなニーズについてさらに取り組みを改善すべきか、おそらくわからないことでしょう。自分たちのサービスから支援を受ける人々の体験や意見を理解することは、どんな変化が求められているかを明らかにする上で、とりわけ重要です。私たちの組織の文化が全体的に、改善に向けた要望や意見をどう受け止め、それに基づいて行動するスタッフの能力にどのような影響を与えているかについて、私たちは考える必要があります。苦情対応の手続きは、第一歩としてはよいでしょうが、それにとどまることなく、より開かれた文化を創り出すために、意見や問題、悩みを積極的に掘り起こす必要があるのです。

☐ あなたの組織ではどうですか？　以下の点について、考えてみましょう

* 人々が、自分たちの受ける支援について、どの程度、安全と感じ、積極的に関わり、満足しているかについて明らかにする方法をもっている。こうしたフィードバックの方法には、定期的かつ正式な取り組みが含まれるほか、必要に応じて日常生活の中で感想や意見を聞く機会を設けることも含まれている。
* 家族、友人、専門職にかかわらず、外部からのサービスへの訪問者たちに、積極的にフィードバックをもらうように促している。
* 先輩のスタッフたちは、日々の問題や心配事に自分たちが対応できるようにしている。支援を受ける人たちや訪問者も、課題を解決する力があると自信を感じている。
* 人々が楽しく安心して参加できるようにする役割を自分たちが担っていると、すべてのスタッフが感じている。スタッフは自信をもっており、質の低い実践については懸念の声を上げるよう支援され、そうできるように励まされている。
* 賛辞や意見、苦情の手続きシステムがあり、誰もが理解していて、それを利用するために必要な支援を受けている。
* 自分の不満や心配について他者に伝えることの難しい人々の体験を把握するために、いくつかの手段を有している。

☐ 以下の方法で確認・評価することができます

* 支援を受ける人たちとの話し合いや、聞き取り、アンケートを行う
* 支援を受ける人たち、とりわけ重度の人たちが、日々どんな体験をしているか観察する
* 会議や指導の記録をつけ、分析する
* 質の保証の組織だった手順ができているか、それが現場に反映されているかを確かめる
* 外部の品質認証制度を活用する

現状では、どこまでできていますか？　➡　優れている ／ 良い ／ 可 ／ 改善が必要

V 人々の価値を認める

　このシートは、これらの指標についてふり返りながら、さらによいケアの文化を築いていけるように、行動すべきポイントや様々な意見、アイデアを書き入れて使ってください。様々な使い方が可能ですが、パーソン・センタード・ケアを実現するためのPDSAサイクルの一環として記録し、用いることもできるでしょう。

行動すべきポイント	V（人々の価値を認める）について、全体的にどこまで達成できているか

すべての人々が唯一無二の存在であることを認識し、それぞれ独自の生活歴や性格、身体的・精神的な強みとニーズ、社会的・経済的資源を有し、そのすべてが認知症によって引き起こされる一人ひとりの行動や状態に、影響を及ぼしていることを理解すること。

I1 ケア・支援のためのケアプラン作成：
ケア・支援のためのケアプランは、それぞれの人の独自性を尊重し、誰もが、希望や不安、強みやニーズをもつ唯一無二の存在であることを認識して作成されていますか？

☐ ふり返りのポイント

すべての人は唯一無二であり、それぞれ異なる資質、望み、恐れ、強みとニーズをもっています。認知症をもつ人も何ら変わりがなく、だからこそ、私たちが提供するケアでは、個人としてのその人の理解に基づく必要があるのです。誰かをよく知るためには、時間と努力を要しますし、ある人にとって重要なことが、別の人にも当てはまるとは限りません。私たちの組織の文化は、私たちが柔軟に、また変化に敏速に反応して支援を提供することに対し、いかによい影響を与えているかについて、私たちはふり返る必要があるのです。その人をよく知ることは、よい支援を提供し、問題をより容易に解決し、彼らが自分たちの生活により充実感をもって関わるための助けとなります。

☐ あなたの組織ではどうですか？　以下の点について、考えてみましょう

＊これまでのその人の生活歴についてできる限り情報を収集し、その基礎の上に情報を継続して集めている。
＊各人のケアや支援のプランにおいては、どんな支援を必要としているかだけでなく、その人が何をすることができ、どんな強みや望みをもっているかを見極めて作成している。
＊その人の身体的ニーズと同じように、夢や目標を含む心理的、スピリチュアルなニーズも考慮している。
＊私たちのケアプランは、それぞれが日々の決定に関わり、できる限り自立して過ごすために、どんな支援を必要としているかを示している。
＊私たちは、その人について新たに発見したことを確実に考慮するように、ケアプランを日常的に見直し、常に更新している。
＊ケアプランのさらなる向上のために、認知症の本人、家族、友人、ケア従事者、専門家のアドバイスや、本人の様子を観察するなど、手助けとなる多種多様な情報源を活用している。

☐ 以下の方法で確認・評価することができます

• 支援を受ける人たち、家族、訪問者への聞き取り、話し合いをしたり、アンケート調査をする
• ケアや支援の実践と、本人がどんな体験をしているかを、観察する
• ケアプランやそれがいかに実行されたか、確認する
• それに基づいて、個別のケアパスが適宜見直され、更新されているか、経過をチェックする

現状では、どこまでできていますか？　➡　優れている ／ 良い ／ 可 ／ 改善が必要

I2 ケアの日常的な見直し：
一人ひとりの変化を認識し、それに対応するよう、ケアを常に見直していますか？

☐ **ふり返りのポイント**

　人生を通して、私たちのニーズや能力、興味関心は変化します。認知症とともに生きる人にとっても、このことは同じように当てはまることであり、彼らの必要とする支援もまた、日ごとに、また時間ごとに変化する可能性があります。優れた、パーソン・センタード・ケアを提供するためには、私たちは、こういった変化に敏速に気づき、対応できなければなりません。私たちの組織の文化が、現場の支援提供や、必要とされている変化を認識し、それに適応する能力に、どのようなよい／よくない影響を与えているかについて、私たちはふり返る必要があります。

☐ **あなたの組織ではどうですか？　以下の点について、考えてみましょう**

＊人々への支援を日常的に見直すためのシステムがあり、しかも、日々の変化に気づき、それに対応している。

＊人々の変化を認識し、日々の変化に対応できるように、スタッフは柔軟に仕事にあたっている。

＊すべてのスタッフが、利用者の支援プランを容易に確認でき、それを自分たちの仕事に活用しており、また、何らかの変化に素早く気づくことができる。

＊私たちのケアプランは、今、この時を生きている人の記録であり、スタッフ同様に、本人、家族、訪問者、誰もが関わって貢献できるものであり、資料は常に更新され、最新のものとなっている。

＊スタッフたちは、変化を理解して対応するために、サービスの内外を問わず、いつ、誰から助言を求めたらよいかを知っている。

＊自分たちがとらえた変化を理解して対応できるように、地域精神保健チームや、専門家サービスなど、他の支援機関・サービスと連携している。

☐ **以下の方法で確認・評価することができます**

• 支援を受ける人々や家族、訪問者への聞き取りやアンケート調査、話し合いを行う

• 実践や支援を受けている人がどんな経験をしているか、どんな日課を送っているかを観察する

• ケア／支援プランが適切に作成されているか、その評価と評価に基づいた更新が適宜行われているか、チェックする

• それに基づく個別のケアパスが適宜見直され、更新されているか、経過をチェックする

• 本人、家族、訪問者、他の専門家とのコミュニケーションの記録をふり返る

現状では、どこまでできていますか？　➡　優れている　／　良い　／　可　／　改善が必要

I3 それぞれの人の持ち物：
認知症をもつ人々が、自分自身のお気に入りの衣類や大切な持ち物を日常的に使用していますか？　なぜそれらの物が、彼らにとって重要であるか、どんな意味があるかを、すべてのスタッフが知っていますか？

☐ ふり返りのポイント

　私たちは皆、自分にとって大切な、お気に入りの持ち物を持っています。それらが、自分にとって大事な理由は、その持ち物が、自分の人生の中での特別な出来事や人々にまつわる記憶を引き出したり、その時の気持ちを思い起こさせてくれるからです。自分にとって特別な価値のある物でも、他の人にとっては意味のないものに見えるかもしれません。手触りや香り、音などは、私たちの人生の特定の体験や出来事を想起させ、たとえ見知らぬ環境にあっても、くつろぎや親しみを感じさせてくれます。私たちの組織の文化では、こうした持ち物や経験が、人々の日々の生活にどのようにうまく活用されているかどうか、私たちはふり返る必要があります。パーソン・センタード・ケアは、誰かを支援する時に、こうした重要な持ち物についての情報を探り出し、活用することを意味します。

☐ あなたの組織ではどうですか？　以下の点について、考えてみましょう

＊彼らの持ち物や家具、写真などを、その人が普段過ごしている場所に、好きなように置くことができるように支援されている。

＊皆、自分自身の衣類を身に着け、毎日、自分で選ぶことができている。その際、どんな種類、形、素材が、その人にとって着慣れたものか、あるいは、着たいものかなどが考慮されている。

＊スタッフは、それぞれに個人の持ち物を、丁寧に、気をつけて扱っている。

＊その人に関わり、コミュニケーションをとるために、スタッフが個人の持ち物を用いているのをよく目にする。

＊特に、その人が自分ではそれに手が届かなかったり、誰かにそれを見たいとか、使いたいとか、持ってきてほしいとか、言うことができない場合、スタッフは、その人が自分の持ち物を使えるように励まし、支援している。

＊新たなものが必要になったら、その人にとってどんなものが親しみやすいかに注意を払い、それを選ぶ時には、本人も関わることができている。

☐ 以下の方法で確認・評価することができます

• 支援を受ける人、家族、訪問者への聞き取りや、アンケート調査、話し合いをする
• 本人の持ち物をケアに活かしている場面を観察する
• 物理的環境を確認する
• ケア／支援プランが適切に作成されているか、その評価と評価に基づいた更新が適宜行われているか、チェックする

　現状では、どこまでできていますか？　⟹　優れている　／　良い　／　可　／　改善が必要

I4 それぞれの人が好むこと：
人それぞれの好き嫌いやお気に入り、それぞれの価値観に基づいて選ぶことについて、スタッフの誰もが、それらに耳を傾け、共有し、対応していますか？

☐ **ふり返りのポイント**

　私たちにとっては、日常のささいな選択を行うことは、意識しないほど、当たり前のことです。しかし、何時に起きるか、温かい飲み物にするか冷たい飲み物にするか、どこまで散歩に行くか、あるいは、どこに座るかなど、日常のささいなことを決める際に、もし他の人たちに管理されたとしたら、どんな生活になるかと想像してみれば、きっと大変なことだとわかるでしょう。多くの認知症をもつ人たちは、誰かが励ましてくれたり、耳を傾けて、彼らの好みに合わせようとすることに頼らざるを得ないのです。私たちの組織文化では、これらの好むことを見つけ出し、それに十分対応できるようにしているか、私たちはふり返る必要があります。日常生活の中の様々な選択を自分で関わることができるように支援されれば、その人のよい状態は著しく向上するでしょう。パーソン・センタード・ケアとは、個人の好き嫌いや好むことを見つけ出し、日々それに基づいて支援することを意味します。

☐ **あなたの組織ではどうですか？　以下の点について、考えてみましょう**

＊それぞれの好き嫌いや日課、好むことは、本人や家族、友人との話し合いを通して確かめている。いかなる変化にも気づき、スタッフ、家族、友人たちに伝えられ、共有されている。
＊生活のあらゆる側面において、一人ひとりの好き嫌いが、支援プランの一部とされ、スタッフたちは日々それに基づいて支援している。
＊一人ひとりが、自分の好むことに一致した異なる日課をもっている。
＊食事時間など、いかなる日課も、柔軟に、個人の好むことやニーズ、変化に合わせることができるように運営されている。
＊人々が何を選択するかを決め、表現し、好き嫌いを伝えることができるために、その人にどう関わり、どう支援すればよいかを理解していることが、スタッフたちの行動に表れている。
＊たとえ人々の気が変わっても、普通のこととして受け入れられており、スタッフが、そうした変化に対応できるよう柔軟に働いている。

☐ **以下の方法で確認・評価することができます**

• 支援を受ける人たちへの聞き取りとアンケート調査を行う
• ケア実践や日課の観察をする
• ケア/支援プランが適切に作成されているか、その評価と評価に基づいた更新が適宜行われているか、チェックする
• スタッフからの聞き取りと話し合いをする

現状では、どこまでできていますか？　➡　優れている　/　良い　/　可　/　改善が必要

I5 生活歴：
一人ひとりにとって大切な人間関係や、重要な人生の物語、手がかりとなる出来事を、スタッフの誰もが知っていて、その内容が日常的にケアに活かされていますか？

☐ **ふり返りのポイント**

　個人の歴史や体験を無視して、表面的に人を評価することはたやすいことです。けれども、自分が誰であるかを形づくるのは、私たちの人生経験であり、周囲の人々との関係です。パーソン・センタード・ケアでは、その人の生活歴についての深い理解、その人に喜びや悲しみをもたらす鍵となる出来事、そして、その人にとって重要な人々と活動についての理解が必要とされるのです。こうしたことを知ることなくしては、その人の行動や反応を解釈することは困難となり、その人のアイデンティティーを支えるような積極的なコミュニケーションやケアを提供することも非常に難しくなります。私たちの組織文化では、そうした情報を、どのように継続的に集め、活用しているかについて、私たちはふり返る必要があります。

☐ **あなたの組織ではどうですか？　以下の点について、考えてみましょう**

＊支援を受ける一人ひとりについて、家族や友人とともに、ライフ・ストーリー・ブックやメモリー・ボックス、それに類似したものを創るように励まされ、支援されている。

＊スタッフたちは、一人ひとりの唯一無二の歴史に関心を示し、その人に話したり関わる時に活用している。

＊スタッフたちが、時間をかけて一人ひとりと話したり、写真を見たり、思い出を分かち合っている。スタッフたちは、そうした情報を用いて、身の回りの支援を行う時も、その人に関わりをもち、交流する機会として活かしている。

＊家族や友人は、スタッフがその人を知る助けとなるような逸話や、思い出、写真や持ち物を分かち合うよう、励まされている。スタッフたちは、家族や友人がその人の最新の生活について把握できるように情報を提供している。

＊人々が、いつどこでも深く刻み込まれた記憶を呼び覚ます音楽や、日常の物品、写真に自由に触れられる。

＊人々は、いつでも、彼らが強い感銘を受けた思い出の時や場所に連なる音楽を聞いたり、いつも使っていた物品や写真などを見たり触れたりできる。

＊スタッフたちは、行動やコミュニケーションを理解するのに、その人の人生についての知識を用い、それが難しいとわかった時は、さらに多くの情報を探し出そうとしている。

☐ **以下の方法で確認・評価することができます**

● 支援を受ける人、家族、友人、訪問者への聞き取りとアンケート調査、話し合いをする
● 人々が受ける支援や、スタッフのケア実践の観察をする
● ケア／支援プランが適切に作成されているか、その評価と評価に基づいた更新が適宜行われているか、チェックする
● ライフ・ストーリーやメモリー・ボックスを見て確認する

　現状では、どこまでできていますか？　➡　優れている ／ 良い ／ 可 ／ 改善が必要

I6 活動やたずさわること：
ニーズや能力にかかわらず、人々の一日が、それぞれにやりたいことや、周囲の人々や世界との関わりで十分満たされていますか？

☐ **ふり返りのポイント**

　私たちにとって最も幸せと感じるのは、車の修理や、絵を描くこと、友人とおしゃべりするなど、どんなことであれ、自分が楽しめることに関わっている時でしょう。意味のあることにたずさわることのない時間は、長短にかかわらず、退屈や、欲求不満、苦痛を引き起こし、もしこうした状態が続いたとしたら、誰もが周りの世界や、人との関係を断ってしまうかもしれません。パーソン・センタード・ケアは、毎日が、一人ひとりにとって意味を感じられる日になるような方法を見つけ出し、何かに関心を示し、関わり続けられる方法を模索し続けることを意味しています。私たちの組織文化が、毎日このようなことを実現するために、どのように支援しているかについて、私たちはふり返る必要があります。定期的な集団での活動予定があるだけでは十分ではありません。それだけではなく、自然に起きた出来事や、日常的な作業に関わること、一対一での親密な相互交流なども必要です。そうしたすべてが、個々人が心からたずさわっていることを意味するのです。

☐ **あなたの組織ではどうですか？　以下の方法で確認し、考えてみましょう**

＊すべてのスタッフが、活動やたずさわることが自分たちの仕事の重要な部分であると理解しており、そのような機会を目にすれば、必ず好機としてとらえる。

＊料理、掃除、庭いじり、新聞を読むなど、普段の日常的な作業は、人々が関わり、たずさわることのできる機会として認識されている。

＊スタッフたち自身が率先して、各人に意味があると思われる作業に関わることができるように励ましている。自分だけで、活動を始めることのできない人に対しては、それが始められるようスタッフが支援している。

＊快適で安全な屋外の場所にいつでも行って利用することができ、そこでは、様々な感覚を刺激するような体験をすることができる。

＊物理的環境やその人の身近にある物品が、人々が積極的にたずさわることができるように支援されている。

＊人々は、地域のイベントに参加したり、施設の外部の活動に参加するように支援されている。

☐ **以下の方法で確認・評価することができます**

• 支援を受ける人、家族、友人への聞き取りとアンケート調査、話し合いを行う
• 物理的環境を確認する
• 利用者の活動やたずさわることの記録をふり返る
• 日々、利用者がどんな経験をしているか、観察する
• ケア／支援プランが適切に作成されているか、その評価と評価に基づいた更新が適宜行われているか、チェックする

　現状では、どこまでできていますか？　➡　優れている ／ 良い ／ 可 ／ 改善が必要

このシートは、これらの指標についてふり返りながら、さらによいケアの文化を築いていけるように、行動すべきポイントや様々な意見、アイデアを書き入れて使ってください。様々な使い方が可能ですが、パーソン・センタード・ケアを実現するためのPDSAサイクルの一環として記録し、用いることもできるでしょう。

行動すべきポイント	I（それぞれの人の独自性が尊重された生活）について全体的にどこまで達成できているか

　認知症をもつ人の視点に立って世界を見ること：一人ひとりが経験している世界は、その人にとって、心理的には当然なものであり、認知症をもつ人は、その人の視点から世界を見て行動している、ということを理解すること。そして、共感をもってその人の視点を理解しようとする姿勢そのものに、その人がよりよい状態になる力を引き出す可能性があると認識することです。

P1 コミュニケーションが重要な鍵である：
**　私たちは、認知症とともに生きる人たちのあらゆるコミュニケーションの方法に絶えず注意を払い、適切に応じる優れたスキルを身につけていますか？**

☐ **ふり返りのポイント**

　コミュニケーションは、単に言葉によるものだけではありません。行動や、表情、身ぶりなどによるものも含まれています。よいコミュニケーションには、双方向の対話がなくてはなりません。そのためには、何か伝えたいことのある、その人だけでなく、それに進んで耳を傾けることのできる私たちの存在が必要なのです。私たちの組織の文化が、こうした持続的で双方向のよいコミュニケーションを、どのように励まし促進しているかについて、私たちはふり返る必要があります。認知症とともに生きる人々は、コミュニケーションに困難を抱えているために、自身の好みや意見が無視されていると思わざるを得ないような事態が、十分、起き得るのです。パーソン・センタード・ケアが実際に行われるためには、入居施設にいる誰もが、よいコミュニケーションをとることができるようにすることが必要です。

☐ **あなたの組織ではどうですか？　以下の点について、考えてみましょう**

＊スタッフたちが多種多様な方法でコミュニケーションをとっているのを、私たちは日々、目にしている。スタッフたちは、非言語的なコミュニケーションにも注意を払い、対応している。

＊何か行動する際には必ず本人に相談し、その人が関われるように励まし、自分で決めることができるように支援するにはどうすればよいか、スタッフたちは理解し、積極的に行動で示している。

＊自分たちの非言語的なコミュニケーションが、支援する相手の人たちに強い影響を及ぼしていることを、スタッフたちは、しっかりと認識している。

＊複雑すぎて、認知症をもつ人が自分だけで決定することが困難な場合には、どう励ませば、その人が関わることができるか、を知っており、他の誰に相談すればよいかもわかっている。さらに、どのようにすれば最善の決定を確実に行うことができるか、スタッフたちは理解している。

＊私たちは、どの入居者がどの程度、視力や聴力の障がいをもっているかを把握しており、利用できるあらゆる資源を活用して、誰もがコミュニケーションを積極的にとれるように支援している。

＊私たちは、人々が生まれ育った時から慣れ親しんでいる言語を耳にしたり、使ったりする重要性について理解している（注：違う言語の国でケアを受ける人たちもいる）。スタッフたちは、彼らとコミュニケーションがとれるように、人々を積極的に支援するために、利用できるあらゆる資源を活用している。スタッフたちは、コミュニケーションにまつわる個人の文化の様々な課題を認識している。

☐ **以下の方法で確認・評価することができます**

• 支援を受ける時に、認知症をもつ人たちがどんな経験をしているかを、観察する
• スタッフの実践の様子を直接よく観察する
• ケア／支援プランが適切に作成されているか、その評価と評価に基づいた更新が適宜行われているか、チェックする

　現状では、どこまでできていますか？　➡　優れている ／ 良い ／ 可 ／ 改善が必要

P2 その人の視点に立ったリスク管理（リスクが発生する可能性があっても、それを両者が理解し、受け入れ、その人が何かができるように支援すること）：
私たちは、支援を受けている人の立場に自分を置き換えて考え、その人の視点に立って世界を見、リスクについても考えているでしょうか？

☐ **ふり返りのポイント**

　他の人も、自分と同じように世界を体験していると思い込んだり、また、私たちの取り組みについて異なる見方をする人がいたり、自分たちの意図しなかった方法で解釈するかもしれないということを、つい見逃してしまいがちです。パーソン・センタードであるためには、私たちは世界を、その人の目を通して見ようと努めなければなりません。その状況は、彼らにとってどのように感じられるものか？　彼らにとって大事なことは何か？　いかなる状況にあっても、彼らの意見や優先されるべきことは何であるか？　スタッフたちがこうしたことを日々考えて行動する能力に、私たちの組織の文化がどのような強い影響を与えているかについて、私たちはふり返る必要があるのです。その人自身の視点を考慮することがなければ、認知症の人が、何かしようとしている姿を見た時、その人の世界をわかろうとする努力抜きに、つい、とりあえず、リスク管理を優先しようと考えてしまう態度に陥る危険があります。その結果、その人にとってのくつろぎや、何かにたずさわることや、満足感を高めることではなく、自分たちにとって最も容易で安全な対策をとるほうを選んでしまう恐れがあるのです。

☐ **あなたの組織ではどうですか？　以下の点について、考えてみましょう**

＊認知症をもつ人が、一瞬一瞬を楽しんでいるか、そうでないかは、その人ごとに、どのように表れるかを、私たちは知っている。
＊スタッフたちは、自分たちの行動や取り組み、コミュニケーションが、他の人たちをどのような気持ちにさせているかについてふり返り、それに応じて行動を変化させることができることを示している。
＊私たちは日頃から活動や出来事において、認知症をもつ人がどんな体験をしているかについて想像力を働かせて考えようと努力し、それをふまえて、様々な変更を提案している。
＊もし誰かが苦痛を感じたり、対応に困るようなやり方で行動していたなら、私たちはまず、その人が周りの世界をどのように体験しているかについて考えている。
＊私たちのリスク評価は、その人にそれを行わせないようにするためではなく、その人がそれをより安全なやり方で行うための方法を見つけることを目指している。
＊私たちのケアプランや人々の日々の生活は、たとえリスクがあったとしても、彼らの情緒的なよい状態を高める可能性があれば、したいことができるように支援することを示している。

☐ **以下の方法で確認・評価することができます**

• 支援を受ける時に、認知症をもつ人たちがどんな経験をしているかを、観察する
• ケア / 支援プランが適切に作成されているか、その評価と評価に基づいた更新が適宜行われているか、チェックする
• リスク評価について、検討し直してみる
• リスクに関してスタッフと話し合う
• スタッフの実践を観察する

　現状では、どこまでできていますか？　➡　優れている ／ 良い ／ 可 ／ 改善が必要

P3 物理的環境：
ここは、認知症とともに生きる人たちにとって快適で、安全で、くつろげるような場所ですか？

☐ **ふり返りのポイント**

　ある環境の中で、心地よく、安全でくつろげると感じることは、誰にとっても大切です。認知症をもつ人たちにとっては、認知症の様々な側面により、親しみやくつろぎの感覚が損なわれやすいため、物理的環境に細心の注意を払うことは、とりわけ重要なことです。暑いか寒いか、騒音のレベル、におい、色調や全体的な雰囲気などすべてのことが、認知症をもつ人に我が家のような安らぎを感じさせたり、逆に、不安や苦痛を悪化させたりするのです。スタッフたちがこうしたことについて日々考える能力に、私たちの組織の文化がどんな強い影響を及ぼしているかについて、私たちはふり返る必要があります。私たちは、建物の構造まで変えることはできないかもしれませんが、日常生活のレベルでは依然として、環境をより快適で、適切な刺激があり、安全なものにする上で大きな役割を担っているのです。

☐ **あなたの組織ではどうですか？　以下の点について、考えてみましょう**

＊それが何か、どこかを知るのに役立つ標識や目印を見たり、いろいろ、動き回ったりして、新しい環境に慣れることができるのがいかに重要かを、私たちは理解している。スタッフたちは、どこに、何があるかを、必ず繰り返し示したり、相手が戸惑っているように見えればいつでも手助けをしている。

＊人々は、その環境を、自由に、そして安全に動き回ることができるように支援されている。必要があれば、すぐに移動の手助けを得ることができる。

＊私たちは、騒音レベルや音の急激な変化が苦痛を与える可能性があることを理解している。スタッフたちは、環境音の強い影響について絶えず注意を払っている。

＊私たちは、同じ環境にいても、支援を受ける人と支援する人とでは、寒さや暑さの感じ方が非常に異なっていることを理解している。スタッフたちは、気温の変化に絶えず注意を払い、支援を受ける人々が快適なように調整している。

＊私たちは、人々が何かできるようにする上で、明るさや暗さといった照度が重要であることを理解している。スタッフたちは、その環境の至る所で、照度の変化とそれが及ぼす影響力に、絶えず注意を払っている。

＊私たちは、物理的環境が支援を受ける人々にとって、どんなふうに体験されているかについて日常的にふり返り、必要に応じて改善している。

☐ **以下の方法で確認・評価することができます**

• 物理的環境を確認する
• 支援を受ける時に、認知症をもつ人たちがどんな経験をしているかを、観察する
• 支援を受ける人たち、家族、訪問者への聞き取り、アンケート調査、話し合いを行う

現状では、どこまでできていますか？　➡　優れている ／ 良い ／ 可 ／ 改善が必要

P4 身体の健康：
私たちは、人々の健康やよい状態に絶えず注意を払い、適切に対応し、それらを最も望ましい状態に維持していますか？

☐ **ふり返りのポイント**

　ほとんどの人たちは、身体的健康に関わる問題に直面することがあります。認知症をもつ人の場合、自分の身体的な兆候についてうまく伝えることができないために、どこに健康上の問題があるのか、を特定することは、生やさしいことではありません。けれども、もし身体的健康に関わる問題に私たちが気づかず、適切に対応しなかったとしたら、その人は痛みを抱えたまま、また治療もされないまま放置され、混乱をより悪化させることにつながります。そして、対応に苦慮する"BPSDと呼ばれている状態"を引き起こしやすくなるでしょう。スタッフたちが人々の健康面に注意を払い、対応し、必要があれば外部の医療機関に助言を求めることができるように、私たちの組織の文化が、それらをきちんと支えることができているかについて、私たちはふり返る必要があります。健康への注意を絶えず怠らず、適切な活動、環境と、バランスのとれた食生活を通して、人々が身体的に健康な状態を維持できるように支援することは、すべて、優れたケアに不可欠であり、その人のよい状態に及ぼす認知症の悪影響を減らすことができるでしょう。

☐ **あなたの組織ではどうですか？　以下の点について、考えてみましょう**

＊私たちは、自分たちが支援する一人ひとりの痛みのサインについて把握している。
＊私たちは、行動のいかなる変化についても、安易に認知症のためだ、と決めつけるのではなく、身体面の原因の可能性を掘り下げている。
＊私たちは、一人ひとりの知覚面のニーズ（補聴器や眼鏡など）について考慮して行動している。
＊私たちは、人々が身体活動やバランスのとれた食生活を通して、健康的な生活習慣を選択できるような機会を創り出している。
＊私たちは、人々の服薬状況が適切であるか確認し、日常的に見直すような対策をとっている。
＊認知症になっても、健康な人々と同じように、一般医や地区看護師、フットケア師、精神保健サービスなどの医療・保健サービスや、介護サービスを利用している。

☐ **以下の方法で確認・評価することができます**

• 病院や一般医の訪問記録をつけ、分析する
• 一人ひとりの痛みの評価をふり返る
• ケアプランにおける、視聴覚に関するニーズの記録をふり返る
• 投薬内容とそれが今の現状に合っているかを確認する
• 薬剤投与の場面を観察する
• 特に痛みや健康、知覚に関わるニーズに対する支援を受ける人々が、どんな経験をしているかを観察する

　現状では、どこまでできていますか？　➡　優れている ／ 良い ／ 可 ／ 改善が必要

P5 コミュニケーションとして理解すべき "BPSDと呼ばれている状態":
私たちは、常に、その人が、言語だけでなく、行動によるコミュニケーションを通して何を伝えようとしているかを考え、そして行動していますか？ "BPSDと呼ばれている状態"を単に "管理" するのではなく、その行動の根底にある理由を探し出し、理解しようとしていますか？

☐ **ふり返りのポイント**

　行動は、コミュニケーションの1つの形です。人がどのように行動するかは、必ずしも明白でなくても、常に理由があります。その場しのぎの解決策を求めたり、短絡的に速断することは、とてもたやすいことです。けれども、パーソン・センタード・ケアとは、行動を通して、その人が何を私たちに伝えようとしているのか、何がその人にそのように感じさせてしまうのか、また彼らの視点から世界がどう見えているのかを理解しようとすることを意味しています。私たちの組織の文化が、こうした種類の課題に、スタッフたちが適切に対応する能力に、どのような強い影響を与えているかについて、私たちはふり返る必要があるのです。

☐ **あなたの組織ではどうですか？　以下の点について、考えてみましょう**

＊認知症をもつ人々が、コミュニケーションを的確にとることに困難を抱えていることを、私たちは理解している。コミュニケーションをとろうとした時、行動に訴えるしかないということが、どんな体験なのかを、すべてのスタッフが、理解しようとしている。

＊私たちは、その人がなぜ、そのようなやり方で行動するのか、きっかけや理由を探そうと努力している。

＊一人ひとりにとっての、"BPSDと呼ばれている状態" を誘発しないような物理的、社会的環境を、私たちはつくろうと努めている。

＊行動の理由を明らかにして解決するために、私たちは、人々の家族や友人と話し合っている。

＊スタッフたちは、適切な方法で、人々の行動に対応するよう支援され、彼らや他のスタッフに及ぼしている影響について話し合うよう励まされている。

＊薬物治療、特に向精神薬については、有用であることが確認されている場合のみ、使用されている。薬物療法を受けている人たちに代わって、日常的な見直しをする仕組みがあり、それが機能している。

☐ **以下の方法で確認・評価することができます**

• スタッフへの聞き取り、アンケート、話し合いを行う
• 処方内容やその必要性についての確認作業をする
• 重大なインシデントについてふり返り、話し合いの記録をとる
• ケア実践の場面を観察する

　現状では、どこまでできていますか？　⇒　優れている ／ 良い ／ 可 ／ 改善が必要

P6 人権擁護：
私たちは、認知症をもつ人たちの権利、名誉、尊厳が確実に擁護されるように、彼らの代弁者として声を上げていますか？

☐ **ふり返りのポイント**

　誰もが、基本的人権を有しており、公平に、尊敬と尊厳をもって遇され、虐待を受けることなく自由に生きる権利をもっています。このことは、自分で、権利を主張でき、確実に耳を傾けてもらえる時には、当たり前のことと思えるかもしれません。けれども、認知症をもつ人の場合は、自分では主張できないかもしれませんし、他者に無視されることもあるかもしれません。彼らの権利を確実に守ることは、彼らの支援やケアにたずさわる人たちの義務です。私たちの組織の文化がこれらの権利の理解を促進する方法について、私たちはふり返る必要があるのです。その人の人生歴や好き嫌い、コミュニケーションの方法の理解に基づいたパーソン・センタード・ケアは、認知症をもつ人たちの権利を擁護する助けとなるでしょう。

☐ **あなたの組織ではどうですか？　以下の点について、考えてみましょう**

＊あらゆる利害関係に影響されず、本人の意思を代弁する人（独立意思代弁人）がいない場合には、そのような代弁者を得られるように、私たちは支援している。
＊ここで生活する誰もが平等であり、どんな形にせよ、誰かをいじめたり、誰かに責任をかぶせたりすることは、即刻、異議を唱えられ、決して黙認されることはない。
＊苦痛や葛藤を引き起こすような状況が起きた場合は、スタッフや本人、家族、友人や外部の専門家が関わり、協力して解決策を見つけている。
＊スタッフたちは、意思決定能力法の原則または関連の政府方針を、日々の実践に適応している。（注：英国では意思能力が乏しい人への支援が法律によって規定されている）
＊同じ現場で同時に利益が相反する事態が起きた場合に、両者の権利を護ることの複雑な問題や、適切な解決策について話し合うことを、スタッフたちは奨励されている。
＊スタッフたちは権利、尊厳、尊敬、虐待やネグレクトの防止についての研修を受けている。サービス体系が、彼らがそれらの知識を日常的に適用することに役立っている。

☐ **以下の方法で確認・評価することができます**

•個別のケアパスが適宜見直され更新されているか、経過をチェックする
•支援を受ける人々、その家族、訪問者への聞き取り、アンケート、話し合いを行う
•重大なインシデントや、そのふり返りのための会議の記録をつける
•研修記録をつける

　現状では、どこまでできていますか？　➡　優れている ／ 良い ／ 可 ／ 改善が必要

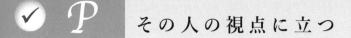
　このシートは、これらの指標についてふり返りながら、さらによいケアの文化を築いていけるように、行動すべきポイントや様々な意見、アイデアを書き入れて使ってください。様々な使い方が可能ですが、パーソン・センタード・ケアを実現するためのPDSAサイクルの一環として記録し、用いることもできるでしょう。

行動すべきポイント	P（その人の視点に立つ）について 全体的にどこまで達成できているか

相互に支え合う社会的環境

　私たちは皆、人と人との関わりやつながりに基づいて生きていることを認識すること、そして、認知症とともに生きる人たちもまた、認知機能の障がいを補い、かつ一人の人として成長し続ける機会を創り出すような豊かな人間関係と社会的環境を求めているということを理解すること。

S1 共にあること：
認知症をもつ人たちが、周囲で起きていることに関わっていると感じられるように手助けされ、その人にできるような方法で参加できるよう支援されているでしょうか？

☐ ふり返りのポイント

　誰もが、周囲で起きていることに関わっていると感じられることを求めています。自分に関する会話や活動であればなおさらのこと、私たちは、それらに関わっていたいと思うものです。しかし、たとえ、誰も悪気がなくても、認知症の人たちがその日常生活から排除されたり、無視されたりすることは容易に起こり得ます。時には、会話が誰かの頭越しに交わされることが、あるかもしれません。往々にしてこのような時は、その人が何をしたいか、直接確かめることなく、私たちの勝手な憶測をもとに、ケアが行われている可能性があります。私たちの組織の文化が、日々の生活において、こうしたことが起きていないかを、スタッフたちが考えるために役立っているかどうかについて、私たちはふり返る必要があるのです。パーソン・センタード・ケアでは、自分がちゃんと存在していることを自ら感じることができるように、何を好み、どう感じているか、を表現できるように支援をすることを、常に念頭に置いています。

☐ あなたの組織ではどうですか？　以下の方法で確認し、考えてみましょう

＊すべてのスタッフたちは、その人が関わっていると感じられるようにすることの重要性を理解し、このことを人々との関わり合いにおいて行動で示している。

＊認知症をもつ人が意見や情報をもっているかどうか、たとえ不確かな場合であっても、彼ら自身に関わる事柄であれば、常に本人も話し合いに参加できるように、また、関わることができるようにしている。

＊本人を交えることなく、その人のことを、その人の前で誰かと話すことは決してない。その人のいないところで、他の人たちと、本人についてスタッフが話すこともない。

＊スタッフたちは、その人ができる限り関わることができるように、一人ひとりに応じた異なる方法でコミュニケーションをとろうとしている様子が見られる。

＊スタッフは認知症のある人に関して、何かを行う時は、どんなことでも、これから何が起きるかを伝え、その間、終始コミュニケーションを保ちながら、その人も共に関わることができるように励ましながら行っている。

＊私たちのケアプランは、どうすれば、その人が選択や好みを表現することができるか、また、できる限り関わりをもつことができるか、に関する情報も含んでいる。

☐ 以下の方法で確認・評価することができます

• 認知症をもつ人たちがどんな体験をしているかを、観察する
• 支援を受ける本人、家族、友人たちへの聞き取り、アンケート調査、話し合いをする

現状では、どこまでできていますか？　➡　優れている ／ 良い ／ 可 ／ 改善が必要

S2 尊敬すること：
私たちが提供する支援は、唯一無二のアイデンティティーや、強みや、ニーズをもつ一人の人として認知症をもつ人が尊敬されていると、明らかに感じられるものでしょうか？

☐ **ふり返りのポイント**

　人々が私たちに尊敬の念を示す時、それは、彼らが私たちを一人の人として価値があると認め、その信念や経験、意見を重要なものとして受け入れていることを示しています。認知症をもつ人には豊富で貴重な人生経験があることを、私たちは認識する必要があるのです。言い換えるならば、認知症とともに生きる人たちは、周りの世界のことや自分たち自身のニーズについても、私たちよりずっとよく知っていることが多いということなのです。私たちの組織の文化が、彼らへの敬意を、スタッフの実践を通して示す能力に、どのような強い影響を及ぼしているかについて、私たちはふり返る必要があります。パーソン・センタード・ケアとは、私たちが支援する誰もが、他の人とまったく同じように、強みと弱み、その人固有の特質をもつということを受け入れることを意味しています。

☐ **あなたの組織ではどうですか？　以下の方法で確認し、考えてみましょう**

＊スタッフたちは、一人ひとりの人生の物語を知っており、日々の関わり合いの中で積極的に活用している。

＊自分たちが提供するサービスに合わせるために、認知症をもつ人たちがしたい行動や好みをあきらめることを、私たちは望まない。むしろ、彼らのニーズに合うように、私たちの提供するサービスを適合させている。

＊スタッフたちは、尊厳とは何かを理解しており、日々の生活で、その人の尊厳が損なわれないように行動することができる。

＊私たちは、認知症をもつ人たちについての、詳細な個人情報を見聞きする機会がしばしばあるので、それについて、いつ、どこで話すかについても細心の注意を払っている。

＊スタッフたちは、認知症をもつ人たちに対してあざけったり、叱りつけたり、庇護者ぶったりすることはない。もし、そのような場面を見かけた時には、仲間同士ですぐに、疑問が投げかけられ、考え直すように励まされている。

＊認知症をもつ人たちについて私たちが話す言葉は、尊敬に満ちており、レッテルを貼ったり、批判的な言葉を使うことはない。

☐ **以下の方法で確認・評価することができます**

• 認知症をもつ人たちがどんな体験をしているかを、観察する
• 支援を受ける人たち、家族、友人、訪問者への聞き取り、アンケート、話し合いを行う
• スタッフへの聞き取りとアンケート調査、話し合いを行う
• 日頃、どんな言葉を使っているか、ケアプランや、その他の記録物を確認する

　現状では、どこまでできていますか？　➡　優れている　／　良い　／　可　／　改善が必要

S3 思いやり（優しさ、暖かさ）：
私たちが創り出す雰囲気は、認知症をもつ人たちが、歓迎されている、望まれている、受け入れられていると感じるために役に立っているでしょうか？

☐ **ふり返りのポイント**

　人生が与える日々の試練をどうにか乗り越えられるのでは、と感じるためには、自分が愛されている、誰かが気にかけてくれていると思うことのできる感覚は、非常に重要なことです。周囲の人たちから歓迎され、求められていると感じられ、心からの関心や微笑み、思いやりを表されると、私たちはくつろぎや自信を感じ、リラックスすることができるでしょう。もし認知症をもつ人たちがこうした思いやりを経験することがなかったとしたら、恐怖や怒り、苛立ち、失望を感じたり、自分の世界に引きこもったまま放置されてしまうことでしょう。そして、そのような状態が続くと、そうした否定的な感情は、行動を介して表現されることにつながっていく可能性があります。私たちの組織の文化が、思いやりの雰囲気を創り出すスタッフたちの能力に、どのように強い影響を与えているかについて、私たちはふり返る必要があるのです。パーソン・センタード・ケアは、施設の中の誰もが日々思いやりをもって関わり合うことによって、温かい雰囲気を創り出すことを意味します。

☐ **あなたの組織ではどうですか？　以下の方法で確認し、考えてみましょう**

＊スタッフたちは、自らの行動や、言語的・非言語的なコミュニケーションが、認知症をもつ人たちにいかに強い影響を与えるか、について理解し、それを行動で表している。

＊入居者一人ひとりが、快適にくつろいでいるかどうか、といった彼らから発している非言語的コミュニケーションに、スタッフたちは常に留意している。

＊認知症をもつ人が、何らかのコミュニケーションを通して、悲しく惨めな気持ち、苦痛を感じていることを表していることに気づいた場合には、スタッフたちは直ちに対応している。

＊私たちは、認知症をもつ人たちが時として自分の世界に引きこもることがあることを理解している。自分から働きかけて外界と接触することが難しい入居者たちに対し、スタッフたちは、暖かく、優しく励ましている。

＊家族や友人、訪問者は、自分たちは非常に感謝されている価値ある存在であり、彼らの愛する人たちのケアにおいて、重要な人たちであると感じられるように遇され、歓迎されている。

＊認知症をもつ人の関わっている場面では、スタッフ間の対立は、できるだけ避ける。お互い同意が得られなかったり、難しい問題がある場合は、本人のいないところで話し合い、解決を図る。

☐ **以下の方法で確認・評価することができます**

- 認知症をもつ人たちがどんな体験をしているかを、観察する
- スタッフの実践を観察する
- 支援を受ける人、家族、友人、訪問者への聞き取り、アンケート調査、話し合いを行う
- スタッフや訪問者、サービス利用者の話し合いを記録する

現状では、どこまでできていますか？　➡　優れている ／ 良い ／ 可 ／ 改善が必要

S4 共感をもってわかろうとすること：
認知症をもつ人たちの感情や気持ちが理解され、真剣に受け止められ、対応されているでしょうか？

☐ **ふり返りのポイント**

　状況をどのように解釈し、出来事をどんなふうに経験するかは、人それぞれに異なります。それは、私たちが情報を処理したり考えたりする方法だけでなく、感情的、身体的な状態や、過去の経験も影響しているからです。パーソン・センタード・ケアを提供するためには、他の人が何を感じ、経験しているかについて理解をし、対応する必要があるのです。もしこうしたことを行わないなら、その人の気持ちを軽んじたり無視したりする危険を冒すことになり、誰かを非難したり、その行動を誤解したりすることになるでしょう。認知症をもつ人々が毎日経験していることをスタッフたちが探り、共感をもってわかろうとする能力に、あなたの組織の文化がどんな影響を与えているかについて、組織に関わる誰もがふり返る必要があります。

☐ **あなたの組織ではどうですか？　以下の方法で確認し、考えてみましょう**

＊認知症をもつ人々の恐怖や心配が、常に真剣に受け止められ、すぐに対応されている。彼らの恐怖や心配が冷たく退けられたり、無視されたりすることは、決してない。
＊認知症をもつ人が、何が起きているかについて、他の人とは異なるように、あるいは、私たちの意図とは異なるように解釈するかもしれないことを、スタッフたちは理解している。彼らは、こうした理解を活用して、認知症をもつ人たちとコミュニケーションをとったり、関わったりする上で役立てている。
＊誰であれ、苦痛を感じている時に放置されていることは決してない。もし、1人でいることが苦痛を和らげるのに役立つと感じる場合には、私たちは、彼らのよい状態の変化に終始、注意を払い、見守り続ける。
＊私たちのケアプランは、どんな状況や行動が、認知症をもつ人の苦痛を引き起こし、どうすればそれを避けることができるかの情報を、スタッフたちに提供している。
＊誰かが苦痛を経験しているような場合には、スタッフ、本人、家族、友人は互いの知っていることを共有し、そのような苦痛が再び起きないように、今後の対応方法について計画している。
＊感情面でのよい状態を支えることは、掃除や片付けといった実際的な作業をやり遂げるよりも、ずっと重要であると考えられている。

☐ **以下の方法で確認・評価することができます**

• 認知症をもつ人たちがどんな体験をしているかを、観察する
• 支援を受ける人たち、家族、友人、訪問者への聞き取り、アンケート調査、話し合いを行う
• スタッフへのアンケート調査、聞き取り、話し合いを行う
• 日頃、どんな言葉を使っているか、ケアプランや、その他の日々の記録物を確認する

現状では、どこまでできていますか？　➡　優れている ／ 良い ／ 可 ／ 改善が必要

S5 関わりを継続できるようにすること：
私たちが提供する支援は、認知症をもつ人たちが、可能な限り積極的にその生活や活動に関わることができるために、助けとなっているでしょうか？　私たちが支援をする時に、認知症をもつ人たちは、対等なパートナーとして遇されていると感じているでしょうか？

☐ ふり返りのポイント

　私たちは、日々行う決定や物事を独力で行うことを、すべて当然のこととととらえています。

　自分の生活を自分でコントロールしたいという願いは、認知症があっても、なくなることはありません。その人は、引き続き関わることができるための支援を必要としている可能性があるのです。多忙な業務に追われると、つい、その人の代わりに作業をしてしまいがちになり、その人の好みや技能、関わりたいという願いを、なおざりにしがちです。このようなことが続くと、いつか、その人が周囲の世界との関わりを絶ち、自分の世界に引きこもることにつながっていきます。認知症をもつ人々が日々の生活の中で関わりを継続できるように、私たちの組織の文化が、スタッフたちをどのように支援しているかについて、私たちはふり返る必要があります。パーソン・センタード・ケアは、その人が自分の日常生活のあらゆる側面に関わり、昔取った杵柄や、新たに身につけた技能を発揮できるように励ますことを意味します。

　認知症をもつ人を支援する時、その人を対等なパートナーとして遇することは、すべての人にとって、より大きな充実感をもたらすものです。

☐ あなたの組織ではどうですか？　以下の方法で確認し、考えてみましょう

*私たちは常にケアを、認知症をもつ人に対して行うのではなく、その人とともに行っている。

*私たちは、認知症をもつ人たちが、すでにもっている技能を維持できるように励ましたり、新しいことに挑戦して新たな技能を習得できる機会を提供するようにしている。

*当たり前の日常的な活動に参加することが、感情面でのよい状態を維持するのに役立つことを、私たちは理解している。

*スタッフたちは、認知症をもつ人から発せられた言語的・非言語的な意思表示をとらえ、その人が関わりを継続できるように、コミュニケーション能力を発揮している。

*認知症をもつ人々にとって、いかなる活動であっても、関わるために必要とされる支援は日々変化することを、私たちは理解している。

*常に、認知症の人が関わることができるように手助けする方法で、選択肢が提供されている。

☐ 以下の方法で確認・評価することができます

• 認知症をもつ人たちがどんな体験をしているかを、観察する
• 支援を受けている人たち、家族、友人、訪問者へのアンケート調査、聞き取り、話し合いを行う
• スタッフへのアンケート調査、聞き取り、話し合いを行う
• 薬剤による拘束や身体の拘束に関連したケアプランと、日々の記録物をふり返る
• クリティカル・インシデントの分析と、ふり返りの会議の記録をつける

　現状では、どこまでできていますか？　➡　優れている ／ 良い ／ 可 ／ 改善が必要

S 相互に支え合う社会的環境

S6 地域社会の一員であること：
  認知症をもつ人たちが、地域社会とのつながりを保てるよう、私たちのケアの現場では、可能な限りのことを行っているでしょうか？　また、地域社会の人たちも、施設とのつながりを保っているでしょうか？

☐ **ふり返りのポイント**

　地域の様々な場所や人々との交流や関わりをもつことを、私たちは、つい当然のことと考えがちです。しかし、お店に出かけたり、パブでおしゃべりしたり、あるいは、通りすがりに、何か近所で起きていることを見たりすることが、その日をすばらしいものにすることがあるのです。認知症をもつ人の場合、こうした交流を維持するためには手助けを必要としますし、パーソン・センタード・ケアとは、その人が施設で受ける"サービス"を越えた向こう側にも、人生が広がっていることを理解することでもあります。認知症をもつ人たちのために、施設がこうした地域とのつながりを見出し、維持するのを、あなたの組織の文化がどのように支援しているかについて、組織に関わる誰もがふり返る必要があるのです。

☐ **あなたの組織ではどうですか？　以下の方法で確認し、考えてみましょう**

＊毎日、絶え間なく、施設を訪れる人がいて、彼らが、様々な施設内の出来事に参加できるように、私たちは手助けしている。

＊地元の店やパブ、美容室、図書館などに行くといった活動が、私たちの施設を利用する人々の毎日の生活の一部である。

＊私たちは、娯楽やイベント、ボランティアなどを通して、日常的に外部の人たちを施設に招き入れている。

＊私たちのサービスの日課は柔軟で、認知症をもつ人たちが地域に出かけていく妨げとならないようになっている。

＊私たちは、自然や動物が、認知症をもつ人々のよい状態を高める上で重要であることを自覚している。

＊私たちは、積極的に、認知症をもつ人たちが地域で何が行われているかを知るのを手助けし、送迎手段を確保したり、映画のリストやプールの営業時間を調べたりして、実際に関わることができるように支援している。

☐ **以下の方法で確認・評価することができます**

• 認知症をもつ人たちが参加できるイベントや活動を記録し、分析する
• 地域の情報が利用しやすくなっているかを確認する
• 支援を受ける人、家族、友人へのアンケート調査、聞き取り、話し合いを行う
• 施設の外部から人々を招いて行う、施設の一般公開日のイベントをふり返る

　現状では、どこまでできていますか？　➡　優れている　／　良い　／　可　／　改善が必要

S7 家族や友人たちとの人間関係：
私たちは、その人にとって重要な人たちについて知っており、彼らを歓迎し、彼らの関わりを価値あるものと考えているでしょうか？

☐ **ふり返りのポイント**

　ほとんどの人は、家族や友人とのつながりをもっていますが、認知症の発症により、これらの人間関係が脅かされることがあります。パートナーや家族、友人を施設で歓迎することで、認知症をもつ本人だけでなく、彼らに対しても同様に支援することができます。私たちが、家族や友人に対しても、認知症とともに歩む旅路について、そして、それとどう付き合うかについて理解する手助けを行えれば、彼らは私たちの仕事を分かち合う頼もしい盟友になりうることでしょう。私たちの組織の文化が、支援を受ける人たちにとって重要な人間関係にどのように影響を与えているかについて、私たちはふり返る必要があります。

☐ **あなたの組織ではどうですか？　以下の方法で確認し、考えてみましょう**

＊認知症をもつ人が初めてサービスを利用しにきた時、私たちは、誰がその人にとって重要な人であるかを探り、その人たちに関わってもらうように、できる限り努力をしている。

＊支援を受けている本人が求め、その人のために役立つようであれば、その人の価値を認め、愛している人は誰であっても、私たちの施設では歓迎している。

＊私たちは、認知症とともに生きる人の友人や家族が、本人の姿を見るのがつらいことを理解している。私たちは、彼らが、その人に何が起きていて、どう関わればよいかを理解できるように支援するために、自分たちの知識や専門性を分かち合っている。

＊認知症をもつ人にとって重要な人たちを支援することは、その人自身をケアすることの重要な一部であることを、私たちは理解している。また、可能な場合には必ず、前もって準備して支援を提供している。

＊私たちの支援の日課は柔軟であり、人々が家族や友人との関係を維持するのに役立っている。例えば、いつでも可能な時に訪問できるなど、私たちは、重要な人間関係のために必要な、プライバシーの保たれる空間を大切にしている。

＊私たちは、その人の人生にとって誰が重要かについて、従来の常識でもって、決めつけないようにしている。その代わり、その人本人に聞き、その人自身から教えてもらうようにしている。私たちは、家族や近親者に限らず、それ以上に重要な人間関係があることも理解している。

☐ **以下の方法で確認・評価することができます**

• 支援を受けている本人、家族、友人、訪問者との話し合い、聞き取り、アンケート調査を行う
• ケアプランをふり返る
• 主に家族の介護者を対象に行われる、認知症や施設の活動などの具体的なテーマについての教育的な集会や、訪問者の集まりなどの記録をつける
• 家族や友人のような、入居者にとって重要な人々が、施設の生活にどうすれば参加できるかに関する情報を利用できているかを確認する

現状では、どこまでできていますか？　➡　優れている　/　良い　/　可　/　改善が必要

S　相互に支え合う社会的環境

このシートは、これらの指標についてふり返りながら、さらによいケアの文化を築いていけるように、行動すべきポイントや様々な意見、アイデアを書き入れて使ってください。様々な使い方が可能ですが、パーソン・センタード・ケアを実現するためのPDSAサイクルの一環として記録し、用いることもできるでしょう。

行動すべきポイント	S（相互に支え合う社会的環境）について 全体的にどこまで達成できているか

巻末資料

フレームワークシート（まとめ）
認知症ケアマッピング（DCM）とは

VIPS フレームワークシート（まとめ）

	V：人々の価値を認める	評定
V1	ビジョン	A　B　C　D
V2	人的資源／人材	A　B　C　D
V3	運営・管理をめぐる組織の気風／文化	A　B　C　D
V4	研修とスタッフの能力開発	A　B　C　D
V5	サービス環境	A　B　C　D
V6	質の保証	A　B　C　D
	I：それぞれの人の独自性が尊重された生活	
I1	ケア・支援のためのケアプラン作成	A　B　C　D
I2	ケアの日常的な見直し	A　B　C　D
I3	それぞれの人の持ち物	A　B　C　D
I4	それぞれの人が好むこと	A　B　C　D
I5	生活歴	A　B　C　D
I6	活動やたずさわること	A　B　C　D
	P：その人の視点に立つ	
P1	コミュニケーションが重要な鍵である	A　B　C　D
P2	その人の視点に立ったリスク管理	A　B　C　D
P3	物理的環境	A　B　C　D
P4	身体の健康	A　B　C　D
P5	コミュニケーションとして理解すべき"BPSDと呼ばれている状態"	A　B　C　D
P6	人権擁護	A　B　C　D
	S：相互に支え合う社会的環境	
S1	共にあること	A　B　C　D
S2	尊敬すること	A　B　C　D
S3	思いやり（優しさ、暖かさ）	A　B　C　D
S4	共感をもってわかろうとすること	A　B　C　D
S5	関わりを継続できるようにすること	A　B　C　D
S6	地域社会の一員であること	A　B　C　D
S7	家族や友人たちとの人間関係	A　B　C　D

A：優れている　B：良い　C：可　D：改善が必要
（本書の理解に基づいて、ふり返りの結果をまとめるシートとして、翻訳者たちが作成しました）

	行動すべきポイント	組織全体で、どこまで達成できたか
V1		
V2		
V3		
V4		
V5		
V6		
	行動すべきポイント	組織全体で、どこまで達成できたか
I1		
I2		
I3		
I4		
I5		
I6		
	行動すべきポイント	組織全体で、どこまで達成できたか
P1		
P2		
P3		
P4		
P5		
P6		
	行動すべきポイント	組織全体で、どこまで達成できたか
S1		
S2		
S3		
S4		
S5		
S6		
S7		

認知症ケアマッピング（DCM）とは

　認知症ケアマッピング（DCM）とは、パーソン・センタード・ケアの考え方に基づいて、認知症ケアの質を向上させる目的で、故トム・キットウッドらによって開発された一種の観察ツールです。

　パーソン・センタード・ケアでは、認知症をもつ人たちは、様々な要素の影響によって、相対的によい状態（well-being）にも、よくない状態（ill-being）にもなりうる可能性を秘めていると考えます。そして、認知症をもつ人たちの話したり、行ったりすることにはすべて、何らかの意味があり、また、認知症をもつ人たちのよい状態は、何かにたずさわることと人との関わりに密接に結びついているという考えを前提としています。

　それらの前提に基づいて、DCMでは、マッパーと呼ばれる観察者が、認知症をもつ人たちの行動観察を通常6時間行い、その人がどのような行動にたずさわり、どのようなよい状態、よくない状態にあるか、5分間ごとに記録します。具体的には、DCMマニュアルに基づいて、その行動はAからZまでの23種類に区分され、また、よい状態とよくない状態は、感情・気分と関わりの両面で、きわめてよい状態から、きわめてよくない状態まで、＋5、＋3、＋1、－1、－3、－5の6段階（表1）で、記録されます。また、認知症をもつ人に対する、個人の価値を低める行為や、個人の価値を高める行為についても特記します。それらの結果は、ケアチームにフィードバックされ、スタッフとマッパーが話し合いながら、認知症をもつ人の視点に立って、ケアを向上させるための行動計画を立てます。DCMを繰り返し実施することで、発展的評価として、パーソン・センタード・ケアの向上を図っていくものです。

　DCMを用いるには講習会の受講が必要で、現在わが国では、認知症介護研究・研修大府センターが中心となって、第8版マニュアルによるパーソン・センタード・ケアとDCM基礎コースおよび上級コースが開催されています。

表1：よい状態とよくない状態に関する評価スケール

＋5	これ以上は考えられないほど、喜んだり、満足感を得ている。周囲の人や活動、物に、きわめて深く関わっている。
＋3	喜びや満足感、うれしさなどの明確な徴候がある。周囲の人や活動、物にかなり集中して関わっている。
＋1	よい状態・よくない状態を示す目立った徴候が認められない。周囲に関心を示したり、周囲の人や活動、物とちょっとした関わりをもっている。
－1	多少の不安や恐れ、不快、退屈などの徴候が観察される。自分の世界に閉じこもり、関わりがない。
－3	かなりの程度、苦痛や怒り、不安、恐れ、不快などの徴候が見られる。
－5	極度の苦痛や不満、怒り、恐れ、不快などの徴候が見られる。

（出典：「パーソン・センタード・ケアと認知症ケアマッピング」第8版日本語版第4版）

●パーソン・センタード・ケアおよびDCM研修会のお問い合わせ先

認知症介護研究・研修大府センター　URL：http://www.dcnet.gr.jp/
　　　　　　　　　　　　　　　　　電話：0562-44-5551

NPO法人シルバー総合研究所　　　　URL：http://www.silver-soken.com/
　　　　　　　　　　　　　　　　　電話：048-711-7144

参考文献

Alzheimer's Society (2007) *Dementia UK: A Report to the Alzheimer's Society by King's College London and the London School of Economics.* London: Alzheimer's Society.

Alzheimer's Disease International (2010) *World Alzheimer Report 2010: The Global Economic Impact of Dementia.* Available at www.alz.co.uk/research/world-report-2010, accessed on 14 July 2015. London: Alzheimer's Disease International.

Baker, C. J. (2014) *Developing Excellent Care for People Living with Dementia in Care Homes.* London: Jessica Kingsley Publishers.

Bond, J. (2001) 'Sociological Perspectives.' In C. Cantley (ed.) *Handbook of Dementia Care.* Buckingham: Open University Press.

Brod, M., Stewart, A. L., Sands, L. and Walton, P. (1999) 'Conceptualization and measurement of quality of life in dementia.' *The Gerontologist 38*, 25–35.

Brooker, D. (2004) 'What is person-centred care for people with dementia?' *Reviews in Clinical Gerontology 13*, 3, 215–22.

Brooker, D. (2007) *Person Centred Dementia Care: Making Services Better.* London: Jessica Kingsley Publishers.
ドーン・ブルッカー著、水野裕監修、村田康子・鈴木みずえ・中村裕子・内田達二訳、『VIPSですすめるパーソン・センタード・ケア』クリエイツかもがわ、2010

Brooker, D. (2012) 'Understanding dementia and the person behind the diagnostic label.' *International Journal of Person Centered Medicine 2*, 1, 11–17.

Brooker, D. and Surr, C. (2006) 'Dementia Care Mapping (DCM): Initial validation of DCM 8 in UK field trials.' *International Journal of Geriatric Psychiatry 21*, 1018–25.

Brooker, D. and Surr, C. A. (2015) 'Person-centred Care and Dementia Care Mapping.' In N. A. Pachana (ed.) *Encyclopedia of Geropsychology.* New York, NY: Springer.

Brooker, D. and Woolley, R. (2007) 'Enriching opportunities for people living with dementia: The development of a blueprint for a sustainable activity-based model of care.' *Aging and Mental Health 11*, 4, 371–83.

Brooker, D., Argyle, E., Clancy, D. and Scally, A. (2011) 'Enriched Opportunities Programme: A cluster randomised controlled trial of a new approach to living with dementia and other mental health issues in Extra Care housing schemes and villages.' *Aging and Mental Health 15*, 8, 1008–17.

Brooker, D., La Fontaine, J., De Vries, K. and Latham, I. (2013) 'The development of PIECE-dem: Focussing on the experience of care for people with living with advanced dementia.' *The British Psychological Society Clinical Psychology Forum 250*, October, 38–46.

Brooker, D., La Fontaine, J., Evans, S., Bray, J. and Saad, K. (2014) 'Public health guidance to facilitate timely diagnosis of dementia: ALzheimer's COoperative Valuation in Europe (ALCOVE) Recommendations.' *International Journal of Geriatric Psychiatry 29*, 7, 682–93.

Brooker, D., Latham, I., Evans, S., Jacobson, N., Perry, W., Bray, J., Ballard, C., Fossey, J. and Pickett, J. (2015) 'FITS into practice: Translating research into practice in reducing the use of anti-psychotic medication for people living with dementia in care homes.' *Aging and Mental Health.* DOI: 10.1080/13607863.2015.1063102.

Bryden, C. (2002) 'A person-centred approach to counselling, psychotherapy and rehabilitation of people diagnosed with dementia in the early stages.' *Dementia 1*, 2, 141–56.

Bryden, C. (2005) *Dancing with Dementia: My Story of Living Positively with Dementia.* London: Jessica Kingsley Publishers.
クリスティーン・ブライデン著、馬籠久美子・桧垣陽子訳、『私は私になっていく　認知症とダンスを―改訂

新版』クリエイツかもがわ、2012

Bryden, C. (2015) *Nothing About Us, Without Us! 20 years of Dementia Advocacy*. London: Jessica Kingsley Publishers.

クリスティーン・ブライデン著、馬籠久美子訳、『認知症とともに生きる私　「絶望」を「希望」に変えた20年』大月書店、2017

Chenoweth, L., King, M. T., Jeon, Y-H., Brodaty, H. *et al.* (2009) 'Caring for Aged Dementia Care Resident Study (CADRES) of person-centred care, dementia-care mapping, and usual care in dementia: A cluster-randomised trial.' *The Lancet/Neurology 8*, 317–25.

Cheston, R., Jones, K. and Gilliard, J. (2003) 'Group psychotherapy and people with dementia.' *Aging & Mental Health 7*, 6, 452–461.

Choi, N. G., Ransom, S. and Wyllie, R. (2008) 'Depression in older nursing home residents: The influence of nursing home environmental stressors, coping, and acceptance of group and individual therapy.' *Aging and Mental Health 12*, 5, 536–47.

Clare, L. (2002) 'Developing awareness about awareness in early-stage dementia: the role of psychosocial factors.' *Dementia 1*, 3, 295–312.

Clare, L., Baddeley, A., Moniz-Cook, E. and Woods, R. (2003) 'A quiet revolution.' *The Psychologist 16*, 250–4.

CSCI (Commission for Social Care Inspection) (2008) *See Me, Not Just The Dementia: Understanding Peoples' Experiences of Living in a Care Home*. London: CSCI.

Department of Health (2001) *National Service Framework for Older People*. London: Department of Health.

Department of Health (2010) *Nothing Ventured, Nothing Gained: Risk Guidance for People with Dementia*. London: Department of Health. Available at www.gov.uk/government/uploads/system/uploads/attachment_data/file/215960/dh_121493.pdf, accessed on 14 July 2015.

Deudon, A., Maubourguet, N., Gervais, X., Leone, E. *et al.* (2009) 'Non-pharmacological management of behavioural symptoms in nursing homes.' *International Journal of Geriatric Psychiatry 24*, 12, 1386–95.

Dröes, R. M., Meiland, F. J. M., Lange, J. de, Vernooij-Dassen, M. J. F. J and Tilburg, W. van (2003) 'The meeting centres support programme: An effective way of supporting people with dementia who live at home and their carers.' *Dementia; The International Journal of Social Research and Practice 2*, 3, 426–33.

Edvardsson, D., Sandman, P. O. and Borell, L. (2014) 'Implementing national guidelines for person-centered care of people with dementia in residential aged care: Effects on perceived person-centeredness, staff strain and stress of conscience.' *International Psychogeriatrics 26*, 7, 1171–9.

Eisenhardt, K. and Graebner, M. (2007) 'Theory building from cases: Opportunities and challenges.' *Academy of Management Journal 50*, 1, 25–32.

Feil, N. (1993) *The Validation Breakthrough*. Cleveland: Health Professions Press.

ナオミ・フェイル著、藤沢嘉勝・篠崎人理・高橋誠一訳、『バリデーション　認知症の人との超コミュニケーション法』筒井書房、2001

Fossey, J., Ballard, C., Juszczak, E., James, I., Alder, N., Jacoby, R. and Howard, R. (2006) 'Effect of enhanced psychosocial care on antipsychotic use in nursing home residents with severe dementia: A cluster randomised trial.' *British Medical Journal 332*, 756–58.

Francis, R. (2011) The Mid Staffordshire NHS Foundation Trust Public Inquiry Seminar: The role of trust leadership in setting a positive organisational culture. Available at https://www.youtube.com/watch?v=dwnVE4GPbhs, accessed 22 July 2015.

Francis, R. (2013) *Independent Inquiry into Care Provided by Mid Staffordshire NHS Foundation Trust*

January 2005 – March 2009. London: TSO.

Frankl, V. (2004) *Man's Search for Meaning* [first published in German in 1946]. London: Rider.

Hawkins, A. H. (2005) 'Epiphanic knowledge and medicine.' *Cambridge Quarterly of Health Economics 14*, 1, 40–60.

Holden, U. P. and Woods, R. T. (1988) *Reality Orientation: Psychological Approaches to the Confused Elderly.* Edinburgh: Churchill Livingstone.
ウナ・ホールデン、ロバート・ウッズ著、川島みどり訳、『痴呆老人のアセスメントとケアーリアリティ・オリエンテーションによるアプローチ』医学書院、1994

Hughes, J. C. (2001) 'Views of the person with dementia.' *Journal of Medical Ethics 27*, 86–91.

Hughes, J. C. (2011) *Thinking Through Dementia.* Oxford: Oxford University Press.

Hunter, P. V, Hadjistavropoulos, T., Smythe, W. E., Malloy, D. C., Kaasalainen, S. and Williams, J. (2013) 'The Personhood in Dementia Questionnaire (PDQ): Establishing an association between beliefs about personhood and health providers' approaches to person-centred care.' *Journal of Aging Studies 27*, 3, 276–87.

Husebo, B. S., Ballard, C., Sandvik, R., Nilsen, O. B. and Aarsland, D. (2011) 'Efficacy of treating pain to reduce behavioural disturbances in residents of nursing homes with dementia: Cluster randomised clinical trial.' *British Medical Journal 343*.

James, I. (2011). *Understanding Behaviour in Dementia That Challenges: A Guide to Assessment and Treatment.* London: Jessica Kingsley Publishers.

Jeon, Y. H., Luscombe, G., Chenoweth, L., Stein-Parbury, J. *et al.* (2012) 'Staff outcomes from the caring for aged dementia care resident study (CADRES): a cluster randomised trial.' *International Journal of Nursing Studies 49*, 5, 508–18.

Killett, A., Burns, D., Kelly, F., Brooker, D. *et al.* (2014) 'Digging deep: How organisational culture affects care home residents' experiences.' *Ageing and Society.* DOI: 10.1017/S0144686X14001299.

Killick, J. and Allan, K. (2001) *Communication and the Care of People with Dementia.* Buckingham: Open University Press.

Killick, J. and Allan, K. (2006) 'The Good Sunset Project: Making contact with those close to death.' *Journal of Dementia Care 14*, 1, 22–24.

Kirkley, C., Bamford, C., Poole, M., Arksey, H., Hughes, J. and Bond, J. (2011) 'The impact of organisational culture on the delivery of person-centred care in services providing respite care and short breaks for people with dementia.' *Health and Social Care in the Community 19*, 4, 438–48.

Kitwood, T. (1987a) 'Dementia and its pathology: In brain, mind or society?' *Free Associations 8*, 81–93.

Kitwood, T. (1987b) 'Explaining senile dementia: The limits of neuropathological research.' *Free Associations 10*, 117–40.

Kitwood, T. (1988) 'The technical, the personal and the framing of dementia.' *Social Behaviour 3*, 161–80.

Kitwood, T. (1989) 'Brain, mind and dementia: With particular reference to Alzheimer's disease.' *Ageing and Society 9*, 1, 1–15.

Kitwood, T. (1990a) 'The dialectics of dementia: With particular reference to Alzheimer's disease.' *Ageing and Society 10*, 177–96.

Kitwood, T. (1990b) 'Understanding senile dementia: A psychobiographical approach.' *Free Associations 19*, 60–76.

Kitwood, T. (1993a) 'Person and process in dementia.' *International Journal of Geriatric Psychiatry 8*, 7, 541–6.

Kitwood, T. (1993b) 'Towards a theory of dementia care: The interpersonal process.' *Ageing and Society 13*, 1, 51–67.

Kitwood, T. (1993c) 'Discover the person, not the disease.' *Journal of Dementia Care 1*, 1, 16–7.

Kitwood, T. (1995a) 'Positive long-term changes in dementia: Some preliminary observations.' *Journal of Mental Health 4*, 2, 133–44.

Kitwood, T. (1995b) 'Building up the mosaic of good practice.' *Journal of Dementia Care 3*, 5, 12–3.

Kitwood, T. (1997a) *Dementia Reconsidered: The Person Comes First*. Buckingham: Open University Press.
トム・キットウッド著、高橋誠一訳、『認知症のパーソンセンタードケア―新しいケアの文化へ』クリエイツかもがわ、2017.

Kitwood, T. (1997b) 'The Uniqueness of Persons with Dementia.' In M. Marshall (ed.) *State of the Art in Dementia Care*. London: Centre for Policy on Ageing.

Kitwood, T. (1997c) 'The experience of dementia.' *Aging and Mental Health 1*, 13–22.

Kitwood, T. and Benson, S. (eds.) (1995) *The New Culture of Dementia Care*. London: Hawker Publications.
トム・キットウッド、ボブ・ウッズ著、スー・ベンソン編、稲谷ふみ枝・石崎淳一監訳、『パーソンセンタード・ケア（改訂版）―認知症・個別ケアの創造的アプローチ』クリエイツかもがわ、2007

Kitwood, T. and Bredin, K. (1992a) *Person to Person: A Guide to the Care of Those with Failing Mental Powers*. Essex: Gale Centre Publications.
トム・キットウッド、キャスリーン・ブレディン著、高橋誠一監訳、寺田真理子訳、『認知症の介護のために知っておきたい大切なこと―パーソンセンタードケア入門』七七舎、2018

Kitwood, T. and Bredin, K. (1992b) 'Towards a theory of dementia care: Personhood and well-being.' *Ageing and Society 12*, 269–87.

Lupton, C. and Croft-White, C. (2013) *Respect and Protect: The PANICOA Report*. London: Comic Relief. Available at www.panicoa.org.uk/sites/assets/Final_Main_PANICOA_Report_web.pdf, accessed on 15 July 2015.

May, H., Edwards, P. and Brooker, D. (2009) *Enriched Care Planning for People with Dementia: A Good Practice Guide to Delivering Person-centred Care*. London: Jessica Kingsley Publishers.
ヘイゼル・メイ、ポール・エドワーズ、ドーン・ブルッカー著、水野裕監訳、中川経子訳、『認知症と共に生きる人たちのためのパーソン・センタードなケアプランニング』クリエイツかもがわ、2016

McCarthy, B. (2011) *Hearing the Person With Dementia: Person-centred Approaches to Communication for Families and Caregivers*. London: Jessica Kingsley Publishers.

McKeown, J., Clarke, A., Ingleton, C., Ryan, T. and Repper, J. (2010) 'The use of life story work with people with dementia to enhance person-centred care.' *International Journal of Older Peoples Nursing 5*, 2, 148–58.

Morton, I. (1999) *Person-centred Approaches to Dementia Care*. Bicester: Winslow Press Ltd.

NICE/SCIE (National Institute for Health and Clinical Excellence/Social Care Institute for Excellence) (2007) *Dementia: A NICE–SCIE Guideline on Supporting People with Dementia and their Carers in Health and Social Care*. National Clinical Practice Guideline Number 42. London: NICE/SCIE.

Nolan, M., Davies, S. and Grant, G. (2001) *Working with Older People and Their Families: Key Issues in Policy and Practice*. Buckingham: Open University Press.

OECD (2015) *Addressing Dementia: The OECD Response*. Paris: OECD Health Policy Studies, OECD Publishing.

Owen, T. and Meyer, J. (2012) *My Home Life: Promoting Quality Of Life in Care Homes*. York: Joseph Rowntree Foundation.

Packer, T. (1996) 'Shining a light on simple, crucial details.' *Journal of Dementia Care 4*, 6, 22–3.

Passalacqua, S.A. and Harwood, J. (2012) 'VIPS communication skills training for paraprofessional dementia caregivers: An intervention to increase person-centered dementia care.' *Clinical Gerontolo-*

gist 35, 5, 425–445.

Perrin, T., May, H. and Milwain, E. (2008) *Wellbeing in Dementia*: *An Occupational Approach for Therapists and Carers*. 2nd edition. Edinburgh: Churchill Livingstone.

テッサ・ペリン、ヘイゼル・メイ著、白井壮一・白井はる奈・白井佐知子訳『認知症へのアプローチ　ウェルビーイングを高める作業療法的視点』（第1版）、エルゼビア・ジャパン、2007

Power, G. A. (2014) *Dementia Beyond Disease: Enhancing Well-being*. Baltimore: Health Professions Press.

Rader, J., Doan, J. and Schwab, M. (1985) 'How to decrease wandering, a form of agenda behaviour.' *Geriatric Nursing 6*, 4, 196–9.

Rogers, C. R. (1961) *On Becoming a Person*. Boston: Houghton Mifflin.

カール・ランサム・ロジャーズ著、村山正治編訳『人間論』ロジャーズ全集第十二巻、岩崎学術出版社、1967

Rokstad, A. M., Røsvik, J., Kirkevold, Ø., Selbaek, G., Benth, J.S. and Engedal, K. (2013) 'The effect of person-centred dementia care to prevent agitation and other neuropsychiatric symptoms and enhance quality of life in nursing home patients: A 10-month randomized controlled trial.' *Dementia Geriatric and Cognitive Disorders 36*, 340–353.

Røsvik, J., Kirkevold, M., Engedal, K., Brooker, D. and Kirkevold, Ø. (2011) 'A model for using the VIPS framework for person-centred care for persons with dementia in nursing homes: A qualitative evaluative study.' *International Journal of Older People Nursing 6*, 227–36.

Røsvik, J., Engedal, K. and Kirkevold, Ø. (2014) 'Factors to make the VIPS Practice Model more effective in the treatment of neuropsychiatric symptoms in nursing home residents with dementia.' *Dementia and Geriatric Cognitive Disorders 37*, 335–346.

Sabat, S. (1994) 'Excess disability and malignant social psychology: A case study in Alzheimer's disease.' *Journal of Community and Applied Psychology 4*, 175–66.

Sabat, S. (2001) *The Experience of Alzheimer's Disease: Life through a Tangled Veil*. Oxford: Blackwell.

Sanderson, H. and Bailey, G. (2013) *Personalisation and Dementia: A Guide for Person-centred Practice*. London: Jessica Kingsley Publishers.

Schein, E. (1990) 'Organizational culture.' *American Psychologist 45*, 2, 109–19.

Smith, S. C., Lamping, D. L., Banerjee, S., Harwood, R. *et al.* (2005) 'Measurement of health-related quality of life for people with dementia: Development of a new instrument (DEMQOL) and an evaluation of current methodology.' *Health Technology Assessment 9*, 10, 1–93, iii–iv.

Stokes, G. (2000) *Challenging Behaviour in Dementia: A Person-centred Approach*. Bicester: Speechmark Publishing.

Stokes, G. and Goudie, F. (1990) *Working with Dementia*. Bicester: Winslow Press.

Thomas, W. H. (1996) *Life Worth Living: How Someone You Love can Still Enjoy Life in a Nursing Home. The Eden Alternative in Action*. Acton, MA: VanderWyk and Burnham.

Todd, S. J. and Watts, S. C. (2005) 'Staff responses to challenging behaviour shown by people with dementia: An application of an attributional-emotional model of helping behaviour.' *Aging and Mental Health 9*, 1, 71–81.

TSO (2005) *Mental Capacity Act 2005*. London: TSO.

Verity, J. and Kuhn, D. (2008) *The Art of Good Dementia Care: A Guide for Direct Care Staff in Residential Settings*. New York, NY: Thomas Delmar.

Zimbardo, P. (2007) *The Lucifer Effect*. London: Rider.

著者索引

翻訳者あとがき

　この本は、2016年に出版された、Dawn Brooker and Isabelle Latham著、原題"PER-SON-CENTRED DEMENTIA CARE: Making Services Better with the VIPS Frame-work"の邦訳です。この英語の原題自体が、第1版のものと少し変わり、日本語版第1版のタイトルにある"VIPSですすめる"という表現が足されました。第1版翻訳の際は、鈴木みずえさん、内田達二さん、中村裕子さんらとともに翻訳にあたり、タイトルについても様々意見を交わしたことを思い出します。第1版があったからこそ、第2版の翻訳を完成することができました。また、第1版においては、長谷川和夫先生が「推薦のことば」を快く書いてくださいました。その2年後、Dawn教授来日時には、ご一緒にご講演いただいたことを、今も忘れることができません。皆様のお力添えに深く感謝申し上げます。

　この第2版については、著者から、組織の文化に関する新しい章を加えるなどの話を聞いていましたが、出版された本を読み進むにつれ、これを翻訳しないのはもったいない、日本の皆様にもぜひ読んでもらいたいと、強く思いました。2018年2月から、中川が新しく加筆された箇所や、変更された箇所をチェックして翻訳を始め、2019年秋、水野裕先生が監訳をお引き受けくださり、クリエイツかもがわからの出版も決まって、共同訳者の村田とともに、翻訳編集が本格的にスタートしました。

　その数か月後、2020年2月頃から、新型コロナウイルス感染がわが国でも拡大する中、翻訳会議を開くことも難しくなり、途中からはZoomを利用して、翻訳者2名、あるいは監訳の水野先生と3名で、計50回以上のオンライン会議を開き、日本語訳の検討を重ねました。本の中の表現や、英語の意味がわからない箇所もたくさんありましたが、その都度、中川が著者にメールで質問を送り、確認や丁寧な説明を返していただきました。Dawn教授とは、これまで何回も来日講演の際などにご一緒し、もう15年以上（中川は19年目）のお付き合いになります。パーソン・センタード・ケアの師であり、思いやりに満ち、忌憚なく話し合える友人であることは、私たちの人生においてこの上ない喜びです。いつも、私たちを励ましてくださって、本当にありがとうございました。

　第1版だけでなく、第2版の日本語版の監訳を引き受けてくださった水野先生に対する感謝の気持ちは、言葉には言い尽くせません。私たちの難解な日本語訳に、最後まで丁寧にお付き合いくださったことを、決して忘れません。今回も、先生の、鋭く不思議な深い洞察力がなければ、この本の出版はなかったことでしょう。

　また、英語の文章や、わかりにくいイギリス英語の表現について、電話やメールで質問すると、いつも快く説明し、簡略に書き直してくれた友人のJennifer Cahill と Jason

Marak夫妻（カリフォルニア在住）にも、心からお礼を述べたいと思います。

　最後に、この本を手に取ってくださる読者の皆様、私たちに様々なことを教えてくださった認知症のご本人やご家族の皆様、様々サポートくださったクリエイツかもがわの岡田温実さん、そして、認知症の人々に対する共感とはどんなことかを教えてくれたドンちゃん（中川の夫、酒井のニックネーム。2017年帰天）はじめ、いつも私たちを支えてくれている家族、そしてNPOパーソン・センタード・ケアを考える会の仲間たちに、感謝を伝えたいと思います。

2017年6月NPOパーソン・センタード・ケアを考える会
特別講演会（東京）・懇親会にて
左から村田、水野、Brooker教授、Hazel May氏、中川

酒井、中川

2021年7月

中川経子　村田康子

【著者】

ドーン・ブルッカー（Dawn Brooker）

1984年、英国バーミンガム大学にて臨床心理学者として資格を取得した。
故トム・キットウッド教授のパーソンフッドや悪性の社会心理に関する業績に影響を受け、ブラッドフォード大学認知症ケア研究グループに参加し、キットウッドの死後、彼のDCMに関する仕事を引き継いだ。
2005年、認知症をもつ人々のためのパーソン・センタード・ケア実践の向上に関する研究成果を認められ、ブラッドフォード大学の教授職を授与された。
2009年5月、英国ウースター大学に新設された認知症学部の学部長に就任した。
より豊かな生活のためのプログラム（Enriched Opportunities Programme）、特別ケア付き住宅とコスト効果に関する研究、本書で紹介されているCHOICEの調査をはじめ、様々な時期と生活の場に応じた、認知症の人々のためのパーソン・センタード・ケア推進に向けた数々のプロジェクトに取り組み、成果を上げてきた。
2019年、英国ケア永年功労賞、2020年、"Top 100 LIFESAVERS"（人々の生命を護るために貢献した英国の大学研究者100名）、2021年、MBE（Member of the British Empire：大英帝国五等勲爵士）授与が決定している。

イザベル・レイサム（Isabelle Latham）

英国ウースター大学認知症学部上級講師

【監訳】

水野　裕（みずの　ゆたか）

医療法人生生会　まつかげシニアホスピタル副院長。認知症疾患医療センター長。
医学博士。認知症介護研究・研修大府センター非常勤研究員。日本DCMストラテジック・リード。

【翻訳】

中川　経子（なかがわ　みちこ）

2003年以来、DCM、パーソン・センタード・ケアに関わる研修、講演の通訳、著作の翻訳にたずさわってきた。認知症の家族の介護経験がある。

村田　康子（むらた　やすこ）

NPO法人パーソン・センタード・ケアを考える会代表理事。
作業療法士。DCM認定上級トレーナー。

よいケア文化の土壌をつくる

VIPSですすめるパーソン・センタード・ケア【第2版】

2021年 9 月30日　初版発行

著　者●ⓒドーン・ブルッカー
　　　　　イザベル・レイサム
監　訳●水野　裕
翻　訳●中川経子・村田康子
発行者●田島英二　info@creates-k.co.jp
発行所●株式会社 クリエイツかもがわ
　　　　　〒601-8382 京都市南区吉祥院石原上川原町21
　　　　　電話 075(661)5741　FAX 075(693)6605
　　　　　http://www.creates-k.co.jp
　　　　　郵便振替　00990-7-150584
デザイン●菅田　亮
印 刷 所●モリモト印刷株式会社
ISBN978-4-86342-313-8 C0036　printed in japan

認知症と共に生きる人たちのための
パーソン・センタードなケアプランニング
ヘイゼル・メイ、ポール・エドワーズ、ドーン・ブルッカー／著　水野 裕／監訳　中川経子／訳

認知症の人、一人ひとりの独自性に適した、質の高いパーソン・センタードなケアを提供するために、支援スタッフの支えとなるトレーニング・プログラムとケアプラン作成法！
[付録CD] 生活歴のシートなど、すぐに役立つ、使える「ケアプラン書式」　2860円

認知症のパーソンセンタードケア　新しいケアの文化へ
トム・キットウッド／著　高橋誠一／訳

認知症の見方を徹底的に再検討し、「その人らしさ」を尊重するケア実践を理論的に明らかにし、世界の認知症ケアを変革！ 認知症の人を全人的に見ることに基づき、質が高く可能な援助方法を示し、ケアの新しいビジョンを提示。　2860円

私の記憶が確かなうちに　「私は誰?」「私は私」から続く旅
クリスティーン・ブライデン／著　水野裕／監訳　中川経子／訳

46歳で若年認知症と診断された私が、どう人生を、生き抜いてきたか。22年たった今も発信し続けられる秘密が明らかに！　世界のトップランナーとして、認知症医療やケアを変革してきたクリスティーン。認知症に闘いを挑むこと、認知症とともに元気で、明るく、幸せに生き抜くことを語り続ける…。　2200円

認知症の本人が語るということ　## 扉を開く人　クリスティーン・ブライデン
永田久美子／監修　NPO法人認知症当事者の会／編著

クリスティーンと認知症当事者を豊かに深く学べるガイドブック。認知症の常識を変え、多くの人に感銘を与えたクリスティーン。続く当事者発信と医療・ケアのチャレンジが始まった……。そして、彼女自身が語る今、そして未来へのメッセージ！　2200円

私は私になっていく　認知症とダンスを〈改訂新版〉　3刷
クリスティーン・ブライデン／著　馬籠久美子・桧垣陽子／訳

ロングセラー『私は誰になっていくの？』を書いてから、クリスティーンは自分がなくなることへの恐怖と取り組み、自己を発見しようとする旅をしてきた。認知や感情がはがされていっても、彼女は本当の自分になっていく。　2200円

私は誰になっていくの？　アルツハイマー病者から見た世界　23刷
クリスティーン・ボーデン／著　桧垣陽子／訳

認知症という絶望の淵から再び希望に向かって歩み出す感動の物語！
世界でも数少ない認知症の人が書いた感情的、身体的、精神的な旅—認知症の人から見た世界が具体的かつ鮮明にわかる。　2200円

認知症を乗り越えて生きる　"断絶処方"と闘い、日常生活を取り戻そう
ケイト・スワファー／著　寺田真理子／訳

49歳で若年認知症と診断された私が、認知症のすべてを書いた本！
医療者や社会からの"断絶処方"でなく、診療後すぐのリハビリと積極的な障害支援で今まで通りの日常生活を送れるように！　不治の病とあきらめることなく闘い続け、前向きに生きることが、認知症の進行を遅らせ、知的能力、機能を維持できる！　2420円

パーソンセンタードケアで考える　## 認知症ケアの倫理
告知・財産・医療的ケア等への対応
ジュリアン・C・ヒューズ／クライヴ・ボールドウィン／編著　寺田真理子／訳

認知症の告知・服薬の拒否・人工栄養と生活の質・徘徊などの不適切な行動…コントロールの難しい問題を豊富な事例から考える。日常のケアには、倫理的判断が必ず伴う。ケアを見直すことで生活の質が改善され、認知症のある人により良い対応ができる。　1980円

https://www.creates-k.co.jp/

認知症ケアの自我心理学入門 自我を支える対応法

ジェーン・キャッシュ　ビルギッタ・サンデル／著　　訓覇法子／訳

認知症の人の理解と支援のあり方を、単なる技法ではなく、「自我心理学」の理論に裏づけられた
支援の実践的な手引き書、援助方法を高めていく理論の入門書。認知症の本人と家族、そして介護
職員のための最良のテキスト！〔付録〕認知症ケアのスーパービジョン　　　　　　　　　2200円

認知機能障害がある人の支援ハンドブック 当事者の自我を支える対応法

ジェーン・キャッシュ＆ベアタ・テルシス／編著　訓覇法子／訳

認知機能障害・低下がある人の理解と支援のあり方を「自我心理学」の理論に裏づけられた対応
法！認知症のみならず高次脳機能障害、自閉症スペクトラム、知的障害などは、自立した日常生活
を困難にする認知機能障害を招き、注目、注意力、記憶、場所の見当識や言語障害の低下を起こす。
　　2420円

認知症ケアこれならできる 50 のヒント

藤本クリニック「もの忘れカフェ」の実践から　奥村典子・藤本直規／著

藤本クリニックの「もの忘れカフェ」の取り組みをイラストでわかりやすく解説。三大介護の「食
事」「排泄」「入浴」をテーマにした、現場に携わる人へ介護のヒントがたくさん。
【長谷川和夫先生すいせん】　　　　　　　　　　　　　　　　　　　　　　　　　　　2200円

作業療法士がすすめる認知症ケアガイド
行動心理症状の理解と対応＆活動の用い方

ローラ・N・ギトリン、キャサリン・ヴェリエ・ピアソル／著　西田征治・小川真寛・白井はる奈・内山由美子／訳

認知症のある人と介護者のベストサポートを見つけよう！
認知症のある人や直接介護する家族、介護士だけでなく、作業療法士、理学療法士、看護師など専
門職に役立つ、幅広い内容の対応方法を集めたガイドブック。　　　　　　　　　　　　1980円

認知症ケアと予防に役立つ 料理療法

湯川夏子／編著　前田佐江子・明神千穂／共著

高齢者にとって料理は長年慣れ親しんできた日常生活の一端です。それを通して楽しみとやる気を
得、役割を担うことで精神面での向上につながります。心と身体に栄養を！
施設や地域、自宅でLet's Try！高齢者施設で人気のメニュー＆レシピ14品を紹介。　　2420円

認知症の人の医療選択と意思決定支援
本人の希望をかなえる「医療同意」を考える

成本迅・「認知症高齢者の医療選択をサポートするシステムの開発」プロジェクト／編著

ますます増える治療の選択にどう対応するか。医療者にさえ難しい医療選択は、どのように説明す
れば認知症の人でも理解しやすくなるのでしょうか？　医療者、介護福祉関係者だけでなく、法律
の実務家、法学者も参加する「医療同意プロジェクト」の成果を余すことなく掲載！　　2420円

実践！認知症の人にやさしい金融ガイド
多職種連携から高齢者への対応を学ぶ

意思決定支援機構／監修
成本迅・COLTEMプロジェクト／編著

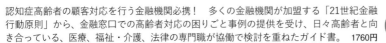

認知症高齢者の顧客対応を行う金融機関必携！　多くの金融機関が加盟する「21世紀金融
行動原則」から、金融窓口での高齢者対応の困りごとと事例の提供を受け、日々高齢者と向
き合っている、医療、福祉・介護、法律の専門職が協働で検討を重ねたガイド書。　1760円

必携！認知症の人にやさしいマンションガイド
多職種連携からみる高齢者の理解とコミュニケーション

一般社団法人日本意思決定
支援推進機構／監修

居住者の半数は60歳を超えているマンション。トラブルも増加している。認知症患者にもやさしいマ
ンション環境をどう築いていくか。認知症問題にかかわる様々な専門家とマンション管理の専門家か
ら、管理組合や住民のみなさんに知恵と情報を提供。　　　　　　　　　　　　　　　1760円

https://www.creates-k.co.jp/

認知症の人に寄り添う在宅医療
精神科医による新たな取り組み
平原佐斗司／監修　内田直樹／編著

認知症診療に、在宅医療という新たな選択肢を！精神科医や認知症専門医が病院を飛び出すことで、認知症診療に与える新たな可能性とは。認知症在宅医療の最先端を紹介。　　2420円

若年性認知症を笑顔で生きる 笑顔で寄り添う
松本恭子・田中聡子／編著

とうさんはなぜすぐに退職しなければならなかったのか──若年性認知症になっても、本人や家族がその後の人生を主体的に生きるために、どのような支援が必要なのか。治療と就労を可能にする"両立支援"と、家族と本人を支援し、主治医や職場、本人の望む居場所を調整する"若年性認知症支援コーディネーター"の役割をていねいにたどる。　　1650円

認知症ケアのための家族支援　臨床心理士の役割と多職種連携
小海宏之・若松直樹／編著

経済・環境・心理的な苦悩を多職種がそれぞれの専門性で支援の力点を語る─「認知症という暮らし」は、夫婦、親子、兄弟姉妹、義理……さまざまな人間関係との同居。「家族を支える」ことは、多くの価値観、関係性を重視するまなざしである。　　1980円

ケアマネ応援！ 自信がつくつく家族支援　介護家族のアセスメントと支援
認知症の人と家族の会愛知県支部・ケアラーマネジメント勉強会／著

介護者との関係づくりに役立つ！ 独自に考えた介護者を理解して支援する方法を伝授。介護者の立場の違い「娘・息子・妻・夫・嫁」別の豊富な事例で、「家族の会」ならではのアセスメントと計画づくり、支援方法！　　1320円

高齢者介護福祉従事者のストレスマネジメント　支援者支援の観点にもとづく対人援助職の離職防止とキャリア形成
松田美智子・南 彩子・北垣智基／著

離職防止とキャリア形成の具体的方策─「感情労働であるがゆえに疲弊している支援者が、いま自分自身のおかれている過酷ともいえる状況を自ら振り返って、そのことに気づき、改善の方法を考え、跳ね返していく力を身につけ、余裕をもって再度支援にあたることができれば、それは利用者へのサービスの質の向上につながる」といえるだろう。　　2200円

北東アジアにおける高齢者の生活課題と社会的孤立
日本・韓国・中国・香港の今を考える
小川栄二・新井康友・朴仁淑・三浦ふたば／編著　岑啟灝・徐思遠・徐玲・全容佑・中島裕彦・刘璐／執筆

民生委員、介護支援専門員、地域包括支援センター職員への事例調査から明らかになった、食事や衛生状態などの日常生活、健康状態、虐待といった高齢者の生活の悪化。日本を含む北東アジアにおいて共通する、高齢者の社会的孤立の実際に迫り、高齢者に対する政策課題を検証する。　2420円

ソーシャルワーク・ポケットブック
パワーとエンパワメント
シヴォーン・マクリーン、ロブ・ハンソン／著　木全和巳／訳

パワーの機能と構造を学び、人権と社会正義に根ざした、本来のパワーを促すエンパワメント実践の追及を！ 利用者訪問の移動中や合間に、気軽に、手軽に読め、実践の振り返りと利用者への対応に役立つ！　　1760円

当事者主動サービスで学ぶピアサポート
飯野雄治・ピアスタッフネットワーク／訳・編

ピアサポートを体系的に学ぶプログラム─アメリカ合衆国の厚生労働省・精神障害部局（SAMHA）が作成したプログラムを日本の制度や現状に沿うよう加筆・編集。障害福祉サービスはもちろん、当時社会や家族会をはじめとした、支え会活動すべての運営に活用できます。　　3300円

認知症になってもひとりで暮らせる　みんなでつくる「地域包括ケア社会」

社会福祉法人協同福祉会／編

医療や介護が必要になっても、できるだけ長く住み慣れた地域で暮らすには―人、お金、場所、地域、サービス、医療などさまざまな角度から、環境や条件整備への取り組みをひろげる協同福祉会「あすなら苑」（奈良）の実践。〈推薦　社会学者・東京大学名誉教授　上野千鶴子〉 1320円

全国認知症カフェガイドブック　認知症のイメージを変えるソーシャル・イノベーション

コスガ聡一／著

「認知症カフェ」がセカイを変える──個性派28カフェに迫る。全国の認知症カフェ200か所以上に足を運び、徹底取材でユニークに類型化。さまざまな広がりを見せる現在の認知症カフェの特徴を解析した初のガイドブック。
武地一医師（藤田医科大学病院、「オレンジカフェ・コモンズ」創立者）との対談も必読！ 2200円

大好きだよ キヨちゃん。

藤川幸之助／文・絵

自分にとって大切な人の記憶が薄れていくとき、ぼくらはいったいなにができるのだろうか？
キヨばあちゃんは脳みそが少しずつ小さくなって、いつか赤ん坊になってしまうらしい。
はじめは大嫌いだったキヨばあちゃんが大好きになったぼく。なぜかな？ 1540円

絵本 子どもに伝える認知症シリーズ 全5巻

認知症の本人、家族、周囲の人の思いやつながりから認知症を学び、こどもの心を育てる「絵本こどもに伝える認知症シリーズ」。園や小学校、家庭で「認知症」が学べる総ルビ・解説付き。

ケース入りセット 9900円

赤ちゃん キューちゃん　藤川幸之助／さく　宮本ジジ／え　1980円

おばあちゃんはアルツハイマー病という脳がちぢんでいく病気です。子育てしていた若いころが一番楽しかったおばあちゃんは、セルロイド人形のキューちゃんといつも一緒です。孫の節っちゃんから見たおばあちゃんの世界や家族のかかわりとは、節っちゃんの思いや気づきとは…。

おじいちゃんの手帳　藤川幸之助／さく　よしだよしえい／え　1980円

このごろ「きみのおじいちゃんちょっとへんね」と言われます。
なぜ手帳に自分の名前を何度も書いてるの？　なぜ何度も同じ話をするの？
でも、ぼくには今までと変わらないよ。

一本の線をひくと　藤川幸之助／さく　寺田智恵／え　1980円

一本の線を引くと、自分のいるこっち側と関係ないあっち側に分かれます。認知症に初めてであって、心に引いた線はどうかわっていったでしょう。これは認知症について何も知らなかったおさない頃の私の話です。

赤いスパゲッチ　藤川幸之助／さく　寺田智恵／え　1980円

おばあちゃんと文通をはじめて4年たった頃、雑に見える字でいつも同じ手紙としおりが送られてくるようになりました。まだ59歳のおばあちゃん、わたしのことも、赤いスパゲッチのことも忘れてしまったの？

じいちゃん、出発進行！　藤川幸之助／さく　天野勢津子／え　1980円

ある日、車にひかれそうになったじいちゃんの石頭とぼくの頭がぶつかって、目がさめるとぼくはじいちゃんになっちゃった!? スッスッと話せない、字が書けない、記憶が消える、時計が読めない……。お世話するのがいやだった認知症のじいちゃんの世界を体験したぼくと家族の物語。